Qué dice la Biblia

Guía para entender los Libros Sagrados

Serie: Religión

ANTONIO FUENTES MENDIOLA

QUÉ DICE LA BIBLIA

GUÍA PARA ENTENDER LOS LIBROS SAGRADOS

EDICIONES UNIVERSIDAD DE NAVARRA, S.A.
PAMPLONA

Primera edición: 1986
Segunda edición: Enero 2005

Ediciones Universidad de Navarra, S.A. (EUNSA)
Plaza de los Sauces, 1 y 2. 31010 Barañáin (Navarra) - España
Teléfono: +34 948 25 68 50 - Fax: +34 948 25 68 54
e-mail: eunsa@cin.es

ISBN: 84-313-2235-7
Depósito legal: NA 25-2005

Ilustración cubierta:
Papiro griego que contiene fragmento del *Evangelio de san Juan*, cap. XVIII, versículos 31-33, primera mitad del siglo II d.C. (P52).
John Rylands University Library. Manchester

Tratamiento:
PRETEXTO, S.L. Estafeta, 60. 31001 Pamplona

Imprime:
GRÁFICAS ALZATE, S.L. Pol. Comarca 2. Esparza de Galar (Navarra)

Printed in Spain - Impreso en España

Índice general

SEGUNDA PARTE

NUEVO TESTAMENTO

APÉNDICE

Nota a la segunda edición

Con mucho gusto acepté la invitación que me hizo EUNSA de preparar una nueva edición de «*Qué dice la Biblia*». He hecho algunos retoques de redacción y he actualizado muchos de los datos, sin cambiar lo sustancial. El libro sigue dirigiéndose a un público amplio, culto aunque no especializado en temas bíblicos, interesado por saber lo que ha querido decir Dios en la Biblia, en cada uno de sus libros, dentro del marco geográfico e histórico en que fueron escritos. Espero, y así lo deseo, que esta nueva edición sirva para que sean muchas más las personas que se interesen por la Biblia, y conociéndola pueda hacerse realidad el deseo de san Agustín: «Que el mundo apartado de Dios lo escuche y crea, creyendo espere y esperando ame».

A.F.M.

Prólogo

La lectura de la Biblia compromete *al hombre de una manera singular. Es verdad que, como dice el Salmo 19,2, «los cielos proclaman la gloria de Dios, y el firmamento anuncia la obra de sus manos», esto es, el hombre puede y aún debe, leyendo en la creación –que forma como un libro maravilloso– remontarse de la bondad y perfección de las criaturas a la suma Bondad, Belleza... del Creador (Sab 13, 1-9). Pero Dios ha querido revelarse no sólo de ese modo natural, a través de la contemplación de sus criaturas, sino también de otro modo más eminente, mediante intervenciones especiales, sobrenaturales, en determinados momentos y personas de la historia. Este modo sobrenatural del actuar divino constituye la Historia de la Salvación, que tiene su centro y su culmen en la Encarnación del Verbo y su vida entre los hombres (DV 4).*

Tal Historia de la Salvación, que primeramente está constituida por unos hechos, *se contiene en una colección de libros que, teniendo a Dios por autor, han sido escritos bajo la inspiración del Espíritu Santo, y como tales libros inspirados han sido entregados a la Iglesia, para que los custodie y los explique autorizadamente (DF 2; DV 11-12).*

Muchos libros escritos por los hombres nos hablan de Dios, cada uno a su manera. En la Biblia, en cambio, es el mismo Dios quien nos habla de Sí. Esa Palabra de Dios requiere una respuesta del hombre (*DV 6*). *Por eso decía antes que la lectura de la Biblia* nos compromete *ante Dios de manera distinta, incomparablemente más exigente, que cualquier otro libro escrito con sólo las fuerzas humanas.*

El Cristianismo es una doctrina salvífica, contiene una moral perfecta; pero todavía es mucho más: es Cristo que vivió en la tie-

rra, que vive en los Cielos –a la diestra del Padre–, en la Sagrada Eucaristía y en cada uno de nosotros, los cristianos. La Sagrada Escritura, que es preparación y profecía *de Cristo –Antiguo Testamento– y* cumplimiento y testimonio *del mismo Cristo y de sus Apóstoles acerca de Cristo –Nuevo Testamento– nos ofrece una historia que ya sucedió, y que, sin embargo, está todavía abierta y viva en el presente. Me explico: por ejemplo, quienes verdaderamente arrastraron a Cristo a la Pasión y Muerte no fueron sólo aquellos príncipes de los sacerdotes judíos que se empecinaron en recabar de Poncio Pilato la sentencia de muerte, sino mis pecados, los tuyos, querido lector, y los de todos los hombres, desde nuestros primeros padres hasta el fin de los tiempos. Lo que tú y yo hacemos ahora gravitó sobre las espaldas y el rostro y las manos y los pies de Jesús paciente y moribundo. Por eso la Biblia es una historia viva que, en cierto modo, hemos contribuido a escribir y seguimos escribiendo los hombres, aunque ya esté relatada en los libros sagrados. Tú y yo, lector, somos también* actores *en los episodios de la Historia de la Salvación. Ningún libro es* más real, más vivo y más histórico *que la Biblia.*

Me ha pedido el autor del libro que ahora tienes en tus manos unas líneas que sirvieran de prólogo. El profesor Antonio Fuentes, como fruto de su ya larga tarea docente y de sus anteriores trabajos sobre la Sagrada Escritura, ha pretendido, querido lector, estimularte y guiarte en la lectura de la Biblia. Él va a explicarte muchas cosas que te serán de gran utilidad para esa lectura. Yo he atendido a su ruego al ver una ocasión más de contribuir a ponerte frente a Dios, frente a Jesucristo, mediante la lectura de los libros santos. Cumplo mi misión al anteponer estas líneas y pedir al Espíritu Santo que, de modo análogo a como inspiró los libros sagrados a los hagiógrafos, nos asista a todos nosotros en su lectura (DV 12), para que podamos penetrar en ellos y dar la respuesta que Dios nos pida.

José María Casciaro

Abreviaturas

De los libros sagrados

Ab	Abdías
Ag	Ageo
Am	Amós
Ap	Apocalipsis
Ba	Baruc
Cant	Cantar
Col	Colosenses
Cor (1 y 2)	Corintios (1 y 2)
Cron (1 y 2)	Crónicas (1 y 2)
Dan	Daniel
Dt	Deuteronomio
Ef	Efesios
Esd	Esdras
Est	Ester
Ex	Éxodo
Ez	Ezequiel
Flm	Filemón
Flp	Filipenses
Gal	Gálatas
Gen	Génesis
Hab	Habacuc
Hch	Hechos
Heb	Hebreos
Is	Isaías
Jb	Job
Jc	Jueces
Jds	Judas
Jdt	Judit
Jer	Jeremías
Jl	Joel
Jn	Juan
Jon	Jonás
Jos	Josué
Lam	Lamentaciones
Lc	Lucas
Lev	Levítico
Mac (1 y 2)	Macabeos (1 y 2)
Mal	Malaquías
Mc	Marcos
Miq	Miqueas
Mt	Mateo
Nah	Nahúm
Neh	Nehemías
Num	Números
Os	Oseas
Pe (1 y 2)	Pedro (1 y 2)
Prov	Proverbios
Qo	Qohélet (Eclesiastés)
Re (1 y 2)	Reyes (1 y 2)
Rom	Romanos
Rt	Rut
Sab	Sabiduría
Sal	Salmos
Sam (1 y 2)	Samuel (1 y 2)
Sant	Santiago
Si	Sirácida (Eclesiástico)

Sof	Sofonías	Tit	Tito
Tes (1 y 2)	Tesalonicenses (1 y 2)	Tob	Tobías
Tim (1 y 2)	Timoteo (1 y 2)	Zac	Zacarías

De documentos pontificios

AG	*Ad gentes*, dcr. conc. Vaticano II.
CEC	*Catecismo de la Iglesia Católica* (11-X-1992).
CPD	*Credo del Pueblo de Dios,* profesión de fe de Pablo VI (30-VI-1968).
DH	*Dignitatis humanae*, dcl. conc. Vaticano II.
DS	*Denzinger Schönmetzer*, *Enchiridion Symbolorum*.
DV	*Dei Verbum,* const. dogm. conc. Vaticano II.
FR	*Fides et ratio*, enc. Juan Pablo II (14-IX-1998).
GS	*Gaudium et spes*, const. conc. Vaticano II.
HG	*Humani generis*, enc. Pío XII (12-VIII-1950).
IBI	*La interpretación de la Biblia en la Iglesia*, PCB (15-IV-1993).
LG	*Lumen gentium*, const. dogm. conc. Vaticano II.
PCB	Pontificia Comisión Bíblica.
SC	*Sacrosanctum Concilium*, conc. Vaticano II.
TAE	*Temi attuali di escatologia*, Congregación para la doctrina de la fe, 2001.

Otras

a.C.	antes de Cristo	dog	dogmática
AT	Antiguo Testamento	enc	encíclica
cf	confróntese	n / nn	número / números
conc	concilio	NT	Nuevo Testamento
const	constitución	p / pp	página / páginas
d.C.	después de Cristo	s / ss	siguiente / siguientes
dcl	declaración	v / vv	versículo / versículos
dcr	decreto	vid	véase

Introducción general

Se afirma, y quizá con razón, que la Biblia es el libro más vendido de todos los tiempos, un auténtico *best seller*. Tal vez lo sea, pero no parece tan seguro que sea el libro más leído, y menos el mejor entendido. Aunque muchos tienen un ejemplar de la Biblia en sus casas, y hasta bellamente encuadernado, son pocos los que la han leído y aún menos los que lograron captar la riqueza de su mensaje.

No debe extrañar, por tanto, que haya quienes se escandalicen al ver relatadas al vivo las flaquezas y miserias de muchos de los protagonistas bíblicos. No entienden que aun con sus debilidades y miserias –también con sus virtudes– fueron los instrumentos de los que Dios se sirvió para sembrar en el hombre la esperanza de su futura salvación. Nunca –importa subrayarlo– ha dejado Dios al hombre solo, abandonado a su suerte, por grandes que hayan sido sus vicios y violentas sus rebeldías.

Al leer la Biblia encontramos en sus páginas el aleteo del Espíritu, el palpitar del amor divino. Saltando una y otra vez por encima de la debilidad humana, Dios ha ido cumpliendo el plan que se había trazado desde antiguo. Nos lo dice Él mismo por medio de su palabra. Sí, la Sagrada Escritura «es de Dios en el verdadero y auténtico sentido. Dios mismo la inspiró, Dios la confirmó, Dios la pronunció por medio de los hagiógrafos –Moisés, los Profetas, los Evangelistas, los Apóstoles– y sobre todo a través de su Hijo, único Señor, tanto en el Antiguo como en el Nuevo Testamento; ciertamente, con diversa intensidad y diversa plenitud de revelación, pero sin sombra de contradicción alguna»[1].

1. Juan Pablo II, *Carta apostólica Patres Ecclesiae* (2-I-1980).

Aun sabiéndolo, quizá se nos pase por la cabeza una objeción: ¿Cómo admitir que Dios sea el autor de la Biblia si se observan en ella apreciaciones erróneas en relación con el origen del universo, el giro de los astros o la datación histórica de algunos de los acontecimientos que narra? La objeción desaparece cuando se acepta que «todo lo que afirman los hagiógrafos o autores inspirados, lo afirma el Espíritu Santo», y que por tanto, «los libros sagrados enseñan sólidamente, fielmente y sin error la verdad que Dios hizo consignar en dichos libros para salvación nuestra» (DV 11).

Aunque nos resulte fácil admitirlo, quizá nos preguntemos: ¿de qué verdad se trata?, ¿qué sentido tienen los antropomorfismos o las aparentes contradicciones? No cabe duda de que para entender lo que Dios nos comunica en los libros sagrados es preciso clarificar antes algunas cuestiones. En la Biblia nos topamos, en primer lugar, con un *lenguaje* que por su antigüedad puede costarnos entender; de otro lado, introducidos en la lectura, iremos descubriendo el sentido de lo que se nos dice a través de la trama de una serie de *hechos históricos;* por último, y con la ayuda de los expertos, podemos llegar a percibir algo del mismo núcleo del mensaje bíblico, en el que se encuentra la *verdad revelada* por Dios, objeto de nuestra fe. Son como tres círculos concéntricos a través de los cuales el lector irá de lo más conocido, la materialidad de lo hechos, al misterio en su realidad más profunda. Veámoslo brevemente.

Lenguaje bíblico.– Sería difícil, por no decir imposible, entender lo que Dios nos dice en la Biblia sin conocer algo de los entresijos del lenguaje antiguo; éstos se expresan en los libros sagrados en diversos géneros, que van del histórico y profético, al sapiencial y apocalíptico. Tal lenguaje viene a ser como el ropaje literario, el vehículo a través del cual Dios nos ha hecho llegar su palabra. Naturalmente esto obliga a distinguir, junto a los diversos géneros literarios, las distintas tradiciones que subyacen en muchos de los textos bíblicos, en especial en los libros del Pentateuco.

Por esto se ha dicho –y se comprenderá– que «el lenguaje bíblico, en cierta medida, está vinculado con los cambios sobrevenidos durante la sucesión de los siglos, a lo largo de los cuales la palabra escrita ha hecho nacer los libros santos. Y es ahí precisamente donde se reafirma la paradoja del anuncio revelado y, más específicamente, del anuncio cristiano; paradoja en virtud de la cual personas y acontecimientos históricos se convierten en portadores de un mensaje trascendente y absoluto»[2].

Realidad histórica.– No pocas veces, y desde distintos ámbitos, se han atribuido a la Biblia errores históricos. Es éste un asunto que no se puede obviar, pero en el que se ha de proceder con prudencia extrema. Sobre todo a la hora de discernir las críticas que cuestionan tanto su historicidad como su veracidad, procedentes todas ellas de sectores dominados por una visión racionalista de la historia.

La Biblia, importa subrayarlo, es ella misma historia, por cuanto relata unos hechos que realmente sucedieron en el tiempo, en un lugar determinado y a unas personas concretas. No obstante, a pesar de ser historia, no es una historia en el sentido moderno que se da hoy a esta ciencia. Los autores sagrados relataban los acontecimientos tal como *aparecían ante sus ojos*; luego los ponían por escrito de acuerdo con su nivel cultural, estilo o talante personal. Que digan, por ejemplo, que el sol «sale», o aseguren que se ha «detenido», es algo secundario en este caso. Lo que importa saber es si aquéllo que decían era o no verdad, aunque en ocasiones lo expresaran en un lenguaje poético o metafórico. ¿Qué querían decir, por tanto, al expresarse así; qué sentido y alcance real tenían sus palabras? Las frases y textos, no lo olvidemos, además de tener un sentido literal, pueden tener también otro, el espiritual, que se divide en alegórico, moral o anagógico (CEC 115-117).

La Biblia, por tanto, dice la verdad en lo que afirma, salvo que por el género literario empleado se pueda deducir que se sirve de una ficción, mito o fábula con clara intencionalidad moral o religiosa. Por esto la Biblia, más que una historia a secas, es una *historia sagrada*, es decir, una historia escrita en orden a nuestra salvación. No perdamos de vista que «las obras que Dios realiza en la historia de la salvación manifiestan y confirman la doctrina y las realidades que las palabras significan; a su vez, las palabras proclaman las obras y explican su misterio» (DV 2).

Revelación divina.– Partiendo del hecho cierto de que cuanto afirma la Biblia carece de error, hay que decir también que la verdad que transmite puede y debe ser conocida cada vez con mayor pro-

2. Juan Pablo II, *Discurso a la PCB* (26-IV-1979).

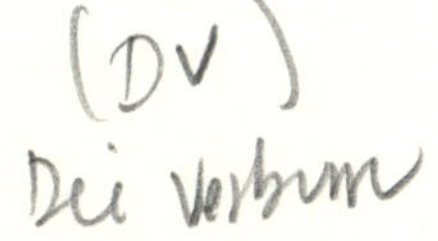

fundidad. Esto es posible en la medida en que la mente humana –ayudada por la gracia– se esfuerza por descubrir el sentido de la revelación divina, que por ser progresiva adelanta y profundiza con el correr de los siglos, hasta alcanzar en el Nuevo Testamento, con Jesucristo, su plenitud.

Se explica así que cuando Dios se revela, lo único que busca es la salvación del hombre. Si alguna vez le revela cosas naturales a las que hubiera podido llegar por sí mismo es para que, libre de error, pueda conocerle mejor y amarle sin condiciones. Podría haberlo hecho de otro modo. Pero ha querido adaptarse a nuestro modo de entender, se ha servido de nuestro mismo lenguaje, y aun así a veces nos cuesta entenderle. Es la hora de reconocer el límite de nuestra razón y, reconociéndolo, fiarnos de lo que Él nos dice. Surge así el acto de fe, gracias al cual el hombre se sumerge en la profundidad del misterio del Dios Uno y Trino, en su vida íntima y en sus relaciones con las criaturas. Se contemplan entonces, justamente en el devenir de la historia, los grandes misterios de la Creación, de la Encarnación y de la Redención.

Con estos presupuestos nos percataremos de que todo cuanto Dios dice en la Biblia tiene un alcance exclusivamente salvífico. Por tanto, huiremos de la tentación de buscar respuesta en ella a otro tipo de saberes. Porque ni habla del origen científico del universo, ni de la estructura molecular de la materia, ni de la existencia del ácido desoxirribonucleico (ADN), que tanto habría de influir en el desarrollo de la ciencia biológica del siglo XX. Claramente lo advertía san Agustín a los de su tiempo: «Los hagiógrafos, o mejor, el Espíritu Santo que hablaba por ellos, no pretendió enseñar a los hombres estas cosas (puramente científicas), puesto que en nada les había de servir para su salvación»[3].

Se equivocan, por tanto, quienes se empeñan en juzgar la Biblia desde una óptica racionalista. Y también, aunque en sentido inverso, quienes se empeñan en echar las campanas al vuelo cada vez que un nuevo descubrimiento arqueológico viene a confirmar que la Biblia tiene razón en lo que afirma. No necesitábamos de tal confirmación para creer lo que dice el texto sagrado. Por supuesto que los descubrimientos arqueológicos en Oriente Medio han ayudado, y mucho, a conocer mejor el texto sagrado. Ahí está la valiosa aportación de lo

3. S. Agustín de Hipona, *De Genesi ad litteram,* II, 9,20.

descubierto en la antigua Babilonia, en el norte de Egipto o en Qumrán. Mas con todo, si aceptamos la Biblia no es por la fuerza de semejantes hallazgos, ni por la excelencia de sus textos o la sublimidad de su doctrina. La aceptamos simplemente porque es palabra de Dios. Y «cuando Dios se revela, se le debe la obediencia de la fe (Rom 16, 26), por la que el hombre se entrega todo él con libertad a Dios, prestando el pleno homenaje de la inteligencia y de la voluntad a Dios revelador y dando voluntariamente su asentimiento a la revelación que Él le hace» (DV 5).

Una última advertencia. Antes de comenzar a leer la Biblia bueno será huir de la tentación de pretender entenderla por sí sola y por uno mismo, desgajada de la Tradición viva de la Iglesia y de su Magisterio. Olvidaríamos que «la Sagrada Escritura se ha de leer e interpretar con el mismo Espíritu con que se escribió, mirando el contenido y la unidad de toda la Escritura para conocer con exactitud el sentido de los textos sagrados y teniendo también en cuenta la Tradición viva de toda la Iglesia y la analogía de la fe» (DV 25).

Como igualmente dañino es intentar separar el Antiguo del Nuevo Testamento. Hubo quien lo hizo, por considerar el Antiguo Testamento un mero vestigio arqueológico del pasado. «Desde el siglo segundo después de Cristo, la Iglesia se ha hallado ante la tentación de separar completamente el Nuevo Testamento del Antiguo y de oponerlos el uno al otro, atribuyéndoles dos orígenes distintos. Según Marción, el Antiguo Testamento procedía de un Dios indigno de tal nombre, pues era vengativo y sanguinario, mientras que el Nuevo Testamento revelaba al Dios reconciliador y generoso. La Iglesia ha rechazado con firmeza este error, recordando a todos que la ternura de Dios ya se manifiesta en el Antiguo Testamento. La misma tentación marcionita vuelve a presentarse, por desgracia, en nuestro tiempo. Lo que, sin embargo, se da con mayor frecuencia es la ignorancia de las profundas relaciones que vinculan el Nuevo Testamento al Antiguo, ignorancia de la que se deriva en algunos la impresión de que los cristianos no tienen nada en común con los hebreos»[4].

Si se tienen presentes estas cautelas, no habrá peligro alguno para quien lea habitualmente la Biblia. La misma Iglesia lo recomienda a sus fieles. Pues, en realidad, «desconocerla –decía san Jerónimo– es desconocer a Cristo. Acérquense, pues, gustosamente los

4. Juan Pablo II, *Discurso a la PCB* (11-IV-97).

fieles al texto sagrado, bien por medio de la Sagrada Liturgia, rebosante de la palabra de Dios, bien por medio de la lectura espiritual... Pero no olviden que la oración debe acompañar a la lectura de la Sagrada Escritura, para que pueda entablarse diálogo entre Dios y el hombre. Pues –según san Ambrosio– le hablamos cuando rezamos y le oímos cuando leemos las palabras divinas» (DV 25).

Primera Parte

Antiguo Testamento

Introducción

La Biblia la componen dos grupos de libros sagrados, los cuales dan lugar al Antiguo y al Nuevo Testamento. El Antiguo Testamento, objeto de esta primera parte, lo forma una colección de cuarenta y seis libros inspirados[1], anteriores todos ellos a Jesucristo, que tienen a Dios por autor y como tales han sido aceptados por la Iglesia. Es lo que se conoce como canon bíblico, que fija el número de los libros sagrados.

Los libros del Antiguo Testamento, con ser inspirados, están abiertos no obstante a una revelación posterior y definitiva: la del Nuevo Testamento, en la que se realizan las profecías mesiánicas. Cuando Dios se revela en la Escritura, es como si apartara el velo que oculta su intimidad. Se da a conocer tal cual es, movido por su infinito amor a las criaturas. Habla a los hombres como amigos, trata con ellos y les invita –mediante la gracia– a participar de su vida íntima. Lo hace, sobre todo, al llegar la plenitud de los tiempos, por su Hijo, el Verbo encarnado, en quien resplandece en plenitud la Revelación divina (DV 2). Se explica así que «el fin principal de la economía antigua fuera preparar para la venida de Cristo, redentor universal, y de su reino mesiánico» (DV 5).

Pero no saquemos de aquí una conclusión errónea: la de pensar que los libros del Antiguo Testamento están superados y carecen por tanto de valor. San Pablo afirma que «todo lo que está escrito, se es-

1. Sobre el sentido de la inspiración, puede consultarse el vocabulario que figura al final del libro. A él remitiremos en lo sucesivo por medio de un asterisco (*) cuando aparezca por vez primera una de las voces allí recogidas.

cribió para enseñanza nuestra; de modo que por la perseverancia y el consuelo de las Escrituras, mantengamos la esperanza» (Rom 15, 4). Dios es el autor que inspiró también los libros del Antiguo Testamento[2]. Por tanto, aunque «estos libros contienen elementos imperfectos y pasajeros, nos enseñan la pedagogía divina. Por eso los cristianos deben recibirlos con devoción, porque expresan un vivo sentido de Dios, contienen enseñanzas sublimes sobre Dios y una sabiduría salvadora acerca del hombre, encierran tesoros de oración y esconden el misterio de nuestra salvación» (DV 5).

Al leer la Biblia se advertirá que unas veces se emplea el sustantivo Alianza y otras el de Testamento; depende de si se quiere hacer hincapié en el pacto o alianza del Sinaí (en hebreo *berît*), o en Jesucristo, por quien nos viene la salvación y cuyo *testamento* quedó sancionado por su muerte en la Cruz.

Los libros de la antigua Alianza, objeto de esta primera parte y origen de la economía salvífica, se distribuyen en la Biblia hebrea en tres grandes grupos:

a) *Ha-Tôrâh* (La Ley). Comprende los cinco libros de la Ley dada por Dios a Moisés: Génesis, Éxodo, Levítico, Números y Deuteronomio. Los griegos denominaron a este conjunto de libros *Pentateuco*.

b) *Nebîîm* (Profetas). Se subdividen en: *profetas anteriores*: Josué, Jueces, 1-2 de Samuel y 1-2 de los Reyes; y *profetas posteriores*: Isaías, Jeremías, Ezequiel y los Doce profetas menores.

c) *Ketûbîm* (Escritos). Lo componen tres secciones: *a*) Salmos, Proverbios y Job; *b*) los cinco rollos o volúmenes (*meguillôt*)[3]: el Cantar de los Cantares, Rut, Lamentaciones, Qohé-

2. Por cuestión de espacio no entramos a dar una explicación detenida sobre la historia y formación del canon bíblico ni sobre el alcance teológico del carisma de inspiración. Una buena exposición de estos temas puede encontrarse, entre otros, en A. Robert y A. Feuillet, *Introducción a la Biblia,* Herder, Barcelona 1967; L. Arnaldich, *Manual Bíblico,* tomo I, Casa de la Biblia, Madrid 1968; B. Ochard, *Verbum Dei,* tomo I, Herder, Barcelona 1960; F. Spadafora, *Diccionario bíblico,* Ed. Litúrgica Española, Barcelona 1968; J. Casciaro y otros, en *Voz Biblia,* GER, t. IV, pp. 137-171.

3. *Meguillôt* (= rollos o volúmenes). Con este nombre se denominó a partir del Talmud a los cinco libros que se leían –y aún se leen– en las fiestas principales ju-

let (Eclesiastés) y Ester; *c*) Daniel, Esdras-Nehemías y 1-2 de las Crónicas.

En total, 39 libros. Los siete restantes: Tobías, Judit, Sabiduría, Sirácida (Eclesiático), Baruc y 1-2 Macabeos, junto con los fragmentos de Ester 10,4c-16 y Dan 3,24-90; 13-14, son propios de la Biblia griega, en su versión llamada de los Setenta (LXX)*. Admitidos por la Iglesia en su canon, se les llama *deuterocanónicos* (*apócrifos* por los protestantes) porque al principio del cristianismo no hubo unanimidad entre los Padres a la hora de admitir su origen sagrado, a diferencia de los *protocanónicos* que fueron admitidos sin discusión.

La Iglesia se vio obligada a precisar su fe en la inspiración de los libros sagrados en dos momentos de particular dificultad. La primera, en el concilio de Trento (8-IV-1546), para contrarrestar la reforma protestante que, entre otras cosas, puso en duda el carácter inspirado de los libros deuterocanónicos; el Concilio declaró que Dios es el autor tanto del Antiguo Testamento como del Nuevo Testamento, y dio una lista completa de los libros «sagrados». Salvaba así no sólo el principio de inspiración, sino su misma extensión.

El concilio Vaticano I (24-IV-1870) tuvo que salir de nuevo al paso y precisar contra el racionalismo imperante el alcance de la inspiración, ya que algunos negaban toda intervención sobrenatural en la Biblia. El Concilio precisó que debían tenerse por sagrados y canónicos los libros completos de la Sagrada Escritura, con todas sus partes, según la enumeración dada por el concilio de Trento.

Por último, el concilio Vaticano II confirmó esta doctrina: «Dios –dice– es el autor que inspiró los libros de ambos testamentos, de modo que el Antiguo encubriera el Nuevo, y el Nuevo encubriera el Antiguo. Pues aunque Cristo estableció con su sangre la nueva Alianza (cf Lc 22,20; 1 Cor 11,25), los libros íntegros del Antiguo Testamento, incorporados a la predicación evangélica, alcanzan y muestran su plenitud de sentido en el Nuevo Testamento (cf Mt

días: el *Cantar* en Pascua, *Rut* en Pentecostés, *Lamentaciones* en la conmemoración de la destrucción del Templo, *Qohélet* en los Tabernáculos y *Ester* en los *purim*.

5,17; Lc 24,27; Rom 16,25-26; 2 Cor 3,14-16) y a su vez lo iluminan y lo explican» (DV 16).

Con el fin de respetar la cronología bíblica, hemos distribuido esta primera parte dedicada al Antiguo Testamento en cuatro grandes secciones: el Pentateuco, los libros históricos, los proféticos y los sapienciales y poéticos.

I
El Pentateuco

Con el nombre griego de «Pentateuco»[1] se designan los cinco primeros libros de la Biblia. Literalmente significa «cinco estuches», por ser en ellos donde se guardaban los rollos o volúmenes de la Ley. Con este nombre pasó al latín y después a las lenguas modernas. Los judíos denominaban a estos cinco libros, como hemos dicho, con el nombre común de *Ha-Tôrâh* (= La Ley), para distinguirlos de los demás libros del Antiguo Testamento: los *Nebîîm* (= Profetas) y *los Ketûbîm* (= Escritos).

Por su parte, la versión griega de los LXX, seguida por la Iglesia, designó a estos cinco libros con los nombres de Génesis, Éxodo, Levítico, Números y Deuteronomio.

Cada uno de ellos viene a indicar de modo genérico su contenido. Así, el *Génesis* narra los orígenes del mundo y del género humano desde sus comienzos hasta la formación de Israel como pueblo, poco antes de la salida de Egipto. El *Éxodo* refiere esta salida junto con la Pascua, el paso del Mar Rojo y la estancia de los israelitas en el Sinaí, donde tiene lugar la Alianza. El *Levítico* contiene la legislación relativa al culto que Israel debe tributar a Yahvéh, Dios único, verdadero Señor del universo; se designa a la tribu de Leví como la encargada de servir a Dios en el Templo. El libro de los *Números*

1. El título fue empleado por vez primera por un gnóstico del siglo II d.C. llamado Tolomeo; latinizado por Tertuliano, fue san Isidoro quien lo fijó definitivamente en el neutro *Pentateuchum*. Para más datos puede verse, entre otros, Profesores de Salamanca, *Biblia comentada,* Madrid 1961, tomo I, pp. 3-30; E.F. Sutcliffe, *Verbum Dei,* tomo 1, pp. 403-432; G. Rinaldi, *Diccionario bíblico,* voz «Pentateuco», pp. 472-477.

toma su nombre del censo hecho a los que salieron de Egipto, a la vez que se detiene en narrar la vida de los hijos de Israel a través del desierto. El *Deuteronomio,* por último, recapitula el contenido de la Ley y la legislación precedente; concluye con los últimos discursos de Moisés en los llanos de Moab.

La trama que entreteje esta apasionante historia se articula en torno a dos pilares: la promesa de salvación hecha por Dios tras el pecado de nuestros primeros padres, y el papel determinante de Israel en la realización de ese plan salvador. En función de él se irán mostrando los rasgos principales de ese largo recorrido, descubriendo progresivamente el núcleo mismo de la revelación divina. Los demás elementos –edad de los patriarcas, largas series genealógicas, datos cronológicos o geográficos– los incorpora el hagiógrafo a la narración en la medida en que los considera útiles para ilustrar, descubrir y trazar a través de ellos el hilo conductor del plan salvífico.

Desde un punto de vista teológico, puede decirse que el Pentateuco transmite unas enseñanzas de valor universal. Podrían resumirse en los siguientes puntos:

- La religión no es ya una simple búsqueda de Dios por parte del hombre. Se basa a partir de aquí en un hecho del todo singular: Dios se revela al hombre, es Él quien toma la iniciativa; le habla y le dice quién es, cuál es su plan salvador. Y no lo hace desde las alturas: Dios entra en la historia de los hombres, nos dice quién es y que por amor ha creado cuanto existe; también ha creado al hombre, a quien desde el principio ha amado con especial predilección. *Yahvéh* –ése es su nombre– se revela como el que es, el sumamente trascendente y, a la vez, como Persona muy cercana al hombre.
- En los primeros capítulos del Pentateuco se nos da a conocer la unidad del género humano, a partir de una primera pareja formada por un hombre y una mujer. Se afirma la existencia de un primer pecado, causa y raíz última de todos los males. Mas junto a la rebeldía de la primera pareja humana, aparece la promesa de la futura salvación.
- Para realizarla, Dios elige a un pueblo, el de Israel, en quien serán bendecidas todas las naciones de la tierra (Gen 12,28). Promesa que se cumplirá finalmente en la persona de un Mesías –Jesucristo– al que apunta, aunque en sombras, la historia

narrada en el Pentateuco. Acontecimientos tales como el sacrificio de Isaac, el paso del Mar Rojo, la Pascua y tantos otros, prefiguran a la luz del Nuevo Testamento el sacrificio redentor de Cristo, el sacramento del bautismo y la Pascua cristiana. El Pentateuco es tanto por su contenido histórico como, sobre todo, por su alcance teológico y moral, el conjunto de libros más importante del Antiguo Testamento.

Para una buena comprensión del Pentateuco, bueno será recordar que tanto la tradición judía como la cristiana consideraron a Moisés el verdadero autor de estos libros sagrados, lo cual no significa que fuera él mismo su redactor. Basta, por ejemplo, prestar atención para comprobar que existen relatos repetidos, discordancias, duplicidad de datos, etc. No se deben a una serie de *documentos* interpolados mediante complejos procesos de composición literaria. Hoy día, la mayor parte de los autores católicos, con el Padre de Vaux a la cabeza, prefieren hablar no de *documentos* sino de *tradiciones*, en el sentido de que sobre unos mismos hechos y leyes se habrían conservado distintas redacciones en torno a los grandes santuarios de la época. Estas *tradiciones* reflejarían relatos orales complementarios, puestos por escrito posteriormente en función de las diversas condiciones históricas.

Así, por ejemplo, en el siglo VIII a.C., tras la caída del Reino del Norte, se piensa que los israelitas que huyeron hacia Judá llevaron consigo unas tradiciones de alto valor teológico. A esta tradición del Norte se la ha denominado *Elohista* (E), por mencionar a Dios en sus relatos con el nombre de Elohim.

En el siglo VII a.C. el Reino de Judá sufrió una serie de reformas religiosas promovidas por los reyes Ezequías y Josías. En el año 622 se descubre en el Templo de Jerusalén el libro del Deuteronomio. Los acontecimientos pasados comienzan a entenderse a la luz de la elección de Israel por parte de Dios y la necesidad que tiene de responder con fidelidad a la Alianza. Esta tradición se denomina *Deuteronomista* (D), y aboga por la centralización del culto en un único Santuario: el de Jerusalén.

Al rescoldo de estas reformas religiosas se siguen descubriendo otras tradiciones antiguas, tanto orales como escritas: aparece la historia de los orígenes, la de los Patriarcas, la de Israel en Egipto, la del éxodo, la del desierto, la de la entrada en Canaán, etc. Son historias que emplean con preferencia en sus narraciones el nombre de *Yahvéh*, razón por la cual se la denomina tradición «*Yahvista*» (J).

Por último, en el siglo VI a.C. y tras la deportación de gran parte del pueblo a Babilonia, los sacerdotes y profetas del exilio –en especial Ezequiel– mantienen la fe de los desterrados con su predicación ferviente; se proponen fortalecerlos frente al paganismo imperante y el culto al dios Marduk. Les hacen meditar los compromisos de la Alianza, su fidelidad a Yahvéh. Al regreso del exilio, y por obra de los sacerdotes de Jerusalén, aparece en escena un conjunto de leyes que se proponen proteger al pueblo de las contaminaciones idolátricas. A esta tradición se le ha denominado *Sacerdotal* (P), del alemán *Priester* (sacerdote).

Son, pues, cuatro tradiciones que con sus particularidades literarias y doctrinales han quedado integradas, por inspiración divina, en los cinco libros que hoy denominamos Pentateuco y que el Pueblo de Israel conocía como «La Ley de Moisés» o simplemente «La Ley».

Antes de iniciar la lectura del Pentateuco, una última advertencia. Conviene fijarse no tanto en los detalles anecdóticos que se relatan, cuanto en la atmósfera espiritual que los envuelve. En ellos subyacen las verdades reveladas que interesa descubrir. Y aunque a lo largo de la narración encontraremos escenas nada edificantes que podrían desorientarnos, se ha de tener presente que son las miserias que acompañan al hombre, patentes y descarnadas, como sombras de un cuadro maravilloso. Y es que «Dios, al crearnos, ha corrido el riesgo y la aventura de nuestra libertad. Ha querido una historia que sea una historia verdadera, hecha de auténticas decisiones, y no de una ficción ni un juego»[2]. Esforcémonos por ver el cuadro en su completa proyección, pues por encima de las evidentes miserias y limitaciones humanas, a mucha mayor altura brilla la generosidad y misericordia de Dios, siempre dispuesto al perdón.

2. S. Josemaría Escrivá, *Las riquezas de nuestra fe*, n. 119.

1. El Génesis

En el origen de la creación

Este libro, llamado en hebreo *berêsit* (= en el principio), narra la creación realizada por Dios de todo cuanto existe. De modo sucinto presenta los comienzos de nuestra historia, desde la creación del mundo hasta la muerte de José. A diferencia del libro del Éxodo, en el que se inicia la historia de Israel como pueblo, el Génesis contiene la historia de sus antepasados, los grandes Patriarcas, centrada en una figura excepcional: Abraham, padre del pueblo elegido.

Antes de introducirnos en esta apasionante historia, y como pórtico obligado de la misma, el Génesis relata en sus once primeros capítulos la historia de la creación del mundo, la intervención de Dios en la creación del hombre y de la mujer, la unidad del género humano, el pecado de nuestros primeros padres, la decadencia progresiva y los castigos hereditarios. A través de estos tiempos remotos, y en paralelo con la historia de la civilización y de la cultura, va delineando el plan redentor que Dios se propuso llevar a cabo para salvar a la humanidad, junto con el papel que jugaría Israel en la realización de ese plan[3].

De ordinario, el Génesis no emplea palabras o frases grandilocuentes. En un lenguaje sencillo y popular, rico en imágenes, va dando respuesta a los grandes interrogantes que todo hombre se hace al reflexionar sobre sí. ¿Qué sentido tiene mi vida? ¿Quién me ha creado? ¿Quién ha hecho la tierra que habito? ¿Qué significado tienen el dolor, la enfermedad, la muerte? ¿Cómo explicar los odios y las guerras entre hermanos? Son interrogantes que se ha hecho el hombre de todos los tiempos.

También hoy. Queremos saber. No nos conformamos con una explicación superficial de las cosas. Buscamos, indagamos, necesitamos dar con una respuesta coherente que dé sentido a nuestras zozobras e inquietudes. Por esto nos preguntamos como al principio:

3. Un estudio más detenido y completo sobre el contenido y alcance del Génesis puede encontrarse en A. Clamer, *La Genèse,* París 1953; E.F. Sutcliffe, *Génesis*, pp. 433-504; F. Spadafora, *Diccionario bíblico,* Barcelona 1968, pp. 240-243.

¿Quién podrá hacerme feliz y darme la paz que anhelo? ¿Quién podrá devolverme la alegría de vivir?

En los primeros capítulos del Génesis se da cabal respuesta a todos y cada uno de estos interrogantes. El autor sagrado se sirve de un a modo de álbum familiar, lleno de color y de vida, a través del cual va mostrando el origen divino de todo lo creado; y junto a él las causas de la infelicidad del hombre, la razón de su soledad, el porqué del dolor, de la angustia y de la muerte. No para angustiarnos, sino para abrirnos una puerta a la esperanza. En nuestros primeros padres, y en ellos a toda la humanidad, Dios anuncia la gran promesa de salvación.

Y lo hace en lenguaje humano, para que podamos entenderle. De ahí que comience, como si se tratara de un pedagogo, por relatar la creación del mundo y del hombre en seis días. Al hombre lo forma del lodo de la tierra; a la mujer de una costilla de Adán. Es un modo antropomórfico de expresarse. Porque es evidente que Dios ni tiene manos para modelar al hombre, ni corta ni cose para formar a la mujer como si fuera un cirujano. Detenerse en objeciones de este tipo significaría no haber entendido el lenguaje bíblico, el género literario de estos tres primeros capítulos.

El escritor sagrado, no lo olvidemos, ha transmitido el mensaje divino en lenguaje corriente, el de su época. De otro modo no le habrían entendido. Y es que Dios –ya lo dijimos– al revelarse al hombre no ha querido transmitirle unas verdades científicas, sino aquéllas que considera necesarias para su salvación. Sería ilusorio, por tanto, intentar descubrir en estos primeros capítulos de la Biblia una explicación científica sobre la datación del mundo, el origen del hombre, la sucesión de las edades geológicas o la evolución de las especies o del mismo hombre[4].

Esto no quiere decir, lógicamente, que nos esté vedado su conocimiento. «La Iglesia –afirma la *Humani Generis*– no prohibe que en investigaciones y disputas entre los hombres doctos se trate de la

4. La ciencia geológica y paleontológica suele calcular entre cuatro y cinco mil millones de años la existencia de la tierra. Por lo que se refiere a la aparición del hombre, Kennedy sostiene en su libro de Paleoantropología que puede calcularse en unos dos millones de años la existencia del *Homo erectus,* que fabricaba instrumentos líticos, y en unos 120.000 la del *Homo sapiens*.

doctrina del evolucionismo, la cual busca el origen del cuerpo humano en una materia viva preexistente (pues la fe católica nos obliga a retener que las almas son creadas inmediatamente por Dios), según el estado actual de las ciencias humanas y de la sagrada teología, de modo que las razones de una y otra opinión, es decir, de los que defienden o impugnan tal doctrina, sean sopesadas y juzgadas con la debida gravedad, moderación y templanza, con tal de que todos estén dispuestos a obedecer el dictamen de la Iglesia, a quien Cristo confirió el encargo de interpretar auténticamente las Sagradas Escrituras y defender los dogmas de la fe. Sin embargo, algunos con temeraria audacia traspasan esta libertad de discusión, obrando como si el origen mismo del cuerpo humano de una materia viva preexistente fuese ya absolutamente cierto y demostrado por los indicios hasta ahora encontrados y por los raciocinios por ellos fundados, y como si nada hubiese en las fuentes de la revelación que exija una máxima moderación y cautela» (HG 29).

Arropada, pues, por una expresión literaria, ingenua en apariencia, encontramos en el texto sagrado una doctrina que contiene en germen los principios básicos de nuestra fe. Veamos brevemente algunos.

Creación del universo

En un estilo sobrio, teológico y casi ritual, propio de la tradición «sacerdotal», el primer capítulo del Génesis narra la creación de todas las cosas (1-2, 4a). Sigue un orden lógico, bien cuidado, propio del maestro que enseña a sus discípulos para que retengan sin gran esfuerzo su explicación. Describe así la creación del universo en orden ascendente, es decir, desde lo menos perfecto (tierra, cielo, animales) hasta lo más perfecto: el hombre. Su finalidad, como decimos, es principalmente didáctica: narrar la creación en un período de seis días (*hexamerón*).

Comienza diciendo *berêsit* (en el principio). Se trata de un principio absoluto, antes del cual nada existía. Nos sitúa, por tanto, al comienzo mismo del tiempo. El verbo empleado es *barâ* (= creó), propio de las acciones divinas, y aunque no se afirme de modo explícito, implícitamente se habla de la creación a partir de la nada, *ex nihilo*; doctrina que aparecerá formalmente afirmada en la época macabea (2 Mac 7,28). El texto utiliza el nombre de Dios, *Elohim*, en plural, como sujeto de la creación, pero a continuación emplea un verbo en singular, con la expresa intención de que el lector no incurra en el riesgo de politeísmo.

Una vez sentado que todo cuanto existe procede de Dios, a través del artificio literario de los seis días, con un descanso el séptimo, se quiere inculcar el descanso sabático que el pueblo debe vivir a semejanza de Dios.

La misma finalidad pedagógica se observa al describir la obra de distinción y ornamentación. El primer acto creador consiste en poner en la existencia una *tohu wabohu*, es decir, una especie de masa caótica (1, 2) a partir de la cual Dios realiza la obra de distinción y ornamentación (1, 3-27), de acuerdo con este orden:

Obra de distinción:
Luz-tinieblas
Aguas superiores-aguas inferiores
Tierra-mar-plantas

Obra de ornamentación:
Sol-luna-estrellas
Peces-aves
Animales
Hombre

En la mente divina no estaba, por tanto, poner por escrito de modo científico su obra creadora. Su intención es principalmente didáctica, doctrinal y religiosa. Todo lo cual puede sintetizarse en los siguientes puntos:

- Todo lo creado es obra exclusiva de Dios. Con la creación comienza el tiempo. Al crear, Dios no ha utilizado materia alguna preexistente.
- Con esto se pone de manifiesto que sólo Dios es eterno. Todos los demás seres, incluidos los llamados dioses, el sol, el fuego, etc., son criaturas suyas. Dios es, por tanto, distinto del mundo y anterior a él, ya que ni procede ni se desprende de ningún

magma, como creían las cosmogonías babilónicas o asirias. Él es plenamente trascendente y distinto de la materia.

- Como ser creador, eterno y trascendente, a Dios no se le puede mezclar con las creencias politeístas o panteístas entonces en boga. Separado y distinto del universo que había creado, los israelitas debían entender que no podían adorar a otro Dios más que a Yahvéh, el único verdadero, y no a los dioses Sin y Samas de los asirios, a quienes en ocasiones habían dado culto.
- En estos primeros capítulos del Génesis Dios aparece como el Omnipotente. No sólo crea cuanto existe, sino que mantiene en su ser a todas las cosas, comunicando así a la criatura, en especial a la racional, toda su bondad (1,31). Por el hecho de existir, todo es bueno. En consecuencia, de Dios, que es infinito en bondad, no puede proceder nada malo.

Relaciones del Génesis con las cosmogonías extrabíblicas

Las excavaciones en Oriente Próximo han sacado a la luz textos cosmogónicos muy antiguos, junto con una serie de tradiciones mitológicas acerca de los orígenes del mundo. Son documentos siriobabilónicos, egipcios o fenicios. Descifrados y comparados con el relato del Génesis, se encuentran en ellos muchas analogías, aunque existen también grandes diferencias. Veámoslo esquemáticamente:

Documentos extrabíblicos

- Son teogonías, por cuanto relatan el origen de los dioses.
- No se asigna en ellos, ni siquiera se menciona, el origen de la masa caótica, primer resultado de la creación.
- Ignoran la unidad del género humano; en cambio admiten que los dioses crearon más de una pareja de hombres y multitud de ciudades.
- Desconocen el descanso sabático.

Relato del Génesis

- Es la única y propia cosmogonía de carácter teocéntrico.
- Presenta a Dios como único creador, omnipotente y plenamente trascendente; todo lo crea mediante su palabra.
- Crea una sola pareja humana; todos los demás hombres proceden de ellos por generación.
- Enseña el descanso sabático.

Las analogías de la Biblia con los documentos extrabíblicos pueden explicarse si se acepta la existencia de una revelación inicial hecha a nuestros primeros padres. Transmitida después durante generaciones, conservaría un eco en los pueblos antiguos orientales, aunque pasada por el tamiz de sus diversas culturas y con el riesgo de ser adulterada con el paso del tiempo. Las discrepancias con la Biblia serían, por tanto, fruto de estos aditamentos posteriores. Y así, mientras el pueblo de Israel quedó preservado de caer en el error gracias a una serie de sucesivas revelaciones –a Abraham y Moisés, entre otros–, estos pueblos se limitaron a conservar un vestigio de aquella verdad primitiva, mezclada como decimos entre sus múltiples y variados mitos[5].

La primera pareja humana

Entre los seres creados, destaca el Génesis uno por su especial dignidad: el hombre. Tras la creación de los animales el día sexto,

5. En este sentido han dado mucha luz las excavaciones arqueológicas realizadas desde finales del siglo XIX en amplias zonas relacionadas con el mundo bíblico. Así, por ejemplo, se descubrieron textos cosmogónicos que representan vestigios de tradiciones antiquísimas sobre los orígenes del mundo; entre otras, las sumerias, asiro-babilónicas, egipcias, etc. Por su extraordinaria semejanza con el relato bíblico, cabe destacar el poema babilónico *Enuma Elisch,* conservado en siete tablillas de caracteres cuneiformes. Fue descubierto en la biblioteca de Asurbanipal, en el año 1875, y se piensa que su redacción puede remontarse al siglo XII a.C. De esta opinión son E. Wallis Budge, *Babylonian Legends of the Creation,* 1931; R. Labat, *Le poème-babylonien de la Création* (1935); A. Rolla, *La Biblia ante los últimos descubrimientos*, Madrid 1962.

«Dijo Dios: Hagamos al hombre a nuestra imagen, según nuestra semejanza» (1,26) Se dice creado *a su imagen* por ser inteligente y libre, reflejo de los atributos divinos; *a su semejanza*, al participar por la gracia de su naturaleza divina. Superior a las demás criaturas, es creado para que domine a los peces, aves y animales (1,27).

El segundo capítulo del Génesis, atribuido a la tradición «*yahvista*», y por esto más colorista y expresivo, describe y completa la creación del hombre: «Entonces Yahvéh Dios formó al hombre del polvo de la tierra, insufló en sus narices aliento de vida, y el hombre se convirtió en ser viviente» (2,7).

La palabra *âdâm* (= hombre), derivada de *âdâmah* (= tierra), es indeterminada; al no llevar artículo, se refiere de modo colectivo a todos los hombres. Sin embargo, la indeterminación desaparece al añadir el texto sagrado «varón y mujer los creó» (1,27). Así, los individuos que desde el principio forman la especie humana son dos, un hombre y una mujer. Dios los dotó de órganos reproductivos con la misión de continuar su obra y multiplicar la raza humana por generaciones; en esta primera pareja se encuentra el origen del tronco humano que nos es común[6].

En el segundo relato se dice que el hombre, respecto al cuerpo (*bâsar*), procede de la tierra. No especifica si de una materia orgánica o inorgánica. En cambio, afirma que la *nesâmâh* (= soplo o aliento de vida) procede directamente de Dios, sin relación alguna con la materia por ser del todo espiritual[7]. Gracias a su alma espiritual, el hombre –y sólo él– posee dos facultades que le son propias y le diferencian de los animales: la inteligencia y la voluntad. A través de ellas puede ejercer su dominio sobre todas las cosas de la tierra.

6. Así lo sostiene L. Arnaldich, El *origen del mundo y del hombre según la Biblia,* Madrid 1957; F. Ceuppens, *De historia primaeva,* Roma 1948; Ch. Hauret, *Origini dell'Universo e dell'Uomo secondo la Bibbia,* Torino 1953; Juan Pablo II, *Enseñanzas al Pueblo de Dios,* Madrid 1979, pp. 135-138.

7. Para los hebreos, el soplo o la *nésâmâh* de Gen 2,7 no es sólo un signo de vida, ya que el animal también respira y por eso vive. En el caso del hombre, Yahvéh le infunde el aliento de vida, la *nismat hayyîm*, de una manera particular; él no se convierte en un ser vivo, sino en una persona viva. De otra parte, la *nephes* a la que se hace referencia parece designar el principio vital, el individuo, es decir, su alma en sentido reflexivo: mi alma, yo mismo. (Vid. P. van Imschoot, *Teología del Antiguo Testamento,* Madrid 1969, pp. 338-339; 356-357).

Creación de la mujer

Tras la creación de Adán, dijo Dios: «No es bueno que el hombre esté solo; voy a hacerle una ayuda semejante a él. Formó de la tierra, pues, Yahvéh Dios toda clase de animales campestres y aves del cielo y los llevó ante el hombre para ver cómo los llamaría... mas para sí no encontró una ayuda semejante. Entonces Yahvéh Dios hizo caer sobre el hombre un sueño profundo, y mientras dormía tomó una de sus costillas, cerrando el hueco con carne. De la costilla que había tomado del hombre, formó Yahvéh Dios una mujer y se la presentó al hombre. Entonces dijo el hombre: ésta sí es hueso de mis huesos y carne de mi carne. Será llamada mujer, porque del varón ha sido hecha» (2,18-23).

Obsérvese que previamente habían desfilado ante Adán todos los animales. Con ninguno de ellos había podido comunicarse por ser irracionales e incapaces de hablar. No así la mujer. Una vez formada de su «costilla», Adán comprende al verla que es distinta de los animales. Delante de sí tiene a un ser semejante a él, de su misma naturaleza y dignidad. Por esto exclama lleno de admiración: «ésta sí es hueso de mis huesos y carne de mi carne»; un semitismo que, además de expresar la identidad de naturaleza, indica la comunidad de parentesco entre el hombre y la mujer, la sociabilidad que les es propia y que no pueden compartir con los animales.

El escritor sagrado se limita a narrar el hecho. Del mismo modo que no especifica de qué materia formó Dios al hombre, tampoco aclara nada respecto de la «costilla» de la que procede la mujer. Quizá se refiera con este término al costado en general, a una parte importante del hombre. En cualquier caso, el varón le deberá especial respeto. Es éste el punto de arranque de la atracción entre los sexos, cuya expresión más elevada se realiza en el amor conyugal.

La institución matrimonial

Tras la creación del hombre y la mujer, el texto sagrado se detiene en presentar el *origen divino de la institución matrimonial,* su unidad e indisolubilidad. Así lo dice: «Dejará el hombre a su padre y a su madre y se unirá a su mujer y serán una sola carne» (2,24). Al unirse en matrimonio, hombre y mujer están llamados a ayudarse mutuamente, a ser fecundos y formar una familia. Con ese fin los bendice Dios: «Creced, multiplicaos, llenad la tierra y sometedla» (1,28).

A este texto se refiere Jesucristo cuando recuerda que el matrimonio es indisoluble porque así lo quiso Dios desde el principio. A lo que añade: «De manera que ya no son dos, sino una sola carne. Por tanto, lo que Dios unió, no lo separe el hombre» (Mt 19,6). De este amor fiel e indisoluble se sigue su fecundidad. Hombre y mujer se hacen colaboradores de Dios en el misterio insondable que supone la generación de cada ser humano.

De la narración del Génesis se deduce que la primera pareja humana gozaba de una total ausencia de concupiscencia carnal, como consecuencia del estado de inocencia en que habían sido creados. «Ambos estaban desnudos, el hombre y su mujer, y no sentían vergüenza» (2,25). La razón del hombre controlaba perfectamente sus sentidos, y todas sus potencias gozaban de una perfecta armonía.

La felicidad original, junto con la elevación al orden sobrenatural, se pone de manifiesto en la imagen tan expresiva para los orientales del oasis y de los ríos caudalosos; nuestros primeros padres vivían en plena amistad y confianza en Dios, con quien trataban cara a cara.

Tentación y caída

Dios había dado al hombre un mandato: «De todos los árboles del jardín podrás comer; pero del árbol del conocimiento del bien y del mal no comerás, porque el día que comas de él, morirás» (2,16-17).

Creado a imagen y semejanza de Dios, el hombre estaba dotado de algo tan valioso como era su libertad. Gracias a ella estaba en condiciones de distinguir lo bueno de lo malo, lo que llevaba a la vida de lo que podía apartarle de Dios y causarle la muerte. Era ciertamente libre para elegir, para actuar en un sentido u otro. El mandato de su Creador era razonable, y por eso lo acepta en un principio sin replicar.

Pero he aquí que el diablo*, presentado por el autor sagrado en este tercer capítulo del Génesis en forma de serpiente, se decide a tentar a la mujer: «¿De modo –le dice– que os ha mandado Dios que no comáis de ningún árbol del jardín?» (3,1). Como tentador que es intenta seducir a la mujer para que dé la espalda a Dios y le desobedezca. Al tentarla –siempre procede así– exagera el alcance del mandato; de *«ningún árbol»,* le dice, cuando sabía que sólo les había dicho Dios que no comieran de uno, el de la ciencia del bien y del mal (2,16). El diablo, sirviéndose de la mentira, aprovecha para poner en tela de juicio la rectitud y justicia divinas, con intención de socavar en la mujer la confianza en su Creador.

En un primer instante la mujer no se da cuenta de la trampa que le tiende el diablo. Él, por ser ángel caído, la superaba en inteligencia, con lo que tenía todas las de ganar en el diálogo con ella. Aunque la mujer al comienzo defiende a Dios, poco a poco pierde su confianza y termina por dudar. Dirige su mirada hacia el árbol y comprueba (no dice el texto nada de la manzana) que su fruto «era apetitoso para comer, agradable a la vista y deseable para adquirir sabiduría» (3,6). Se despierta en ella la concupiscencia, un deseo irresistible. Atraída y subyugada, piensa que si lo come será semejante a Dios.

Finalmente toma de aquel fruto, como hará su marido después. Al desobedecer, rompen su diálogo con Dios. Es el primer pecado, al que llamamos original. Estas fueron sus consecuencias:

En primer lugar, tal como se lo había anunciado el Señor, al pecar mueren a la vida de la gracia, por haber abusado de su libertad; esto les acarrea también la pérdida de los dones preternaturales (de inmortalidad, ciencia e inmunidad). Aunque habían sido creados para la inmortalidad por un don gratuito de Dios, con su desobediencia lo perdieron. Y como con el pecado entró la muerte en el mundo, según afirma san Pablo (Rom 5,12), la muerte afectó a todos los hombres, sus descendientes. Y así, con la muerte física aparecen para el hombre un cúmulo de males: enfermedades, penas y dolores, daño en la inteligencia y en la voluntad, aparición de la concupiscencia... Y sus consecuencias: orgullo, pereza, vanidad y soberbia, con todo el cortejo de ambiciones, celos, envidias, autosuficiencia y hasta el olvido del Creador.

Todo lo cual lo sintetiza Pablo VI con estas palabras: «Creemos que todos pecaron en Adán: lo que significa que la culpa original cometida por él hizo que la naturaleza, común a todos los hombres, cayera en un estado tal en el que padeciese las consecuencias de aquella culpa. Este estado ya no es aquel en el que la naturaleza humana se encontraba al principio en nuestros padres, ya que estaban constituidos en santidad y justicia, y en el que el hombre estaba exento del mal y de la muerte. Así pues, la naturaleza humana, caída de esta manera, destituida del don de la gracia del que antes estaba adornada, herida en sus mismas fuerzas naturales y sometida al imperio de la muerte, es dada a todos los hombres; por esta misma razón, todo hombre nace en pecado. Mantenemos, pues, siguiendo al concilio de Trento, que el pecado original se transmite, juntamente con la naturaleza humana, por propagación, no por imitación, y que se halla como propio en cada uno» (CPD 16).

A pesar de la caída de nuestros primeros padres, Dios va a mostrar en seguida su amor por el hombre. Sabía que ambos estaban avergonzados por lo que habían hecho; sin esperar, sale a su encuentro. El texto sagrado, en un lenguaje poético, dice que tras la caída «se les abrieron los ojos y conocieron que estaban desnudos; entrelazaron hojas de higuera y se las ciñeron. Y cuando oyeron la voz de Yahvéh Dios que se paseaba por el jardín a la hora de la brisa, el hombre y su mujer se ocultaron de la presencia de Yahvéh Dios entre los árboles del jardín. Yahvéh Dios llamó al hombre y le dijo: ¿Dónde estás? Éste contestó: Oí tu voz en el jardín y tuve miedo porque estaba desnudo; por eso me oculté» (3,8-9).

Tras el pecado, la primera reacción del hombre es de miedo a la presencia de Dios. A los dos les costaba reconocer su pecado. Dios, que les comprende, les tiende una mano para que se arrepientan. Les pregunta, quiere arrancar de ellos una confesión sincera. Pero se excusan, no quieren cargar con la responsabilidad de su culpa. El hombre echa la culpa a su mujer; ésta termina echándosela a la serpiente-diablo, con el fácil expediente de «me sedujo y comí». Alejándose de Dios, habían perdido el estado de felicidad para el que habían sido creados. Además, rota la armonía entre el hombre y la naturaleza, el trabajo a partir de entonces les va resultar costoso; la mujer, además, llevará con dolor sus preñeces y se sentirá sometida a su marido. La humanidad entera, cada uno de nosotros, sufrirá desde entonces las consecuencias de aquel mal: dolor, sufrimientos, la misma muerte. Habrían de pasar siglos hasta que Alguien descendiente de mujer restableciera el diálogo, la amistad rota entre el hombre y Dios.

EL *PROTOEVANGELIO* (PRIMER ANUNCIO DE SALVACIÓN)

Cuando el diablo creía cantar victoria por su triunfo sobre el hombre –interpretado por él como triunfo sobre el mismo Dios–, brilla para la humanidad la gran luz de la esperanza mesiánica. Dios no pide al diablo explicaciones, como antes hiciera con el hombre y la mujer, sino que directamente le castiga y le condena a arrastrase y a comer del polvo de la tierra (3,14). Es un símbolo de su humillación y caída. Dios añade: «Pondré enemistad entre ti y la mujer, entre tu linaje y el suyo; él te herirá en la cabeza, mientras tú le herirás en el talón» (3,15).

Desde el primer momento, Dios manifiesta su misericordia para con el hombre. Le anuncia, no obstante, una lucha sin tregua con Satanás. Uno de la descendencia de la mujer, aquí por primera vez anunciado, será quien aplaste la cabeza del dragón infernal[8].

El desarrollo histórico de esta promesa constituye la Historia de la Salvación tal como iremos viendo en los libros sagrados. Iniciada en el Antiguo Testamento, alcanza su plenitud en el Nuevo con la llegada del Mesías. A Jesús de Nazaret, nacido de María Virgen, se orientan todas y cada una de las profecías como Aquél que vendría a salvarnos.

Tan profundo fue el impacto de la caída de nuestros primeros padres en sus descendientes, que el Génesis narra a continuación el episodio de Caín y Abel, primer fratricidio de la historia de la humanidad. A partir de este incidente se inicia una decadencia progresiva entre los hombres, que da lugar a una serie de castigos hereditarios. Esto llevó finalmente al diluvio, al que por afectar a la tierra entonces conocida se ha llamado universal.

A partir de aquí, el Génesis guarda un silencio absoluto, el que va desde Noé y sus descendientes, supervivientes del gran diluvio, a la aparición en la escena bíblica de un hombre de Ur, llamado originariamente Abram. Con él comienza a realizarse el plan salvador que Dios había anunciado a nuestros primeros padres.

8. Es sugerente la exposición que hace L. Arnaldich, tanto por lo que se refiere a la esperanza de redención como a la descendencia del Mesías procedente del linaje de la mujer (Vid. Gran Enciclopedia Rialp, voz *Protoevangelio,* tomo 19, pp. 300-302).

ALIANZA DE DIOS CON ABRAHAM

Dios había anunciado que uno del linaje de la mujer salvaría al hombre del yugo de Satanás. El primer paso en la realización de esta promesa lo constituye la elección de Abraham, quien por su fe en Dios se convertirá en padre de un pueblo numeroso[9]. Así se lo dice el Señor:

> «Sal de tu tierra, de tu parentela y de la casa de tu padre y vete al país que yo te inidicaré. Yo haré de ti un gran pueblo, te engrandeceré y bendeciré tu nombre, el cual será una bendición» (12,1-2).

Por este texto, y con la ayuda de algunos documentos extrabíblicos, sabemos que hacia el año 1850 a.C. un hombre llamado Abram, hijo de padres politeístas, pastor de ganado y residente en Ur (Caldea), sale con su familia hacia una nueva tierra: Canaán. Ha respondido con un acto de fe a la llamada que Dios, por pura predilección, le ha hecho. Como hará después al elegir a Isaac y no a Ismael; a Jacob y no a Esaú. Dios llama a quienes quiere emplear como instrumentos de su acción salvadora por un acto de pura liberalidad; los llena de su gracia, a sabiendas de que la tarea que les encarga les superará por completo. De ellos sólo espera docilidad y obediencia.

El *acto de fe* de Abraham, por el que responde libremente a Dios, pone en marcha la realización del plan salvador. En contraste con la desobediencia de Adán, Abraham obedece en el acto. Con su acto de fe, con su obediencia, comenzará la antigua Alianza, de la misma manera que con otro acto de fe, con la obediencia de la doncella de Nazaret, se iniciará la nueva y definitiva Alianza.

A la obediencia fiel de Abraham le siguen una serie de promesas por parte de Dios. Anciano y sin hijos, con una mujer, Sara, estéril y de edad avanzada, queda maravillado al ver que Dios le promete una numerosa descendencia: «Mira al cielo y cuenta, si puedes, las estrellas. Y añade: Así será tu descendencia» (15,5). Además se compromete a darle en posesión al pueblo que de él nacerá la tierra de Ca-

9. Una síntesis de la historia de este período puede encontrarse en *Historia de los hombres y acciones de Dios* (J. Chapa, editor), Rialp 2000; P. de Surgy, *Las grandes etapas del misterio de la salvación,* Barcelona 1973, pp. 37-62.

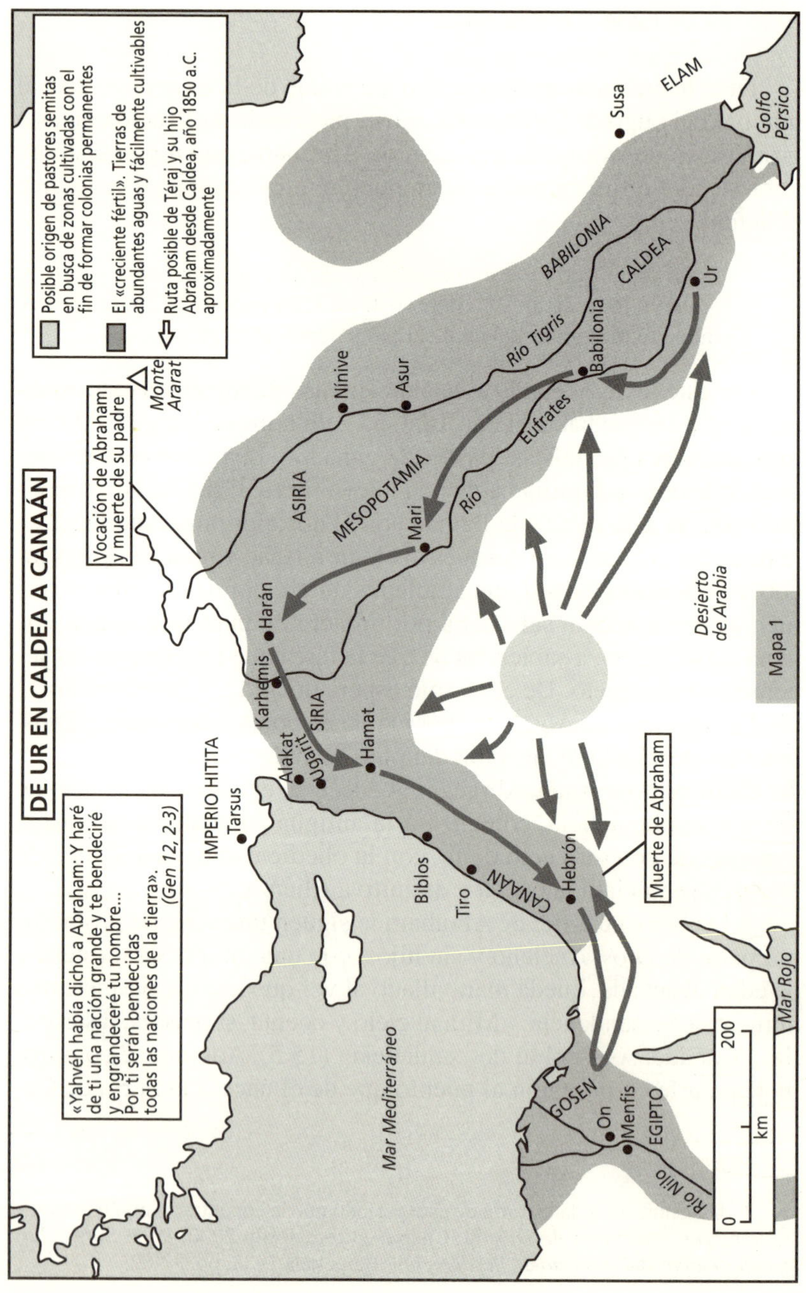
DE UR EN CALDEA A CANAÁN
Posible origen de pastores semitas en busca de zonas cultivadas con el fin de formar colonias permanentes
El «creciente fértil». Tierras de abundantes aguas y fácilmente cultivables
Ruta posible de Téraj y su hijo Abraham desde Caldea, año 1850 a.C. aproximadamente
«Yahvéh había dicho a Abraham: Y haré de ti una nación grande y te bendeciré y engrandeceré tu nombre...
Por ti serán bendecidas todas las naciones de la tierra».
(Gen 12, 2-3)
Vocación de Abraham y muerte de su padre
Muerte de Abraham
Monte Ararat
IMPERIO HITITA
Tarsus
Alakat
Ugarit
Karhemis
Harán
SIRIA
Hamat
Biblos
Tiro
CANAÁN
Hebrón
ASIRIA
MESOPOTAMIA
Mari
Río Eufrates
Nínive
Asur
Río Tigris
Babilonia
BABILONIA
CALDEA
Ur
Susa
ELAM
Golfo Pérsico
Desierto de Arabia
Mar Mediterráneo
GOSEN
On
Menfis
EGIPTO
Río Nilo
Mar Rojo
0
200
km
Mapa 1

naán. Así lo afirma: «A tu descendencia daré esta tierra, desde el torrente de Egipto hasta el gran río, el Eufrates» (15,18).

A cambio, Dios pide a Abraham y a su descendencia una fe monoteísta (17,7), que nace en este momento con toda su fuerza y vigor frente al politeísmo reinante. La circuncisión* será la señal de pertenencia al Dios uno y único, símbolo de la plena obediencia a sus mandatos. A partir de aquí, Abraham se compromete a darse por entero a Dios. Y como para subrayarlo, Dios le cambia el nombre de *Abram* por el de *Abraham* (= padre de multitud) (17,5). Es más, el mismo Dios se manifiesta con el nombre de *El-Shadday** (17,1), el «Dios omnipotente».

La escena de este mutuo acuerdo se concluye con un pacto (*bêrit*) o alianza, sello del compromiso entre Dios y Abraham. Se firma siguiendo la costumbre de entonces. Los contratantes inmolaban unos animales que previamente partían por la mitad: colocaban una parte frente a la otra, y ambos pasaban por entre las vísceras sangrantes. Expresaban así la obligación que ambos contraían al firmar el pacto, de modo que si lo violaban aceptaban para ellos ese mismo final. En el caso de Abraham, y con la finalidad de salvar la trascendencia divina, aparece una variante: Dios se hace presente mediante el fuego. «Cuando se puso el sol y sobrevino la oscuridad, apareció una hoguera humeante y una llama de fuego que pasó entre aquellos animales partidos» (15,17).

Obsérvese que es Dios, y sólo Él, quien pasa por medio de las víctimas; sólo Él puede comprometerse con una fidelidad absoluta. Dios renovará el pacto con el pueblo de Israel en el Sinaí, por medio de Moisés, como veremos en su momento. Cada una de estas alianzas es sellada con la sangre de animales que se sacrificaban para tal fin. Todas ellas son figuras de la última y definitiva alianza, la que Jesucristo sellará con su sangre –una vez para siempre– en la cruz, gracias a la cual se consuma la salvación para la entera humanidad (Heb 9,12).

La alianza de Dios con Abraham es el primer paso en la historia salvífica. Su importancia como nuestro padre en la fe es tan grande, que así lo proclaman los Evangelios en el canto del *Benedictus* de Zacarías (Lc 1,72-73) y en el *Magnificat* de María (Lc 1,54-55). En la liturgia se invoca a Abraham en la primera de las plegarias eucarísticas, en el bautismo de adultos, en la misa de los desposorios y en las exequias de difuntos.

Dios renovará esta alianza con Isaac (26) y con Jacob (28,12). Es a Jacob a quien el ángel le cambia el nombre por el de Israel (32,29), asegurándole que sería *fuerte en la fe*, tal como convenía al que sería padre de las doce tribus de Israel. Uno de sus hijos, José, nacido de Raquel, fue vendido por sus hermanos a unos mercaderes ismaelitas por veinte monedas de plata. Gracias a esto se estableció en Egipto, donde tras muchas calamidades alcanzó una posición preeminente en la corte del Faraón. Dios le había concedido una sabiduría muy superior a la de los sabios egipcios, que le permitió desvelar los sueños del Faraón y ganarse su confianza.

2. El Éxodo

Constitución de Israel como pueblo de Dios

Al igual que sus antepasados, Jacob había continuado en Canaán una vida seminómada. Una fuerte carestía le obligó a emigrar con toda su familia a Egipto, donde terminó por instalarse a comienzos del siglo XVIII a.C.

Desde entonces y durante un período de más de cuatrocientos años, el texto sagrado guarda un silencio total sobre la estancia de los hebreos en Egipto. En este tiempo no hay revelación por parte de Dios. Los egipcios se habían olvidado de José, amigo personal del Faraón y superintendente de su reino.

A lo largo de estos años los israelitas se habían hecho un pueblo numeroso, fuerte y trabajador. Por miedo a su inteligencia y capacidad de organización, los egipcios les temían, por lo que se ensañaban con ellos y los esclavizaban sin compasión. La vida de aquellos israelitas al final de este período estaba llena de sufrimientos y amarguras (1,13-14). Ésta es la historia, sucinta pero ilustrativa, que narra el libro del Éxodo en su primer capítulo.

Este libro viene a ser una continuación del Génesis, tanto por su temática como por su unidad narrativa. Su título en hebreo lo toma de las primeras palabras: *We'elleh shemôt* («Estos son los nombres»). El nombre de *Éxodo* con el que nosotros lo conocemos procede del griego, y significa salida, porque una buena parte del libro alude a la salida de los hebreos de Egipto y a su liberación de la servidumbre del Faraón[10].

La unidad del libro es clara, a pesar de que el redactor último ha mezclado elementos de la tradición «yahvista» y la «sacerdotal», sirviéndose a la vez de codificaciones normativas mucho más antiguas. Con maestría y respetando los hechos tal como sucedieron, nos ha transmitido inspirado por Dios un conjunto de realidades sobrenaturales de gran valor teológico y moral.

Nacimiento y vocación de Moisés

Humanamente hablando, la situación de aquellos hombres y mujeres no podía ser peor. Maltratados, oprimidos y sumidos en la tristeza, llegaron a sentirse abandonados de Dios. Pero he aquí que *El-Shadday*, el Dios de Abraham, Isaac y Jacob en quien confiaban, va a intervenir en su favor. Elige para ello a Moisés, y lo hace desde su mismo nacimiento. El Faraón había ordenado a las comadronas egipcias que dieran muerte a los niños varones que tuvieran la mujeres hebreas (1,15-16). Pero una de estas hebreas, al dar a luz, oculta a su hijo. Al poco lo coloca en una canastilla calafateada y lo deja en las aguas del Nilo, junto al palacio del Faraón; abrigaba la esperanza de que la princesa se apiadase del niño y no muriese. Su hija Miryam lo observaba todo desde lejos. La princesa, al ver al niño, lo recoge y lo adopta como hijo. Salvado de las aguas, le pone el nombre de Moisés[11]. Fue amamantado por su propia madre, y al crecer recibió una esmerada educación en el palacio del Faraón, a la vez que sus padres le instruían en su fe. Esto hace de Moisés un hombre cul-

10. El tema de la servidumbre en el Éxodo, así como el de la liberación del pueblo de Israel están bien tratados en el libro de G. Auzou, *De la servidumbre al servicio,* Madrid 1972.

11. La etimología del nombre de Moisés (= salvado del agua) fue propuesta por Flavio Josefo y Filón de Alejandría, y corresponde a un nombre egipcio, no hebreo. Empleada hasta ahora, ha sido recientemente discutida por algunos egiptólogos modernos que proponen como más segura, aunque en sentido traslaticio, la traducción «hijo del Nilo». (Vid. F. Spadafora, *Diccionario bíblico,* p. 418).

to y piadoso a la vez, una de las personas más reconocidas e influyentes de su época.

Todo, sin embargo, comienza a torcerse para él desde que ve a un hebreo maltratado por un egipcio (2,11-12). Instintivamente sale en defensa del de su raza y mata al egipcio. No es que actuara cegado por la ira; cumplía simplemente la antigua ley del talión, según la cual la justicia dañada debía ser restablecida, bien por la autoridad pública o directamente por la persona injustamente maltratada. En este caso el recurso al Faraón era imposible, así que Moisés decide actuar por su cuenta en defensa de su hermano hebreo, aun a sabiendas de que tal acción podría acarrearle la muerte.

Decide huir de Egipto por miedo a las represalias del Faraón, y se asienta en Madián, donde se dedica a pastorear los rebaños de Jetró, el que después sería su suegro.

Un día observa algo que le llama la atención. «Miró y vio –relata el texto sagrado– que la zarza ardía sin consumirse. Se dijo: "Voy a acercarme a ver esta gran visión: porque la zarza no se consume". Viendo Yahvéh que se acercaba para mirar, lo llamó de en medio de la zarza diciendo: "¡Moisés! ¡Moisés!" Y él respondió: "Heme aquí". Dios le dijo: "No te acerques. Quítate las sandalias de tus pies, porque el lugar que pisas es tierra sagrada"» (3,2-5).

De la conversación entre Dios y Moisés destaca lo siguiente:

1. En el diálogo queda a salvo la trascendencia divina. Dios comienza por decirle que la tierra que pisa es sagrada, a la vez que le permite acercarse hasta Él. Le ha llamado para encomendarle una misión: la de liberar a su pueblo de la esclavitud de Egipto.
2. Moisés comprende que no debe apoyarse en sus fuerzas, a pesar de tener una excelente cultura y un extraordinario talento. Es más, piensa que no sirve para esa misión. Por esto exclama: «¡Quién soy yo!» (3,11). Dios le tranquiliza al decirle: «Yo estaré contigo» (3,12).
3. Antes de aceptar el encargo, Moisés quiere saber qué debe responder cuando le pregunten quién le envía. Dios le revela entonces su nombre: *Yahvéh**. «Yo soy el que soy». Y añade: «Así dirás a los hijos de Israel: "Yo soy" me ha enviado a vosotros» (3,14).

4. Moisés acata todo cuanto el Señor le pide. Pero aún piensa en sus muchas limitaciones; entre otras, en su dificultad para hablar[12], hasta el punto de tartamudear con frecuencia (4,10; 6,12). Esto le parece un obstáculo serio para dirigirse al Faraón, de ahí que se resista y ponga toda clase de excusas. Yahvéh lo escucha con paciencia. Al final le responde: «¿Quién ha dado la boca al hombre? ¿O quién hace al mudo y al sordo, al que ve y al ciego? ¿Acaso no soy yo, Yahvéh? Así pues, ve, que yo estaré en tu boca y te enseñaré lo que debes decir» *(4,11)*.
5. Aunque en el último momento aún intenta zafarse, cede finalmente confiando en la palabra de Yahvéh. Abandona la seguridad de Madián y regresa a Egipto; está dispuesto a cumplir el encargo divino y conducir a los israelitas a Canaán, la tierra prometida.

Salida de Egipto

Dios ha dado hasta aquí dos pasos importantes: el primero, al elegir a Abraham para que fuera padre de un pueblo numeroso; el segundo lo acaba de dar eligiendo a Moisés para convertir al pueblo israelita en pueblo de su especial pertenencia, como primicia de salvación para todos los pueblos. Y lo hace por una predilección del todo gratuita.

La salida de Egipto está narrada en un lenguaje a la vez épico, cultual y teológico[13]. La preceden una serie de entrevistas de Moisés con el Faraón, cuya finalidad última es mostrarle que Yahvéh es el

12. Dios elige a Moisés a pesar de ser un hombre con dificultades para hablar; es más, dice que se le trababa la lengua (Ex 4,10; 6,12). Con esto Dios pone de manifiesto que en realidad es Él quien actúa, y que el hombre es siempre un instrumento desproporcionado para la tarea que le encomienda.

13. El autor sagrado pasa por alto los detalles cronológicos. Lo más probable es que la salida de los israelitas tuviera lugar en el siglo XIII, época de las grandes construcciones en Egipto impulsadas por los faraones Seti I (1291-1297) y Ramsés II (1279-1212), muchas de ellas llevadas a cabo por hebreos asentados en el delta del Nilo.

verdadero y único Dios, el Todopoderoso, que cumple sus planes y proyectos. Y lo demuestra con las plagas que asolarán Egipto, en orden ascendente de intensidad. Y aunque tienen lugar, el Faraón no se doblega ante la evidencia.

Sí lo hace en la décima y última de las plagas, la de la muerte de los primogénitos. Ha visto morir a su propio hijo primogénito. Los israelitas se salvan por untar las jambas de sus puertas con la sangre de un cordero, obedeciendo las indicaciones de Dios, para distinguirles de los egipcios. Moisés, por mandato de Dios, instituye la fiesta de la *Pascua**, en recuerdo perenne por haber sido liberados de la esclavitud egipcia[14].

> «Este mes será para vosotros el primero de los meses; será el primero de los meses del año. Hablad a toda la comunidad de Israel y decid: el día diez de este mes provéase todo cabeza de familia de un cordero... El cordero ha de ser sin defecto, macho, de un año... Lo guardaréis hasta el día catorce de este mes... Este día será memorable para vosotros y lo celebraréis como fiesta de Yahvéh, como institución perpetua de generación en generación» (12,2-14).

Concluida la cena, inician el viaje camino del Sinaí. Cuando no han hecho más que salir tiene lugar un acontecimiento que pone de manifiesto el poder de Dios en favor de su pueblo. El Faraón se ha arrepentido y manda perseguir a los israelitas. Cuando ya se consideraban perdidos, el Mar Rojo se abre para que lo crucen. Tan patente es el prodigio, que los que les persiguen exclaman despavoridos: «Huyamos de Israel porque Yahvéh combate por ellos en contra de los egipcios» (14,25).

Gracias al poder de Dios, los elementos naturales coadyuvan en su favor. Las aguas del mar, tantas veces símbolo del mal, facilitan el paso de los hijos de Israel camino de su liberación. Con esta salida, a la que sigue un canto triunfal (15), inicia Israel su historia

14. Moisés ejerce de intermediario entre Dios y el pueblo, uniéndolos simbólicamente mediante la sangre de una víctima que había sido sacrificada. Quedaba así ratificada la primera Alianza por la sangre, como lo será la nueva y definitiva Alianza por la sangre de Cristo, único mediador entre Dios y los hombres, sacerdote y víctima a la vez.

como pueblo. De ser un conjunto de clanes divididos por tribus, es ahora un pueblo que camina de la mano de Dios. Es el instrumento elegido por Dios para llevar a cabo su plan salvador.

La Alianza del Sinaí

Ya en el Sinaí, Yahvéh habla a Moisés:

> «Así dirás a la casa de Jacob y esto anunciarás a los hijos de Israel: "Ya habéis visto lo que he hecho con los egipcios, y cómo a vosotros os he llevado sobre alas de águila y os he traído a mí. Ahora, pues, si de veras escucháis mi voz y guardáis mi alianza, vosotros seréis mi propiedad personal entre todos los pueblos, porque mía es toda la tierra; seréis para mí un reino de sacerdotes y una nación santa"» (Ex 19,3-6).

Es éste el punto de partida de la Alianza que Dios va a firmar con las doce tribus de Israel. No lo hace por sus méritos, ni en previsión del buen uso que puedan hacer de sus dones, sino por un acto enteramente gratuito. Aunque se trata de un pacto bilateral (*berit*), es Dios quien lleva la iniciativa y el que se compromete con total fidelidad.

Así lo expresa la teofanía del Sinaí (19,18). Junto a la majestad divina, aparece su infinita trascendencia. Yahvéh se muestra como dueño y Señor de todo lo creado, el sumamente Santo. Razón por la cual el pueblo, aún no purificado, habrá de aguardar al pie de la montaña sagrada. Es representado por Moisés, con quien Dios habla cara a cara.

De la Alianza del Sinaí se siguen tres cuestiones importantes:

1. Israel se convierte desde ahora en Pueblo de Dios, pueblo de su especial propiedad; Yahvéh, a su vez, se convierte en el Dios de Israel, a quien los israelitas se comprometen a adorar como el único y verdadero Dios (Lev 26,12).
2. Yahvéh por su parte promete a Israel una protección especial sobre los demás pueblos, comprometiéndose a darle en posesión la tierra de Canaán.
3. Como resultado del pacto le hace entrega de la Ley, por la que Israel regulará desde ahora su vida religiosa y moral. El

Decálogo* (20,1-17) será la norma que marque en lo sucesivo las relaciones del pueblo con Dios y de cada uno de sus miembros entre sí. Compromiso que se hace explícito en el llamado «Código de la Alianza» (20,23-23,19), el conjunto de leyes y preceptos que en adelante regulará la vida entera del pueblo, repetido y confirmado en el llamado «Código Ritual» (34,14-26).

La ratificación de esta Alianza se realiza mediante un sacrificio, al que le sigue la doble aspersión de la sangre: sobre el pueblo –representado por las doce tribus de Israel– y sobre el altar, que representaba a Dios (24,7-8).

Enseñanza del Éxodo

Aunque narra la historia en forma popular, transmite una enseñanza religiosa profunda. Cada uno de los acontecimientos son explicados en clave divina, subrayando una y otra vez que sin la directa intervención de Dios ni habría tenido lugar la salida de Egipto, ni el paso del Mar Rojo, ni el largo caminar por el desierto durante cuarenta años. Dios, y sólo Él, ha dirigido los pasos del pueblo hacia su liberación. Se ha servido para ello de un hombre singular –Moisés– a quien llamó y preparó para una misión que le superaba.

Por gracia de Dios, Moisés es el caudillo y guía de su pueblo, el profeta y el maestro que los dirige e instruye. Por su respuesta fiel a la misión recibida, es paradigma de disponibilidad y entrega para todas las generaciones. Hombre de virtud y de excelente cultura, se ha de ejercitar no obstante en la paciencia. Dios no le ahorra dificultades y sufrimientos, tanto en sus relaciones con el Faraón como con el pueblo en su largo caminar por el desierto. A las continuas quejas y lamentos supo responder con talante acogedor. Sólo una vez se impacientó. Fue en Meribá (Num 20,1-12), en pleno desierto. Al faltar el agua, el pueblo comienza a murmurar y a rebelarse. El Señor le dice que golpee la roca con la vara que le había dado y les dé de beber. Pero le falta fe y ha de golpear por dos veces. Dios castiga su desconfianza; verá la tierra prometida, pero no la pisará.

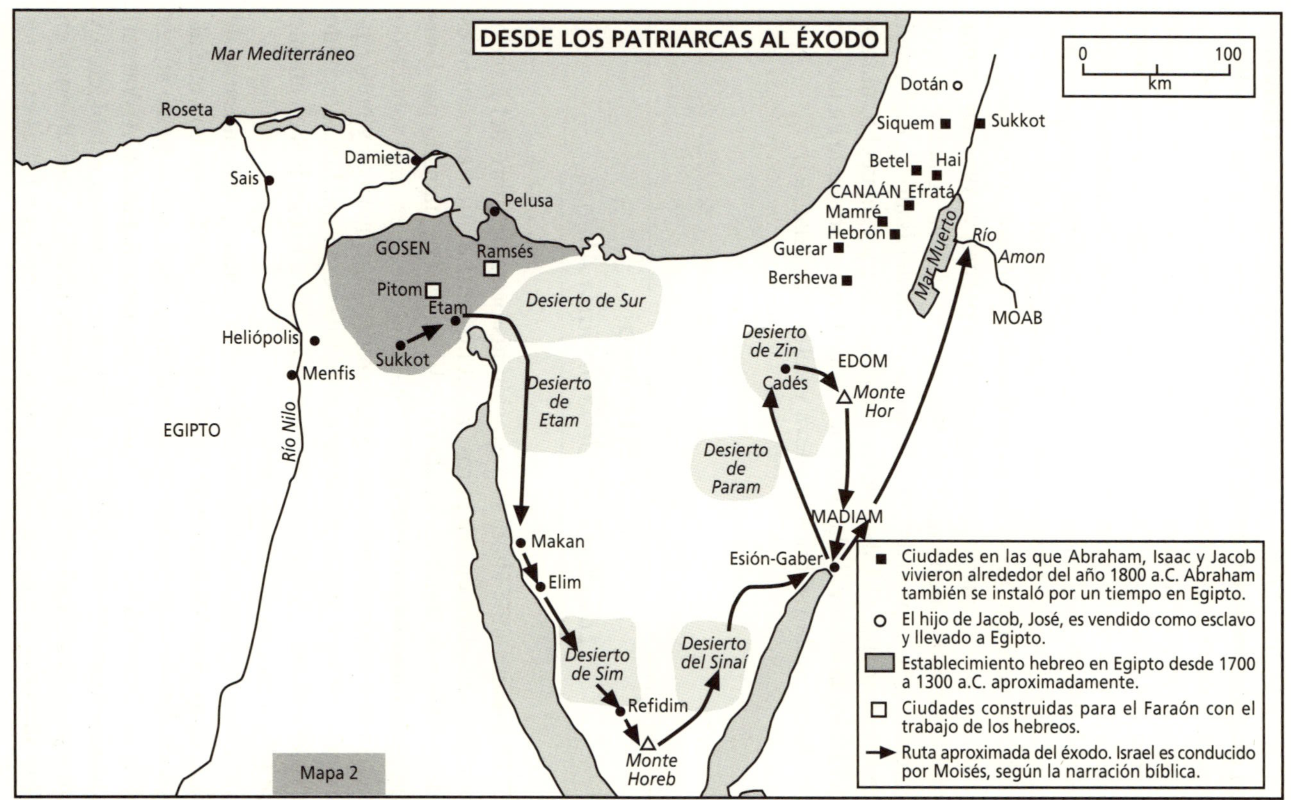
DESDE LOS PATRIARCAS AL ÉXODO
Mar Mediterráneo
0
100
km
Roseta
Sais
Damieta
Pelusa
GOSEN
Ramsés
Pitom
Etam
Sukkot
Heliópolis
Menfis
EGIPTO
Río Nilo
Desierto de Sur
Desierto de Etam
Makan
Elim
Desierto de Sim
Refidim
Monte Horeb
Desierto del Sinaí
Esión-Gaber
Desierto de Param
Desierto de Zin
Cadés
EDOM
Monte Hor
MADIAM
Dotán
Siquem
Sukkot
Betel
Hai
CANAÁN
Efratá
Mamré
Hebrón
Guerar
Bersheva
Mar Muerto
Río Amon
MOAB
Ciudades en las que Abraham, Isaac y Jacob vivieron alrededor del año 1800 a.C. Abraham también se instaló por un tiempo en Egipto.
El hijo de Jacob, José, es vendido como esclavo y llevado a Egipto.
Establecimiento hebreo en Egipto desde 1700 a 1300 a.C. aproximadamente.
Ciudades construidas para el Faraón con el trabajo de los hebreos.
Ruta aproximada del éxodo. Israel es conducido por Moisés, según la narración bíblica.
Mapa 2

En medio de tantas miserias como relata, el libro del Éxodo es un libro de esperanza. Israel acabará comprendiendo que, por benevolencia divina, ha pasado de la esclavitud de Egipto a la libertad. Ahora es un pueblo libre. Todos toman conciencia del prodigio realizado por Yahvéh, su Dios. Sin embargo, esta liberación no es total. Les falta aún la más importante y definitiva, la liberación de la cautividad del pecado, causa de todos los males. Habrían de esperar aún muchos siglos antes de que esto se hiciera realidad.

Con todo, cuanto se relata en Éxodo apunta a esa revelación última. De modo que lo que aquí aparece oscuro y como en figura, será plenamente iluminado a la llegada del Mesías. A su luz es fácil entender que el paso del Mar Rojo es figura del Bautismo; el maná, de la Eucaristía; el Tabernáculo del desierto representa el Santuario del cielo; la sangre de las víctimas, la de Cristo inmolado en la Cruz con la que sella y rubrica la nueva y definitiva Alianza.

3. El Levítico

Los sacrificios de la antigua Alianza

Se interrumpe ahora la narración histórica del libro del Éxodo, que se reanudará en Números. El título del Levítico en hebreo es *Wayyiqrâ,* que significa «y llamó». El pueblo es llamado por Dios para constituir una nación santa; tarea de la que se encarga sobre todo la tribu de Leví, sus ministros y sacerdotes. Las normas y prescripciones que aquí aparecen tienden a facilitar esa santidad, indicando expresamente los deberes que corresponden a los levitas en cuanto se relaciona con el culto divino.

Los exegetas católicos reconocen la autenticidad mosaica de este libro, pero suelen decir –sin contradecir al Magisterio– que algunos detalles han podido sufrir modificaciones, sin que esto afecte ni a su autenticidad ni a su carácter de libro inspirado. A. Vaccari sostiene que «Moisés halló el uso de los sacrificios establecido y arraigado entre todos los pueblos. En las tablillas descubiertas en *Ras Shamra* (la antigua Ugarit), se mencionan las mismas especies de sacrificios y hasta con los mismos nombres que en el Pentateuco, en razón de la afinidad de las lenguas. Moisés con sus leyes –sostiene este autor– no hizo más que regular y consagrar al culto del verdadero Dios un ceremonial ya antes practicado»[15].

Por su situación geográfica, Israel era un pueblo abierto a influencias extranjeras, especialmente cananeas, asirio-babilónica y egipcias; además, los israelitas conservaban formas de cultos antiquísimos heredados de sus antepasados. Esa larga tradición se enriqueció notablemente tras la revelación del Sinaí.

Cuanto se narra en el Levítico se retrotrae al segundo año de la salida de Egipto, cuando el pueblo se encontraba en pleno desierto del Sinaí. En Éxodo se mencionaba ya la erección del Tabernáculo con sus altares y cuanto había de servir para el culto de Yahvéh (Ex 36,8). Ahora se avanza en la organización de ese culto y se promulga tanto el ritual como su ceremonial.

Para entender el contenido del Levítico hay que tener presente dos cuestiones: a) que Yahvéh, el Dios de Israel, es infinitamente santo, inaccesible (Ex 19,21) y sumamente trascendente; b) sin dejar de serlo, se abaja hasta el hombre, habla con él y habita en medio de su pueblo (23,32; 26,12). Lo cual tiene dos consecuencias: Dios pide al hombre amor y adoración, y éste ha de responderle dándole culto, con la santidad que le permita vivir como hijo en su presencia (11,44; 19,2). Culto y santidad son, pues, los dos motivos dominantes del Levítico, como la síntesis de todo su contenido.

El culto y los sacrificios

Los sacrificios, abundantes en Israel, son ante todo un *don* (*minhah*), una *ofrenda* (*qorbân*) que se hacía a Dios de los propios bienes en prueba de agradecimiento. Ponían de relieve la importancia que el pueblo concedía al culto externo, fundado en el pleno reconocimiento de la soberanía de Yahvéh, Dios único y Señor del universo. A la vez, como todos necesitaban expiar sus culpas a fin de restablecer la amistad rota por el pecado, ofrecían a Dios una serie de sacrificios.

15. A. Vaccari, *La Sagrada Bibbia*, I, Firenze 1943, p. 275.

En Levítico se habla principalmente de tres: el holocausto, el sacrificio pacífico y el expiatorio, los cuales forman un verdadero código sacrificial[16].

- El *holocausto*.– Palabra de origen griego que significa literalmente «ofrenda». Era la ofrenda íntegra de la víctima (*kâlil*) que, al quemarse sobre el altar, producía un humo que ascendía (*olah*) hasta lo más alto, en la que hombre intentaba reflejar su completa entrega a Dios (Lev 1,3). Salvo la piel, todo se consumía: la carne se quemaba y la sangre se esparcía alrededor del altar. Tal acto se reservaba por lo general al sacerdote, que cada mañana inmolaba un cordero en holocausto por el pueblo (Ex 29,38-42). El rito se describe con detalle en Lev 1,1-17; 6,8-13. Junto al holocausto de la mañana y de la tarde (Ex 29,38-42) se solían ofrecer otros en días festivos o en una fecha señalada (Lev 12,6-8; 14,13).
- El *sacrificio pacífico*.– Representa una forma de banquete sagrado. El significado del término hebreo *shelâmim* (Lev 3,1-17) se relaciona con el sacrificio que se ofrecía a Dios en acción de gracias por los beneficios recibidos, o en petición de nuevos favores. Se resaltan en él la comunión y la amistad entre Dios y el oferente. La grasa se quemaba en honor de Yahvéh; y de lo que sobraba, una parte pertenecía al sacerdote por derecho propio; la carne que sobraba, una vez consagrada por la inmolación, era consumida por los oferentes, a condición de que se encontrasen en estado de pureza legal (Lev 7,19 ss).
- El *sacrificio de expiación*.– Esta expiación, del hebreo *kippûr*, habla de una reconciliación entre Dios y el pecador (Lev 4,20; 5,13; 9,7) Se distinguía entre el sacrificio por el pecado (*hatâ´âh*) que no había lesionado los derechos del prójimo, y por aquellos otros que suponían un verdadero delito (*´âshâm*), tanto por omisión como por comisión. En estos últimos, una parte de la víctima se quemaba sobre el altar, otra se reservaba para el sacerdote y el resto debía quemarse en despoblado. El

16. P.P. Saydon, en *Verbum Dei* (Levítico), t. I, pp. 566-576, hace una buena exposición sobre las distintas clases de sacrificios que aparecen en el Levítico, en especial el holocausto y su ceremonial.

rito llevaba implícita la confesión del pecado, junto con el firme compromiso de reparar el daño causado, además de cancelar la impureza (12,6; 15,14-20). Para el Día de la Expiación* (*Yom kippûr*), día de especial solemnidad, estaban previstos sacrificios expiatorios que se ofrecían por todo el pueblo.

Existían también otros sacrificios, pero incruentos. Por lo general se hacían mediante ofrendas de manjares y bebidas, incienso u otras sustancias aromáticas. Estas ofrendas, determinadas por la ley (2,1 ss), se hacían para expresar el agradecimiento a Dios. Así, por ejemplo, las obleas hechas de flor de harina y que se presentaban sin miel o como pan sin levadura –ni el fermento ni la miel podían ser quemados en honor de Yahvéh (2,11)– o en todo caso se permitían unos pocos granos de trigo tostados. No obstante, el pan fermentado y la miel podían ser ofrecidos como primicias, aunque no como sacrificios.

Elección y santidad de los sacerdotes

Antes de la constitución de Israel como pueblo, el sacerdocio no estaba reservado a un grupo social determinado. Podía ser ejercido también por personas ilustres y representativas de la comunidad: el padre de familia, el jefe del clan o tribu, etc. Después de la Alianza, sin embargo, se creó un cuerpo sacerdotal dedicado exclusivamente al servicio de Yahvéh. Es el tema desarrollado en los capítulos 8 al 10. Los sacerdotes debían proceder de la tribu de Leví, la que después se quedaría sin herencia en el reparto de la tierra de Canaán. A esta tribu se le exigía un total desprendimiento con el fin de que pudieran dedicarse por completo al servicio del culto divino. Esto les exigía una mayor santidad (21,6) y fidelidad, de la que ya dieron prueba en Masá y Meribá (Dt 33,8-11). El mismo ceremonial de su consagración expresa el alto grado de santidad que Dios les pedía (11,14; 19,2; 20,26).

Reglas de pureza legal

Elegido Israel por una especial benevolencia divina, estaba obligado más que ningún otro pueblo a llevar una vida espiritual más alta y auténtica. De ahí que todas las normas que Dios le daba eran para defenderlo de todo tipo de contaminación pagana. Se explica así que en torno a los santuarios se fuera formando con el tiempo una jurisprudencia muy precisa sobre la pureza legal y los ritos de purificación (11-16). Tal conjunto de reglas y ritos contenían una descripción muy pormenorizada del modo de celebrar el Día de la Expiación. Ese día, como queda dicho, Israel debía purificarse de sus pecados, aún de modo externo, ya que la verdadera purificación interior no sería posible hasta la llegada del Mesías.

El código de santidad

Por otra parte, no olvidemos que tanto la elección divina de Israel como la Alianza a la que se había comprometido le exigían una especial santidad, no sólo en sus relaciones con Dios, sino también con el prójimo. Es éste el espíritu que ilumina las diferentes y variadas leyes que componen el llamado *Código de santidad* (17-26). A quien las cumpla se le prometen bendiciones especiales ya en esta vida (26,3-13), mediante el envío de la lluvia a su tiempo, abundancia de cosechas, multiplicación de los hijos, paz y seguridad con sus vecinos, etc.; mas a quien las incumpla les vendrá el castigo por mano de sus enemigos, junto con una serie de maldiciones (26,14-39): enfermedades, hambres, infertilidad, guerras, deportación, etc.

Mensaje del Levítico

Para entender el mensaje del Levítico, se ha de considerar previamente lo que es parte esencial de la verdadera religión: el sacrificio. Si el hombre hubiera permanecido en su primitivo estado de inocencia y no hubiera pecado, no habría tenido necesidad de ofrecer a Dios más sacrificio que el de sí mismo, a través de su trabajo. Pero al rebelarse contra su Creador, arrastró consigo a todos sus descendientes, haciéndoles partícipes de su enemistad con Dios. Nadie podía ofrecerse como víctima pura, nadie era capaz por sí mismo de restablecer la amistad con Dios.

Al encontrarse el hombre perdido y sin recursos, necesitaba que alguien le purificara y le reconciliase con su Creador; alguien que con su satisfacción y mérito igualara al menos la culpa del pecado cometido. Dios, movido por su misericordia y compadecido del estado tan miserable en que el hombre se encontraba, destinó como víctima de reconciliación a su propio Hijo, el Mesías que había prometido al principio (Gen 3,15).

En tanto que llegaba ese momento, Dios quiso que la criatura le diese culto, con el fin de que reconociera la dependencia de su Creador. Por esto aceptó –aunque en figura– la sangre de los animales que le era inmolada, así como otros sacrificios incruentos. Estas ofrendas, aun siendo importantes, no eran por sí mismas capaces de salvar al hombre ni de devolverle la felicidad perdida. Servían, sí, para dar culto a Dios y para apartar a Israel del culto idolátrico de los pueblos vecinos.

De la simple lectura del texto sagrado se desprende que los sacrificios ofrecidos por los Patriarcas hasta la promulgación de la Ley del Sinaí, y desde ésta hasta la llegada del Mesías, eran sólo figuras del sacrificio que Cristo ofrecería en la cruz mediante su propia sangre. Sólo Él, por ser Dios y Hombre verdadero, podía ofrecerse a Dios como víctima pura y restablecer la justicia y amistad perdidas. El sacrificio cristiano asumiría así todos los elementos del sacrificio levítico; pero con una diferencia esencial: el centro ya no lo ocupará el sacrificio de animales, sino el del mismo Cristo. De ahí que afirme san Agustín que «en las víctimas de aquellos animales que los israelitas ofrecían a Dios, celebraban la profecía de aquella víctima venidera que Cristo ofreció al Padre en el gran sacrificio de la cruz».

Este es el verdadero sacrificio de expiación por los pecados, que realizaría de una vez para siempre Jesucristo en el Gólgota (Heb 7,27); sacrificio que, de modo incruento, se renueva sobre el altar –la misma víctima, el mismo sacerdote– mediante el pan y el vino, que se convierten por la transustanciación en el Cuerpo y en la Sangre de Jesucristo (CPD 24-25).

4. Números

Del Sinaí a Canaán

Este libro, cuarto del Pentateuco, narra la historia y acciones del pueblo de Israel en su largo caminar por el desierto. Abarca el período que va desde el segundo año de la salida de Egipto hasta el final de la vida de Moisés: en total unos treinta y nueve años hasta entrar en Canaán. De ahí el nombre dado por la Biblia hebrea a este libro: *bammidbâr* (= en el desierto). La versión de los LXX prefirió titularlo Números, y con este nombre pasó al latín. El título reproduce imperfectamente el tema del libro, porque narra mucho más que los censos que se contienen en él o la simple suma de los hechos sucedidos a lo largo de aquel éxodo interminable.

El libro comienza relatando el mandato dado por Dios a Moisés, en el segundo año de la salida de Egipto, para que haga un censo del pueblo, según los linajes y las familias (1,1). Su finalidad no parece ser otra que la de acreditar la realización de las promesas que había hecho a Abraham:

> «Te colmaré de bendiciones y multiplicaré tanto tu descendencia, que será como las estrellas del cielo y como la arena de las playas» (Gen 22,17).

Y así fue. De las setenta personas que componían la familia de Jacob al entrar en Egipto, ahora 450 años después, se cuentan unas 600.000. Con independencia de la exactitud del dato estadístico –no era ésta la finalidad del censo– es evidente que estamos en presencia de un pueblo muy numeroso en el que se cumplía al pie de la letra lo que Dios había prometido.

Estructura del libro

Atribuida su redacción a la tradición «sacerdotal», el libro puede dividirse en tres partes:

- *En el Sinaí*.– Abarca desde el principio hasta el capítulo 10. Se presenta a Israel como un pueblo santo, de acuerdo con la vocación divina que había recibido; una santidad que le venía de Dios y no de sus méritos personales. El pueblo aparece dividido en doce tribus, según los hijos de Israel, tomadas de tres en tres. Todos rodeaban la Tienda de Reunión*; por privilegio especial correspondía a los levitas su custodia y el puesto de honor. Esta proximidad con el tabernáculo itinerante exigía de ellos una santidad legal, la cual se regula a partir del capítulo 5 mediante diversas leyes.

- *Viaje por el desierto*.– Hasta el capítulo 21 se narra el largo recorrido por la tierra árida y desértica del Sinaí. Moisés había mandado respetar el orden establecido para cada una de las tribus mientras permanecían acampados. Al ponerse en marcha debían ser conscientes de que caminaban bajo la protección de Yahvéh, que una y otra vez se les hacía presente en forma de nube. Al llegar a Cadés se detienen, paréntesis que aprovecha Moisés para hacer un reconocimiento de la tierra de Canaán; a la vez promulga un conjunto de leyes con las que trata de resolver una cuestión planteada por el pueblo: el fundamento de su autoridad, y de la de Aarón. Entre tanto, y debido a la oposición que encuentran en el rey de Edom, deciden volver atrás, con lo que una vez más se retrasa la entrada en Canaán. El retraso duró en realidad unos treinta y ocho años. Probablemente lo hubieran acortado de haber obedecido lo que Dios les mandaba; es más, se habrían ahorrado infinidad de molestias y cansancios. Pero Dios –así lo comenta san Jerónimo– condenó justamente la incredulidad e insolencia de este pueblo con una vida errante, vagabunda y sin destino durante este largo período en el que casi todos perecieron.
- *En los llanos de Moab*.– La tercera y última parte del libro, hasta el capítulo 36, describe los incidentes acaecidos poco antes de entrar en la tierra prometida. Ya a sus puertas, Israel tropieza con el último obstáculo: Balac, rey de Moab. Éste había solicitado la intervención del vidente Balam para maldecir a los israelitas. Pero, de modo providencial, Balam no sólo se niega a maldecirlos, sino que renueva en cuatro poemas de gran belleza literaria los privilegios y promesas que Dios había dado en favor de su pueblo, al que el mismo Balam bendice por tres veces.

Por último, tras el episodio en que Israel se prostituye con las hijas de Moab, el pueblo abandona a Yahvéh, y sacrifica a Baal-Peor*. Inmediatamente tiene lugar un nuevo censo. Moisés dicta nuevas normas y establece una serie de leyes que regularán en lo sucesivo la vida de Israel. Trata de ordenar así la vida de un pueblo que muy pronto dejará de ser nómada para hacerse sedentario, tras la distribución por tribus de la tierra de Canaán. Ni Moisés ni Aarón podrán disfrutarla.

Lección moral

Los hechos narrados en Números ponen al descubierto las miserias de los israelitas, sus infidelidades y rebeldías en su caminar por el desierto. Paralelamente evidencian la fidelidad de Dios a sus promesas. Es Él quien aparece como guía y conduce al pueblo hasta la tierra que le había prometido. Ahora el pueblo es asamblea santa, gracias al pacto del Sinaí. Pero era un pueblo necesitado de purificación.

Es lo que hace Dios por medio de las pruebas del desierto, ante las cuales no pocas veces protestan y se rebelan. Si Dios les castiga, es con la finalidad de purificarles antes de entrar en Canaán. Admira que aquellos hombres respondieran de modo tan rebelde, sobre todo si se tiene en cuenta que habían sido testigos presenciales de los milagros que Dios había hecho por ellos.

La peregrinación de Israel por el desierto tiene para los cristianos un profundo significado religioso, que el Nuevo Testamento destaca como lección principal. Como Pueblo de Dios, somos «linaje escogido, sacerdocio real, nación santa» (1 Pe 2,9-10), en medio del cual habita Dios. Pero, al igual que entonces el pueblo de Israel se vio frenado y sucumbió a una serie de tentaciones, también los cristianos podemos vernos frenados por el apego a las riquezas, el afán de dominio o la sensualidad. De ahí que la Carta a los Hebreos nos invite a mostrar «... hasta el fin el mismo celo para la plena realización de la esperanza..., imitadores de aquellos que por la fe y la paciencia heredan las promesas» (Heb 6,11-12).

5. El Deuteronomio
Nueva lectura de la Ley

En los llanos de Moab, ya cercana su muerte, Moisés recibe de Dios el encargo de dar a conocer nuevamente la Ley, aquélla que había recibido por revelación en el Sinaí. Es el argumento de este libro, denominado por los hebreos *'Elleh-haddebharîm* (= estas son las palabras) y por los LXX *deuteronomion (*= segunda ley o repetición de la ley).

En su forma literaria actual, lo más probable es que se acabara de escribir hacia el siglo VI a.C. En un principio debió servir de prólogo a la historia de Israel, desde el establecimiento en la tierra prometida hasta el exilio de Babilonia. Después, algo retocado, se integra en los restantes libros del Pentateuco, y la Iglesia lo reconoce como libro inspirado y canónico.

Su importancia teológica y moral se funda en el hecho de la elección de Israel como pueblo de Dios, y en la Alianza del Horeb que lo constituye como tal. La Alianza había establecido unas relaciones mutuas entre el pueblo y Dios: Israel se comprometía a adorar a Yahvéh como su único Dios, y Dios por su parte a darle en propiedad la tierra de Canaán. En este libro se refleja esa historia, recordada ahora por Moisés en las llanuras de Moab, cuando el pueblo tras cuarenta años de peregrinar por el desierto, espera atravesar el Jordán y entrar en posesión de la tierra que le fue prometida. Contemplando esa tierra, Moisés realiza esta nueva lectura de la Ley. Por encargo de Yahvéh, da a entender que su Alianza con Israel se dirige a todas las generaciones (29,13), a la presente y a las que le seguirán en el futuro, ya que su Alianza es eterna.

Como conductor de su pueblo, Moisés quiere que graben la Ley en su mente y en su corazón, tanto los reyes como los jueces que vendrán (17,8), así como cada uno de ellos personalmente (27,1). Si quieren gozar de paz y prosperidad, han de acatar los preceptos divinos. Les ordena que en cuanto pasen el Jordán esculpan la Ley en piedra (27,2-3), en recuerdo perpetuo para todas las generaciones, y como símbolo de su fidelidad a Yahvéh. Cada año sabático, sacerdotes y ancianos la leerán con toda solemnidad ante el pueblo (31,10-13), con el fin de que éste la ponga en práctica.

ESTRUCTURA DEL LIBRO

Todo lo ocurrido desde la salida de Egipto hasta llegar a las puertas de la tierra prometida se recoge en tres grandes discursos exhortativos, a los que precede una introducción (1,1-5) y acompaña un largo epílogo (31,1-34,12).

Primer discurso (1,6-4,43).– Exhorta al agradecimiento a Dios, que en su providencia vela de continuo por su pueblo. Comienza con el recuerdo del monte Horeb (Sinaí), del que partieron tras la firma de la Alianza, al que sigue el paso por Cadés y el asentamiento final en Moab. Acaba el discurso exponiendo lo que Yahvéh pide a Israel: una estricta fidelidad a la Alianza.

Segundo discurso (4,44-28,68).– Es la parte central del libro. Comienza con la promulgación del Decálogo (5,1-22) y le sigue una profesión de fe en el Dios único, objeto del primer mandamiento de la Ley:

> «Escucha, Israel: Yahvéh es nuestro Dios, el único Dios. Ama a Yahvéh tu Dios, con todo tu corazón, con toda tu alma y con todas tus fuerzas. Graba sobre tu corazón las palabras que yo te dicto hoy. Incúlcaselas a tus hijos y repíteselas cuando estés en casa, lo mismo que cuando estés de viaje, acostado o levantado. Átatelas a las manos para que te sirvan de señal, póntelas en la frente entre los ojos. Escríbelas en los postes de tu casa y en tus puertas» (6,4-9).

Dos son los principios básicos de este texto, núcleo central del Deuteronomio: el *monoteísmo* que ha de vivir Israel como expresión de su fe en el Dios único y verdadero, contenida en la oración llamada en hebreo «*Shemá*», síntesis de su fe monoteísta. En ningún otro libro del Antiguo Testamento se insiste tanto como en éste en el amor que el hombre debe a Dios. Jesucristo lo cita expresamente al recordar cuál es el primer mandamiento (Mt 22,37): Dios, ser supremo, es el principio único y absoluto de todo lo creado, al que se debe amar sobre todas las cosas.

Del amor de Dios arranca su predilección por Israel, amor que ha de informar su vida y costumbres. Desde el capítulo 12 hasta el 26, parte central del libro, aparece el llamado Código Deuteronómico, recopilación de una serie de leyes cultuales, civiles y penales derivadas de ser Israel el pueblo elegido por Dios para realizar sus promesas.

Tercer discurso (28,69–30,20).– Contiene la llamada Alianza de Moab. Exhorta de nuevo a la obediencia y fidelidad de Yahvéh. Lo que Dios ocultó a sus padres, ahora se lo revela a ellos y a sus hijos (29,28), a cada uno de sus descendientes. No es, por tanto, el temor a los castigos lo que debe moverles a amar a Dios, sino la gratitud filial por la gracia recibida. En esto consiste la verdadera sabiduría: no en la vana pretensión de penetrar en los misterios ocultos de Dios, sino en conocer sus mandamientos y practicarlos de acuerdo con su voluntad.

El libro concluye con el relato de los últimos días de Moisés y la elección de Josué como sucesor suyo (31,1–34,12), el Cántico de Moisés (32,1-43) y las Bendiciones a cada una de las tribus (33,1-29). Al final se relata la muerte de Moisés (34,1-12), que es llorada en los llanos de Moab durante treinta días por los hijos de Israel.

Mensaje religioso

El Deuteronomio representa la culminación de la religión de la antigua Alianza. Toda la historia de Israel, desde la salida de Egipto hasta Canaán, se expresa en función del amor de Yahvéh a su pueblo y el que éste, por justa correspondencia, debe tributarle. En ningún otro libro del Antiguo Testamento –afirma Driver– se respira una atmósfera de devoción tan generosa hacia Dios y de benevolencia tan magnánima hacia el hombre; en ningún otro libro están expresados el deber y sus motivos con tanta profundidad de sentimientos ni con mayor elocuencia o fuerza persuasiva; en ningún otro aparecen con tanta riqueza de detalles los altos y nobles principios que pueden ponerse al servicio del prójimo en orden a elevar y perfeccionar su vida[17].

A diferencia de la tradición «sacerdotal», de fecha anterior, la tradición «deuteronomista» no distingue entre tribus o familias; es el pueblo como tal, desde el primero hasta el último, el que debe responder con fidelidad. De ahí que, enmarcadas en relatos históricos, se encuentren en el Deuteronomio un gran número de exhortaciones

17. Citado por A.G. Lamadrid, en *La Santa Biblia,* Madrid 1978, p. 198.

de profundo valor moral y religioso. Constituyen una especie de testamento de Moisés, el que entrega a su pueblo lleno de afecto. Lo primero que reconoce es la misericordia y bondad que Dios ha tenido con todos ellos. Sabiéndose ciertamente elegido por Dios para ser guía de su pueblo, no se conforma con promulgar una serie de leyes. Como un autentico padre, quiere lo mejor para todos; por esto, a pesar de su avanzada edad, les exhorta sin cansancio, les anima e infunde esperanza. Les advierte, no obstante, de las consecuencias, graves para ellos, si se dejan arrastrar por los cultos idolátricos de las nuevas tierras. Supondría una infidelidad, una violación de la Alianza. Es a Yahvéh a quien han de amar con todo el corazón, sobre todas las cosas. De otro modo, el castigo divino no se haría esperar.

Aunque aún en penumbra, Moisés anuncia al pueblo la llegada de un profeta del todo singular. Así se lo dice el Señor:

> «Yahvéh tu Dios, te suscitará de en medio de ti, entre tus hermanos, un profeta como yo, al que vosotros escucharéis. Es precisamente lo que tú pediste a Yahvéh, tu Dios, en el Horeb, en el día de la asamblea, cuando dijiste: "No quiero oír más la voz de Yahvéh, mi Dios, ni ver ese gran fuego no vaya a morir". Y Yahvéh me dijo: "Dicen bien hablando así. Yo les suscitaré de en medio de sus hermanos un profeta semejante a ti; y pondré mis palabras en su boca, y él les dirá cuanto yo le mande"» (18,15-18).

En sentido eminente, esta profecía ha de entenderse del profeta por excelencia: Jesucristo. Así lo afirma el Nuevo Testamento, al identificar Juan al «profeta» que Dios suscitará con Jesucristo (Jn 6,14; 7,40). Pues así como Moisés fue el legislador de la Ley antigua, explica san Agustín, Jesucristo lo sería de la Nueva, en cuya preparación le han precedido todos los profetas de Israel, debidamente impulsados por la gracia divina. Por esto, todo el pueblo de Israel vive desde entonces con la esperanza puesta en este profeta prometido, el Mesías anunciado desde el principio (Gen 3,15).

De otra parte, la tierra objeto de la promesa es el gran don reservado por Dios para su pueblo. No obstante, encerraba para ellos un peligro: el de tomarla como un fin olvidándose de su amor a Dios. De ahí que, para prevenirlo, se ponga especial énfasis en este libro en el amor que se debe al prójimo, inseparable del amor a Dios; es la misericordia y compasión que reclama el menesteroso, el que sufre, el que se encuentra afligido por males físicos o espirituales. Ese amor debe llevar a la defensa de la familia, de la mujer y de las costumbres, tanto públicas como privadas.

El Deuteronomio se convierte por todo ello en uno de los libros del Antiguo Testamento más próximos a la doctrina del Evangelio. Aunque en sombra, todo él apunta a la Nueva Ley que promulgaría Jesucristo, la cual proporciona al hombre una inteligencia más profunda de los misterios divinos y de sus mandamientos, a la vez que le da los medios para vivirlos en plenitud.

II

Los libros históricos

Bajo el título de libros «históricos», denominados «profetas anteriores» por la Biblia hebrea, nos detendremos ahora en una serie de libros sagrados que narran la historia religiosa de Israel. Van desde la muerte de Moisés (finales del siglo XII a.C.) y su relevo por Josué al frente del pueblo elegido, hasta Juan Hircano (135-104 a.C.), es decir, desde la entrada en la tierra prometida hasta la llegada de los Macabeos.

Por tener una clara intencionalidad religiosa, la historia de estos libros se presenta algo esquemática; aunque selectiva, es fiel no obstante a los hechos que narra. Como los libros anteriores, los que se incluyen en este capítulo fueron escritos también bajo el carisma de la inspiración, gracias al cual los hagiógrafos o escritores sagrados escribieron con verdad y sin error cuanto Dios quería decirnos a través de ellos.

Cuanto se relata en estos libros, por tanto, es fruto de las relaciones de Dios con su pueblo; procede, como vimos en el Deuteronomio, de la fe de Israel en su elección y de la Alianza que marcó para siempre su vida. Por esta razón, los hechos están contemplados desde una perspectiva teológica de la historia, concatenados cada uno de sus relatos con el último y definitivo acontecimiento: la llegada del Mesías, anunciado y esperado por Israel como su salvador.

Así lo sintetizaba el pasado Concilio: «El fin principal de la economía antigua era preparar la venida de Cristo, redentor universal y de su reino mesiánico, anunciarla proféticamente y representarla con diversas imágenes. Los libros del Antiguo Testamento, según la condición de los hombres antes de la salvación establecida por Cristo, muestran a todos el conocimiento de Dios y del hombre y el modo como Dios, justo y misericordioso, trata con los hombres. Estos libros aunque contienen elementos imperfectos y pasajeros, nos enseñan la pedagogía divina. Por eso los cristianos deben recibirlos con devoción, porque expresan un vivo sentido de Dios, contienen enseñanzas sublimes sobre Dios y una sabiduría salvadora acerca del hombre, encierran tesoros de oración y esconden el misterio de nuestra salvación» (DV 15).

A través de las continuas infidelidades de Israel, evidentes en estos libros, aparece a cada paso un rayo de esperanza. Es la misericordia de Dios que brilla por encima de las infidelidades y apostasías del pueblo. Los castigos que se anuncian son medicinales; es decir, son más una corrección paterna y amorosa que una reprensión cruda y sin alma. Dios no quiere la muerte del pecador, sino que se arrepienta y viva.

Recordemos que la revelación se va a ir desarrollando en estos libros de modo progresivo; por lo cual sólo podrá entenderse en plenitud a la luz del acontecimiento pascual –muerte y resurrección de Cristo–, en el que la economía de la salvación alcanza su consumación.

De otra parte, no hay que olvidar que la historia narrada en estos libros se enmarca en la historia de los pueblos vecinos a Israel, en especial la de Egipto, el imperio asirio, el neo-babilónico y el persa, con los que Israel tuvo que pleitear, guerrear y pactar a lo largo de toda su historia. Nos parece interesante ver, aunque sea de modo somero, la historia de estos pueblos invasores en el período que nos ocupa.

Invasores de los reinos de Israel y de Judá

Egipto (950-525 a.C.)

Desde el fin del Imperio Nuevo (hacia 1087 a.C.), la antigua civilización egipcia había empezado a declinar. Egipto se dividía en dos regiones: el Delta del Nilo, verdadera sede del poder, y el Sur, sede tradicional gobernada por los sacerdotes de Tebas.

Sesonq I, fundador de la XXII dinastía, unificó el país, designando a su tercer hijo sumo sacerdote de Tebas. Amigo de Palestina, dio asilo a Jeroboam, el que después sería rey de Israel. Pero en el año 927 a.C. invadió Palestina y llegó hasta Samaria. La XXII dinastía siguió gobernando otros doscientos años, pero en el siglo VIII las ciudades del Delta formaron principados independientes, semejantes a los gobernados por la XXIII dinastía en Tanis y a los de la efímera XXIV dinastía en Sais.

En el año 730 a.C. el rey-guerrero etíope Piankhy invade Egipto y llega hasta Heliópolis, al norte de El Cairo. Quince años después su hermano Shabako conquista el resto del Delta. La XXV dinastía –etíope– procedía de Napata, ciudad del Sudán, cerca de la Cuarta Catarata, capital de provincia durante la XVIII dinastía. En el año 671 a.C., el rey asirio Saquerdón derrota al rey etíope Tajarka, dando fin al gobierno etíope del Delta y de parte del valle del Nilo. El Delta se descompone en pequeños Estados, cuyos jefes prestan teórica obediencia a Asiria. Uno de éstos, Psamético I de Sais (664-610 a.C.), se zafa del yugo asirio y se impone a los príncipes del Delta. La XXVI dinastía inicia una etapa de gran prosperidad para Egipto. Tras la caída de Asiria, los egipcios reclaman las tierras del oeste del Éufrates; al reivindicarlas, Necao (610-594 a.C.) da muerte a Josías en Eggi, el año 609 a.C. Pero muy pronto, en el 605 a.C., los egipcios son derrotados por los babilonios en Karkemís y pierden el control de Oriente. Finalmente, en el 525 a.C., Egipto pasa a formar parte del Imperio Persa tras la invasión de Cambises.

El imperio asirio (900-609 a.C.)

El estado asirio era a la vez militar y religioso. El rey, además de ser jefe del ejército, era sumo sacerdote del dios Asur. La riqueza del país dependía de las campañas militares que el rey emprendía cada primavera contra sus vecinos; tomaba como botín cuanto pillaba y recibía a la vez tributos de los países conquistados. Asiria comienza a desarrollarse como potencia al comienzo del siglo IX, con Asurnasirpal II (883-859 a.C.).

Su hijo Salmanasar III (858-824 a.C.) supera en ambiciones militares a su padre, derrotando entre otros reinos enemigos a Babilonia, a Urartu (el poderoso reino de Armenia) y a los estados sirios, hasta llegar a Damasco. Según los datos que constan en el monolito de Salmanasar III, en el año 853 a.C. se enfrenta en Karkar a una coalición de doce reyes, incluido Ajab de Israel. Como resultado de esta batalla, Ajab pierde dos mil carros y diez mil infantes. Diez años más tarde, el mismo rey recibe tributo de Jehú, rey de Israel. Durante el siglo siguiente Asiria se debilita por problemas internos. Teglatfalasar III (745-727 a.C.) restaura el poder militar, reorganiza el ejército y cambia su política exterior; las provincias conquistadas se incorporan al Imperio, sus jefes son remplazados por gobernadores asirios, mientras deporta a una gran parte de la población. Restablecido el control sobre Siria, se anexiona la mitad de Israel; pero la conquista de su capital, Samaria, ha de esperar hasta Sargón II (721-705 a.C.), que en el año 722 deporta a la población y acaba con el reino del Norte (Israel). Cuando Senaquerib (704-681 a.C.) sube al trono, tanto Babilonia como los distritos mediterráneos se rebelan. En su tercera campaña asedia Jerusalén y obliga a Ezequías a pagarle tributo. Le sucede Asaradón (680-669 a.C.), que conquista Egipto y se hace nombrar rey de Babilonia. Con su hijo Asurbanipal (668-631 a.C.) el imperio alcanza su mayor esplendor. Pero a los veinte años de la muerte de Asurbanipal Asiria cae ante los ejércitos formados por babilonios y medos. Una pequeña fuerza resiste aún por unos años al norte de Siria, pero en el 609 a.C. deja de existir el imperio asirio.

El imperio neo-babilónico (626-539 a.C.)

Nabopolosar (626-605 a.C.), jefe caldeo, encabeza una rebelión contra Asiria el año 626 a.C., en la que triunfa. Durante los once años siguientes libera el sur de Mesopotamia del control asirio. Los babilonios responden, forman una coalición con los medos y toman Asur el año 614 a.C. Destruyen Nínive en el 612 a.C. y Harran dos años después. Los egipcios aprovechan para ocupar los distritos orientales, pero sus ambiciones territoriales acaban pronto al ser derrotados por Nabucodonosor II (605-562) en Karkemís el 605 a.C.

La prosperidad de Babilonia se debió, principalmente, a la gran cantidad de impuestos que recabaron de las provincias que le fueron sometidas y al control de las rutas comerciales de Mesopotamia. Mas por ser aquéllos tan onerosos, pronto reaccionan los egipcios y se rebelan también las provincias de Siria y Palestina; esto obliga a Nabucodonosor a enviar sus tropas para dominar la rebelión. También Judá había dejado de pagar su tributo, por lo que Nabucodonosor, en el año 587 a.C., invade Jerusalén y sustituye al rey Joaquín por su tío Sedecías, que se había sublevado dos años antes. Tras dieciocho meses de asedio, Jerusalén cae en julio del 587 a.C.; la ciudad es destruida y muchos de sus habitantes son ejecutados o deportados a Babilonia. Este es el fin del reino de Judá.

A la muerte de Nabucodonosor, Babilonia cae en un completo caos. Los seis años siguientes reinan sucesivamente Amel Marduk, Neriglissar y Labashi-Marduk, hasta que en el 556 a.C. Nabonid (556-539 a.C.) asesina a Labashi-Marduk y se apodera del trono. Para unificar el imperio y mejorar la economía, Nabonid promueve el culto al dios-luna Sin y traslada la capital a Tema, al noroeste de Arabia, con el fin de controlar las rutas comerciales árabes del sur. Deja el gobierno de Babilonia a su hijo Baltasar. Pero su pasividad y la falta de respeto a los dioses babilonios se le vuelve en contra. El 539 a.C., Ciro de Persia invade Babilonia y termina con la independencia que había tenido durante más de mil años.

El imperio persa (559-330 a.C.)

Tras la caída de Asiria, los medos, que entonces gobernaban a los persas, se consolidan y extienden su imperio a Anatolia y el Irán central. Ciro el Grande sube al trono persa en 559 a.C. Declara muy pronto la independencia de Persia, y en el año 550 a.C. derrota al rey medo, heredando su basto reino. Ciro aumenta aún más su imperio al derrotar al rey lidio Creso el 547 a.C. y conquistar los reinos del este hasta la India, Afganistán y Turquestán, a los que añade Babilonia en el 539 a.C., al vencer a Nabonid, último rey babilonio. Ciro trata con generosidad a los países derrotados, ayudándoles a reconstruir sus templos y a restaurar el culto local. Así, por ejemplo, un edicto de Ciro del 538 a.C. permite que los judíos puedan regresar a Palestina, bajo la dirección de Sesbasar, junto con la autorización para reconstruir el Templo. Ciro muere luchando contra las tribus del Asia Central; le sucede su hijo Cambises (529-522 a.C.), que el año 525 a.C. conquista Egipto tras una dura batalla.

Darío I (522-486 a.C.) usurpa el trono y amplía y reorganiza el imperio persa; fija los límites de las satrapías y señala la cifra de los tributos. Además, unifica los pesos y las medidas, acuña su propia moneda y promulga un código legal para todo el imperio. Darío fue un hombre ecuánime: adoró al dios Ahura Mazda, practicó la tolerancia religiosa y permitió que se concluyera la reconstrucción del Templo de Jerusalén. Pero ni Darío ni su hijo Jerjes (486-465 a.C.) serían después capaces de conquistar Grecia, cayendo derrotado el ejército persa, primero en Maratón, el 490 a.C., luego en Salamina, (480 a.C.), y finalmente en Platea y Micala, el 479 a.C. Durante el siglo V a.C. se instala una colonia de mercenarios judíos en Elefantina, al sur de Egipto; sus relaciones con la población local se describen en unos papiros arameos descubiertos en la zona. En el año 330 a.C., Alejandro Magno, rey de Macedonia, derrota al último rey aqueménide, Darío II, dando origen a un vasto imperio.

1. Josué

Sucesor de Moisés

Este libro debe su nombre a Josué, su protagonista. Su nombre inicial fue *Hôshea'* (= salvación), que Moisés cambia por el de *Yehôshua* (= Yahvéh salva) (Ex 17,9-16). Josué es la persona designada por Moisés para sucederle en el gobierno de Israel. Así se lo había encargado: «Sé fuerte y ten ánimo, puesto que debes introducir este pueblo en la tierra que Yahvéh juró dar a sus padres: eres tú quien le dará posesión de ella» (Dt 31,7). Para esto, Moisés le transmite sus poderes, todos menos los sacerdotales, que los reserva para Eleazar (Num 27,18-23; Dt 31,14-23; 34,9).

A lo largo de la peregrinación de Israel por el desierto, Josué siempre aparece unido a Moisés, como su más íntimo colaborador (1,1), como su lugarteniente más cualificado, «ministro de Moisés» (Ex 23,13). Al frente del ejército, en guerra contra los amalecitas, consigue la victoria mientras Moisés permanecía en oración (Ex 17,8-16). Elegido como representante de la tribu de Efraím entre los doce que fueron enviados para explorar la tierra de Canaán

(Num 13,8), sólo él y Caleb son los únicos que, habiendo cumplido la edad de veinte años al salir de Egipto, logran entrar en la tierra prometida; los demás mueren en el desierto a causa de sus infidelidades y rebeldías (Num 14,30-38; 26,65; 32,12).

Respecto al autor del libro y a su fecha de composición, poco se puede decir con certeza. La opinión más generalizada da por supuesto que Josué no pudo ser el redactor definitivo del libro, ya que narra su muerte, hace un elogio de Saúl y de Jonatás y habla como ya conocido del monte de Judá y de Israel, etc. Lo más probable es que su última redacción sea de los tiempos de Josías, a finales del siglo VII a.C.

Por lo que se refiere al género literario, nos encontramos ante un género épico. Aunque la conquista de Canaán es un hecho indudablemente histórico, se describe exaltando su carácter de epopeya religiosa. Este género épico, principalmente semita, concede una cierta exageración a los hechos, que tiende a simplificar dándoles un cierto carácter de unidad. Así, por ejemplo, ni todo Canaán fue conquistado por Josué, ni las batallas que se describen fueron obra de las doce tribus unificadas. El autor sagrado describe los hechos con una clara intencionalidad religiosa, cuando la tierra de Canaán ya había sido conquistada.

Respecto a su personaje central, Josué, la tradición bíblica es unánime al elogiarle como valeroso guerrero, hombre de fe inquebrantable, obediente siempre a las órdenes de Yahvéh. El libro del Sirácida dice de él: «Josué, hijo de Num, fue valiente guerrero, sucesor de Moisés en la misión profética. Haciendo honor a su nombre, que significa salvación, fue el gran salvador de los elegidos de Dios, vengador de sus enemigos, introductor de los elegidos en la tierra de la promesa. Nadie podía resistirlo cuando combatía las batallas de Dios...» (Sir 46,1-10).

ETAPAS DE LA CONQUISTA DE CANAÁN

Pueden distinguirse tres:

1. *Preparativos* (1-12). Josué recibe el mandato de conquistar la tierra prometida. Antes de atravesar el Jordán comienza por recordar

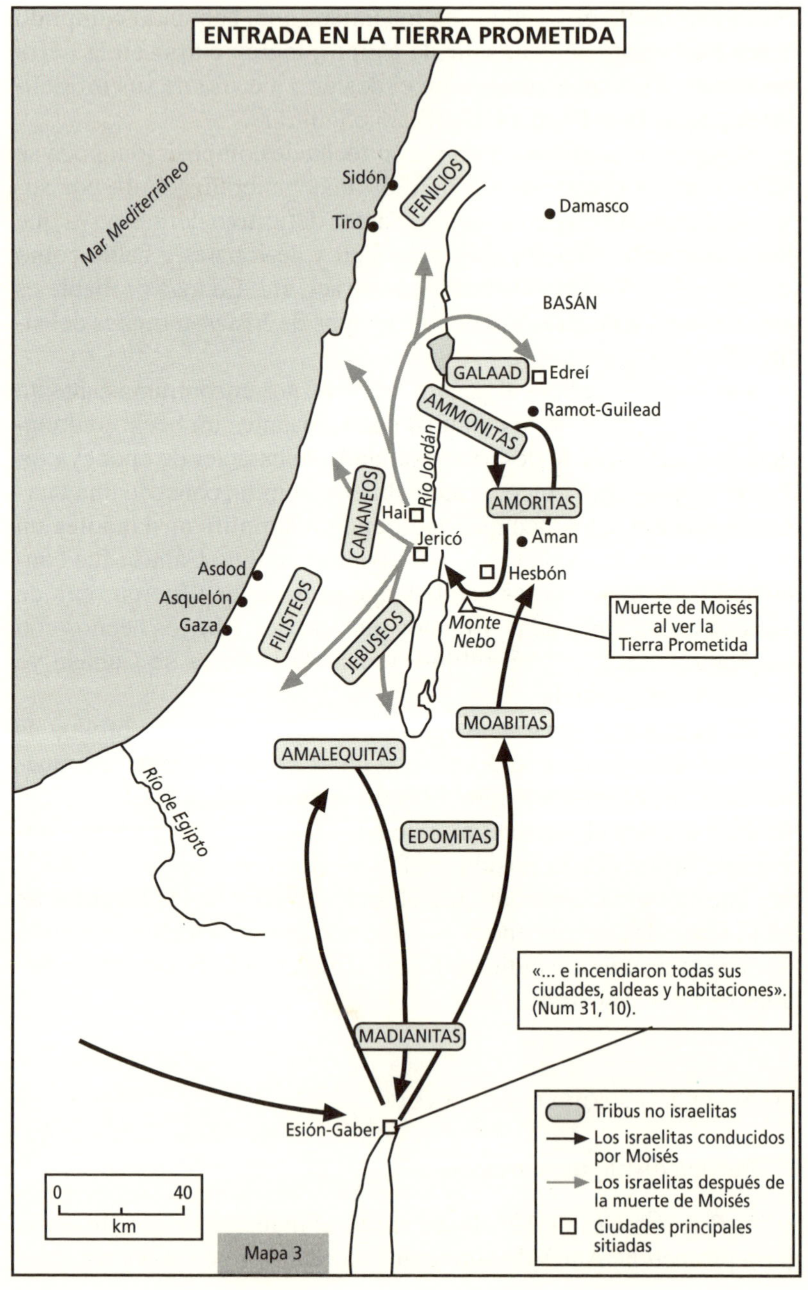
ENTRADA EN LA TIERRA PROMETIDA
Mar Mediterráneo
Sidón
Tiro
FENICIOS
Damasco
BASÁN
GALAAD
Edreí
AMMONITAS
Ramot-Guilead
Río Jordán
CANANEOS
Hai
AMORITAS
Jericó
Aman
Hesbón
Asdod
Asquelón
Gaza
FILISTEOS
JEBUSEOS
Monte Nebo
Muerte de Moisés al ver la Tierra Prometida
MOABITAS
AMALEQUITAS
Río de Egipto
EDOMITAS
«... e incendiaron todas sus ciudades, aldeas y habitaciones». (Num 31, 10).
MADIANITAS
Esión-Gaber
Tribus no israelitas
Los israelitas conducidos por Moisés
Los israelitas después de la muerte de Moisés
Ciudades principales sitiadas
0 40
km
Mapa 3

a las tribus de Israel sus compromisos. Después selecciona y envía a Jericó exploradores, que logran regresar al campamento gracias a la ayuda que les presta Rahab. Éstos informan a Josué de que Yahvéh ha puesto todas esas tierras en sus manos: «Yahvéh ha entregado toda esta tierra en nuestras manos; ya todos los habitantes tiemblan ante nosotros» (2,24).

No sin una especial intervención divina, atraviesan el Jordán, que a su paso abre sus aguas; para conmemorarlo erigen doce columnas de piedra (3,8-9). Ha de tenerse en cuenta que el Jordán en esa época del año –era primavera– se desbordaba a causa de las nieves del monte Hermón, que al derretirse con los primeros calores primaverales inundaban toda la comarca.

Tras el paso tiene lugar la circuncisión de todo el pueblo en Guilgal (5,2 ss), dato significativo. Porque no es la persona, sino el pueblo –afirma san Agustín– el que renueva la práctica de la circuncisión, interrumpida desde la salida de Egipto. Es de la opinión de que ésta no fue necesaria mientras caminaban por el desierto por no haber otros pueblos con quienes pudieran confundirse. San Jerónimo piensa que por su misma vida errante durante ese tiempo Dios les dispensó de una ley que hubiera puesto en peligro su vida a causa de las numerosas infecciones que habría producido.

Tras la circuncisión, inician la conquista de Jericó, cuyas murallas caen tras siete días de asedio al son de las trompetas. Todos sus habitantes perecen, menos Rahab y su familia (6,17-25). ¿Cómo explicar una conquista tan rápida sin apenas medios? La Carta a los Hebreos dice: «Por la fe cayeron los muros de Jericó, después de dar vueltas a su alrededor durante siete días» (Heb 11,30). ¡Qué cosa más inútil y ridícula en apariencia que dar vueltas en silencio alrededor de una ciudad fuerte y bien pertrechada durante siete días! No hay proporción, en efecto, entre los medios que emplearon y el efecto que se siguió.

Tras la conquista de Jericó se narra un primer ataque sin éxito a Hai (7,5). La ciudad se defiende y resiste, y Josué descubre en su oración la causa de la derrota. Dios castiga a Israel por haber contravenido uno del pueblo el anatema lanzado contra la ciudad. Acán confiesa su pecado (7,20), es castigado y finalmente conquistan la ciudad. Al final del capítulo 8, y como apéndice, se renueva la alianza en el monte Ebal, al oeste de la llanura de Siquem (8,30).

Termina esta primera parte con el relato de dos conquistas: la de Palestina meridional (9-10), con el episodio de los gabaonitas –que pactan con Josué para que les ayude en su lucha contra los amorreos; éste, por medio de su oración, consigue que el sol se «detenga» en su favor[1]–; la otra conquista es la de Palestina septentrional, con el relato de sus victorias (11) y la lista de los reyes vencidos (12).

2. *Distribución de las tierras* (13-22). Comienza esta etapa con la distribución del territorio por tribus (13-19) y el establecimiento de las ciudades de refugio (20), junto con las ciudades asignadas en el reparto a los levitas (21). El capítulo 22 concluye con el retorno de las tribus de Transjordania a sus respectivos territorios y la erección de un altar junto al Jordán.

3. *Últimas disposiciones* (23-24). Estos dos últimos capítulos son como el apéndice del libro. En él se recoge un aviso de Josué a propósito de la tierra que aún no había sido ocupada y un discurso a la gran asamblea de Siquem sobre la fidelidad a la ley divina. En la conclusión, tras relatar la muerte de Josué[2], se indica con detalle el lugar de su sepultura, así como las de Eleazar y José.

Alcance religioso del libro

El libro de Josué transmite una serie de datos fundamentales para el conocimiento de la historia del pueblo de Israel. Se trata de un libro a la vez histórico y didáctico, ya que a través de unos hechos históricos transmite una enseñanza religiosa y moral. Aunque

1. Josué ayuda a los gabaonitas. La oración de Josué es atendida y Dios realiza el milagro. No explica Josué cómo ocurrió. Sólo deja constancia de lo que vieron sus ojos, sin entrar –tampoco hubiera podido– en aclaraciones científicas que estarían fuera de contexto. Se subraya, eso sí, la eficacia de la oración y la fidelidad de Dios, que permanece siempre con su pueblo (Vid. S. Garofalo, *La Sagrada Bibbia* (Giosué), Torino 1952; A. Vaccari, *La Sagrada Bibbia,* pp. 299-340).

2. No se habla de hijos de Josué ni en la Sagrada Escritura ni en los Santos Padres. La sentencia más común mantiene que Josué conservó su virginidad y guardó continencia hasta el fin de sus días. Véase el elogio que de él hace el libro del Sirácida en el capítulo 46.

la conquista de Canaán aparece como una empresa épica, valerosa y altamente ejemplar de todas las tribus, no se hubiera realizado sin el apoyo de Yahvéh, que velaba por su pueblo y lo protegía de continuo. De ahí que, a lo largo de estos casi treinta años, Josué puede comprobar experimentalmente la asistencia divina: en la separación de las aguas del Jordán, en la conquista de Jericó, en la «detención» del sol sobre Gabaón, etc.

El libro habla de modo elocuente de un Dios –Yahvéh– fiel a sus promesas. Si insiste en ello es para que sirva de estímulo y revulsivo a un pueblo que, aunque endeble en su fe, está llamado a servir a Dios con fidelidad. Se ve prefigurada a lo largo del libro la salvación que, siglos después, traería el Mesías. El mismo nombre de Josué (= Yahvéh salva) es figura de Jesucristo, portador de la verdadera salvación. La misma distribución de la tierra de Canaán que hace Josué por sorteo, gratuitamente, prefigura también la gratuidad de la vocación a la que todos son llamados por Dios en Cristo Jesús.

Finalmente, quizá pueda parecer extraño que a todo un general como era Josué, guía y conductor de su pueblo, le ordene Dios que se aplique día y noche a la meditación de su Ley, que la tenga siempre en su boca y la cumpla estrictamente. Y es que Dios asegura su ayuda al hombre prudente, al que es fiel a su Ley. Es este el único camino que garantiza el éxito en cualquier empresa, y más cuando es divina.

2. Los Jueces

Libertadores y conductores de Israel

El libro de Jueces, continuación del de Josué, recibe su nombre de los personajes que Dios suscitó a lo largo de casi dos siglos para gobernar al pueblo de Israel, desde la muerte de Josué hasta el nacimiento de Samuel. El concepto bíblico de «juez» es distinto del que tenemos hoy[3]. La raíz hebrea de la que procede –*shafat*– significa li-

3. Véase A. Robert y A. Feuillet, *Introducción a la Biblia*, t. I, pp. 378.

berar, gobernar, juzgar. No se trata, por tanto, de magistrados, sino de auténticos *libertadores*, hombres especialmente aguerridos, escogidos unas veces directamente por Dios y otras por el pueblo. Su misión era liberar a Israel de sus enemigos y tomar posesión –no sin lucha– de la tierra que a cada tribu había correspondido en el reparto. Así que, tras conseguir la paz, debían también –según los casos– administrar justicia.

De ordinario no ejercían su autoridad sobre todo Israel, sino sobre una o varias tribus. Por esto no puede hablarse de sucesión cronológica entre ellos, ya que en ocasiones eran varios los jueces que actuaban a la vez.

Estructura y contenido del libro

El libro presenta una gran heterogeneidad en sus diversos elementos. En el primer capítulo, y antes de adentrarse en lo que es su parte principal, ofrece un cuadro sintético de las condiciones religiosas y políticas de ese tiempo. Asignada a cada tribu la parte de tierra que le correspondió en el reparto, cada una debía tomar posesión efectiva de su lote, a costa de numerosas luchas. Aun así, pronto comprueban que esas tierras les resultan insuficientes, ya que total o parcialmente han de compartirlas con sus moradores. Y es que al no ser fiel Israel a la Alianza (entre otras cosas debían destruir los altares erigidos a los dioses de las tierras conquistadas), Yahvéh no les permite una victoria completa sobre sus adversarios. Y menos cuando el pueblo, olvidando a Yahvéh, se vuelve a los Baales*.

Dios, no obstante, se apiada de ellos y les envía a los jueces. De éstos se mencionan doce. Son considerados jueces «mayores»: Otniel (3,5-11), Ehud (3,12-30), Baraq (4 s.), Gedeón (6,9), Yefté (10,6-12,6) y Sansón (13-16). Y «menores»: Samgar (3,31), Tolá y Yaír (10,1-5), Ibsán, Elón y Abdón (12,7-15). El número doce es símbolo del Israel perfecto, por lo que es probable que existieran otros jueces cuyo recuerdo ha desaparecido.

En la parte central del libro (3,6-16) se exponen las vicisitudes por las que pasan los diferentes jueces. Viene a probar lo dicho en la introducción: que las derrotas de Israel tienen como causa sus infidelidades, mientras que al arrepentimiento sincero de sus culpas si-

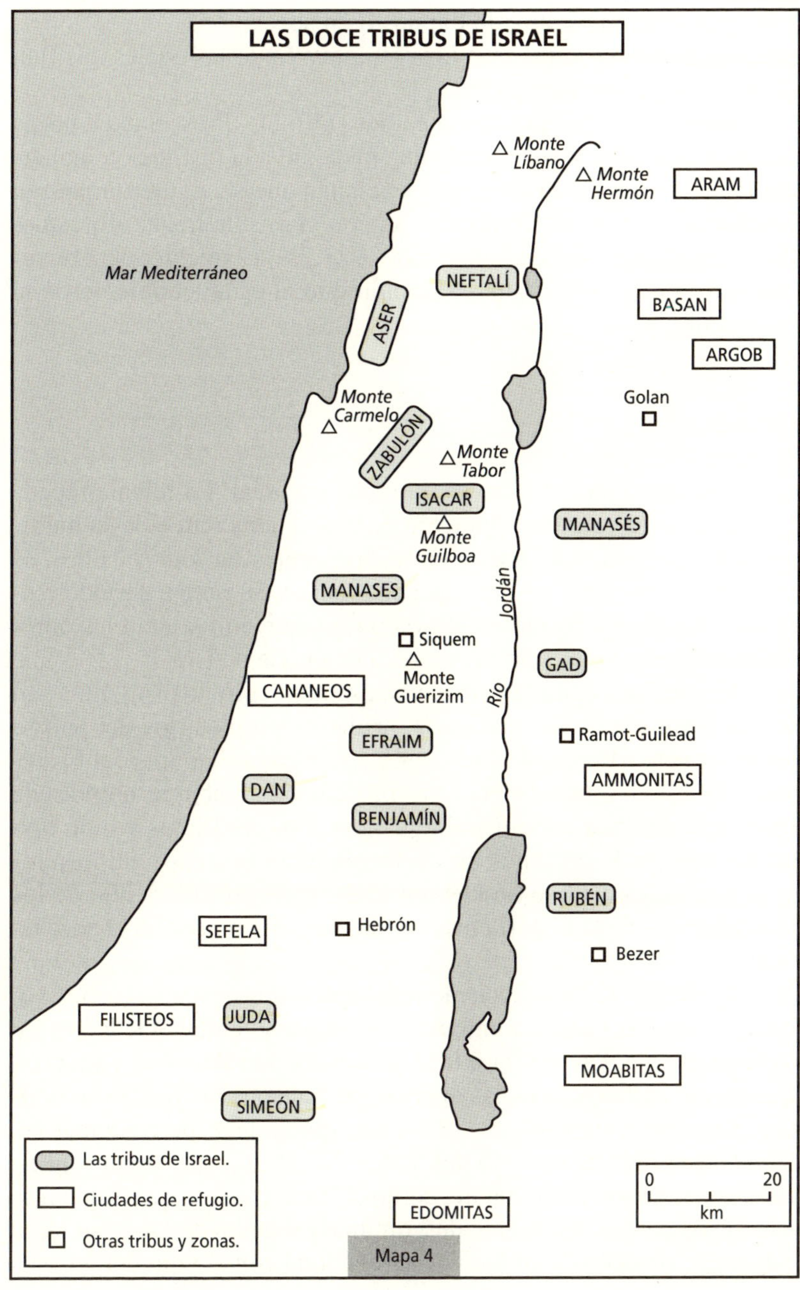
LAS DOCE TRIBUS DE ISRAEL
Monte Líbano
Monte Hermón
ARAM
Mar Mediterráneo
NEFTALÍ
BASAN
ASER
ARGOB
Monte Carmelo
Golan
ZABULÓN
Monte Tabor
ISACAR
MANASÉS
Monte Guilboa
MANASES
Río Jordán
Siquem
Monte Guerizim
GAD
CANANEOS
EFRAIM
Ramot-Guilead
AMMONITAS
DAN
BENJAMÍN
RUBÉN
SEFELA
Hebrón
Bezer
FILISTEOS
JUDA
MOABITAS
SIMEÓN
Las tribus de Israel.
Ciudades de refugio.
Otras tribus y zonas.
0 20 km
EDOMITAS
Mapa 4

gue la liberación. Todo ello expuesto en seis extensas narraciones, interrumpidas por otras más breves, a través de las cuales desfilan las hazañas de los doce jueces.

El libro se cierra con dos apéndices (17-21). Presentan en pocas líneas el desorden y la anarquía que precedió a la institución monárquica, así como las graves consecuencias que se siguieron para el pueblo. Las dos narraciones acaban con la misma frase: «En aquellos días no había rey en Israel» (18,1; 21,25). El pueblo, para remediar sus males, no veía más solución que el establecimiento de la monarquía.

Cronología

La cronología del libro es un tanto artificial. La misma repetición de la cifra cuarenta, duración de una generación, o de su múltiplo ochenta, o de su mitad veinte, frecuentes en todo el libro, es prueba del carácter simbólico de la narración. Se suman períodos superpuestos parcialmente en el tiempo, ya que en realidad las opresiones y liberaciones sólo afectaron a una parte de Israel.

Durante este agitado período de asentamiento, los israelitas han de combatir contra los cananeos, primeros propietarios del país; a éstos los vence Baraq ayudado por Débora en las llanuras del Esdrelón, al pie del Tabor. Débora era profetisa: hablaba en nombre de Dios, a la vez que administraba justicia. Los conflictos y todo tipo de litigios que le presentaban los resolvía por una especial inspiración divina. El cántico de Débora (5,2-31) se considera uno de los más antiguos de la historia bíblica, de clara intencionalidad parenética.

Tras largas luchas, los israelitas logran vencer a otras tribus vecinas: moabitas (Aod), ammonitas (Jefté), madianitas (Gedeón). En cambio, no pueden vencer a los filisteos, recién llegados a aquellas tierras; sin embargo, gracias al poder de Sansón, les quedan sometidos. Según el texto sagrado (13,5), Sansón era juez, pero además estaba consagrado al servicio del Señor. No se dice que fuera santificado en el vientre de su madre, como el Bautista, sino que Yahvéh se lo reservó para sí. Su fuerza descomunal procedía de Dios; su larga cabellera, símbolo de su fuerza, se relaciona con el voto del *nazare-*

ato, signo de su consagración. Por esto no puede compararse a Sansón con el resto de los jueces, entre otras cosas porque nunca se puso al frente de un ejército. Sus proezas fueron más bien esporádicas, con el fin de defenderse a sí mismo y al pueblo, manteniendo a raya a sus enemigos[4].

Enseñanza

Los relatos de este libro fueron agrupados en la época del destierro. Su redactor, inspirado por Dios, quiso dejar constancia del valor religioso de la historia como maestra del futuro. Los jueces que Yahvéh enviaba a su pueblo tenían la convicción de estar cumpliendo la Alianza. Por esto invocaban a Dios y le pedían ayuda y protección antes y después de las batallas. Acudían para ello al santuario de Silo, centro entonces del culto a Yahvéh. Las batallas que debían librar para entrar en posesión de la tierra de Canaán tenían la virtud de unir a las tribus frente a un enemigo común.

Aunque en el libro se alaban las hazañas de estos jueces, no quiere esto decir que todos fueran un dechado de virtud. Sus valores eran más bien elementales, y en consecuencia muchos de sus comportamientos muestran a las claras la rudeza de sus costumbres. No obstante, en la narración de sus gestas domina un pensamiento teológico procedente de la tradición deuteronomista, presente a lo largo del libro. Cuando Israel es infiel a la Alianza, Yahvéh deja de ayudarle; cuando se arrepiente y clama, recibe de Él sucesivos «libertadores». Al reincidir Israel en sus infidelidades, Dios no les concede la victoria sobre las tribus enemigas (sidonios, jiveos, filisteos, etc.).

El libro viene a mostrar, por tanto, la realización de la alianza del Sinaí y las consecuencias que de ella se derivan: fidelidad y protección por parte de Yahvéh cuando Israel es fiel a sus compromisos; castigos inmediatos cuando viola la Alianza. Dios les enseña que la opresión es un castigo de la impiedad, mientras que la liberación es un premio a la virtud. Por esta razón alaba Ben Sirac a los

4. Véase B. Orchard y otros, *Verbum Dei*, Barcelona 1962, t. I, pp. 735-738.

Jueces, «que no pervirtieron su corazón y no se apartaron del Señor» (Sir 46,11). Y la Carta a los Hebreos presenta sus victorias como recompensa a su fe (Heb 11,3234).

Después de la liberación de Egipto, es ésta la primera experiencia que tiene el pueblo de la intervención de Yahvéh en su favor. Recuerdos que servirán para alimentar su esperanza en los momentos difíciles, como serán los del exilio (siglo VI a.C.), a la vez que abren a una perspectiva de liberación mesiánica que los libros sucesivos irán aclarando.

3. Rut
Su relación con la dinastía davídica

Este pequeño libro contiene la historia de una familia del tiempo de los Jueces. Tanto la versión griega de los LXX como la Vulgata latina lo sitúan a continuación de Jueces; mientras que los hebreos lo incluyen entre los *Ketûbîm* (Escritos), uno de los cinco *meguillôt* que se leían en las fiestas principales; éste en Pentecostés, la fiesta de la recolección (Ex 23,16) o de las semanas (Dt 16,10), por celebrarse siete semanas después de la fiesta de los ácimos (Pascua).

Este libro no forma parte de la historia deuteronomista. Es posible que fuera escrito cuando Judá era provincia del imperio persa, entre los siglos VI al IV a.C., en todo caso después del exilio[5]. La intención del autor sagrado parece clara: dejar constancia de la dimensión universal de la salvación, que no ve restringida al pueblo de Israel. Y lo dice justamente en un momento en que a los repatriados no se les permitía contraer matrimonio con mujeres extranjeras (Esd 9; Neh 13).

5. Entre otros, sostienen esta opinión A. Robert y A. Feuillet, *Introducción a la Biblia*, p. 613.

Historia de los hechos

La historia comienza cuando un hombre de Belén, Elimelec, emigra a Moab[6] a causa de una fuerte carestía; emprende la marcha con su mujer Noemí y sus dos hijos, Quelyón y Majalón. Sus hijos se casan con dos jóvenes moabitas, Orfa y Rut. Al morir Elimelec, y diez años más tarde sus dos hijos, el hambre que había asolado Judá remitió. Noemí decide entonces regresar a Belén. Rut, su nuera, se ofrece a acompañarla; una vez allí, opta por quedarse y hacerle compañía.

En Belén, Rut ha de trabajar para sostener a su suegra. Un día mientras estaba espigando, conoce a Booz, un hombre rico emparentado con su suegro Elimelec. Admirado y agradecido Booz por las virtudes que descubre en Rut, decide tomarla por esposa, dando cumplimiento así a la ley del levirato*. De este matrimonio nace un hijo, Obed, el que más tarde sería padre de Jesé y abuelo de David.

Enseñanza

Aunque parece que la verdadera finalidad del libro es mostrar la genealogía de la dinastía davídica, lo hace en el cuadro general de unas enseñanzas morales. En primer lugar, subraya que Dios siempre premia la confianza que se deposita en Él. Su misericordia, que es infinita, no conoce fronteras para aquellos que le invocan de corazón. Tanto, que llega también a una mujer extranjera, Rut[7], que por voluntad divina será la bisabuela del rey David y, por tanto, ascendiente en línea directa del Mesías. El libro se complace en mostrar la virtud de esta moabita. El hecho de que Rut figure en la genealogía

6. La región de Moab, en Arabia, tenía por capital a Petra, de donde se supone que procedía Rut. De aquí que san Jerónimo aplique a Rut las palabras de Isaías: «Enviad el cordero al soberano de la tierra, desde la Roca del desierto al monte de la hija de Sión» (Is 16,1). Y como de Rut nació Obed, de éste David, y de David Jesucristo, la interpretación no puede ser más mesiánica (Vid. F. Spadafora, *Diccionario bíblico,* pp. 531-532).

7. La bendición del pueblo a Rut es interpretada por san Ambrosio como una especie de profecía: de su numerosa descendencia nacería Jesús, el Mesías, en la ciudad de Belén, de sobrenombre Efrata, tal como se menciona en 4,11.

de Jesucristo, al lado de otras tres mujeres extranjeras (Mt 1,35), sirve para ilustrar la universalidad de la salvación, pues el Mesías vendría para salvar a todos los hombres (1 Tim 2,4), tanto judíos como gentiles (Rom 9,24).

Por su riqueza doctrinal, este libro ha sido utilizado con mucha frecuencia en la liturgia de la Iglesia. Así, por tres veces se mencionan los nombres de Rut y Booz al leer en la celebración eucarística la genealogía de Jesucristo según el evangelio de Mateo. Con palabras de Noemí (1,20) se expresan los dolores de la Virgen María en la misa de su fiesta (el 15 de septiembre); y palabras de Rut (2,13) son también las que se emplean para expresar los sentimientos del Inmaculado Corazón de María en la Liturgia de las Horas correspondiente al oficio de su fiesta.

Finalmente, en el libro de Rut se dan noticias antiguas de interés, como las del rito del matrimonio por razón del levirato (4,10), la cesión de una propiedad mediante el rito de la entrega de la sandalia (4,7), y otras costumbres empleadas en las tareas agrícolas: la siega y la recolección de la mies.

4. Los libros de Samuel
Inicio de la institución monárquica

Los dos libros de Samuel forman uno solo en la Biblia hebrea, que incluye entre los llamados «profetas anteriores». Los LXX, por su parte, consideran estos dos volúmenes como parte del siguiente libro de Reyes. En la Neovulgata aparecen por separado los dos libros de Samuel y los dos de Reyes.

Son varios los episodios que parecen haberse agrupado en estos libros por mano de un redactor deuteronomista. Entre ellos la historia del arca (1 Sam 4,1-7,1), la elección de David como rey (2 Sam 2,1-4,12) y su misma sucesión (2 Sam 9,20). Con todo, se piensa que tal vez habrían formado parte de varias tradiciones originarias de la época de Saúl y David, puestas pronto por escrito, a las que se añadieron otros elementos de influencia profética puestos también por escrito en tiempos de Josías.

Hacia la unificación de Israel

Los libros de Samuel apuntan hacia una realidad que trasciende la historia: se trata del proyecto de salvación que Dios se propuso realizar a través de un pueblo, Israel, con el que había firmado una Alianza. La historia de la fundación del reino de Israel y la consolidación del trono, que será eterno en la familia de David, forma por tanto parte principal de ese plan salvador.

Como se recordará, al final de Jueces se veía como imprescindible la llegada de la monarquía, dado el desorden y anarquía reinantes entre las diversas tribus. El enemigo había quedado reducido en la práctica a uno solo: los filisteos, establecidos en la costa mediterránea. Ante su inmenso poderío y sus afanes de dominio y expansión, las tribus sienten ahora la necesidad de unirse para formar un solo pueblo y hacer frente a la amenaza.

Samuel es el instrumento elegido por Dios para llevar a cabo la unificación de las tribus, y convertir a Saúl en el primer rey de Israel. Se narra con detalle todo lo relacionado con esta elección, en la que Dios demuestra una vez más que está con su pueblo. A partir de aquí, Israel llega a alcanzar un nivel político y militar desconocido. Los mismos filisteos, sus enemigos más encarnizados, son vencidos aunque no dominados, lo mismo que los ammonitas, moabitas, edomitas y arameos. Todos acaban haciéndose tributarios de Israel. Esta amplia acción guerrera se completa y perfecciona en el reinado de David, a quien el mismo rey de Tiro acaba rindiéndole vasallaje. De esta forma, toda la Transjordania queda sometida al rey David.

No obstante, la unidad de las tribus bajo el gobierno de un solo rey es todavía muy inestable. La unidad se consigue gracias a la habilidad y genio del rey David, capaz de conciliar las profundas divergencias entre ellas. Pero la unidad de las tribus sería efímera. Y así, aunque unió en uno los dos reinos (Norte y Sur), no pudo evitar sus rencillas y en la práctica su dualidad. Por esto, en cuanto David desaparece se produce la escisión de los dos reinos, alentada en parte por la desafortunada política de su hijo Salomón; a sus muchos y grandes aciertos se le añade una larga lista de imprudencias y calamitosas acciones de gobierno.

Secuencia de los hechos

Los dos libros de Samuel se estructuran en cuatro partes, que concluyen con un apéndice. En la primera (1 Sam 1-7) se narra el nacimiento milagroso de Samuel y su juventud en el templo. Tras su consagración en el santuario de Silo tiene lugar el cántico de Ana, su madre; es éste uno de los más bellos y expresivos del Antiguo Testamento (1 Sam 2,1-10). Se considera un anticipo del *Magnificat* de María por evocar las esperanzas mesiánicas de los *anawim* (= pobres o humildes) y acabar con el anuncio de un Rey-Mesías. A la infancia y vocación de Samuel sigue la primera guerra filistea, en la que son derrotados los israelitas y el arca cae en manos de sus más encarnizados enemigos.

En la segunda parte (1 Sam 8-15) se describe la institución de la monarquía y la consagración de Saúl como rey. El pueblo pide un rey. En principio esto desagrada a Samuel, pero al ser advertido por Dios, obedece. Dios le revela el nombre de la persona que ha elegido. Samuel debe proclamar a Saúl como rey, y lo hace ungiéndole con aceite como signo de cosa sagrada. En 1 Sam 9,16 queda patente la providencia de Dios, que hace concurrir un conjunto de circunstancias –a veces contradictorias– al gobierno de las cosas. Dios llena de inteligencia a Saúl, y le infunde valor y firmeza para que gobierne con prudencia a su pueblo.

Tras la coronación de Saúl tiene lugar un hecho que viene a confirmar su elección divina: la victoria sobre los amalecitas, a la que siguen otras. Sin embargo, a pesar de estas victorias tan aparatosas, Saúl es rechazado por Dios al resistirse a obedecer sus mandatos.

En el período anterior, regido por los Jueces, se había puesto en evidencia la infidelidad y frecuentes rebeldías del pueblo. Ahora, con la monarquía, vuelve a aparecer el mismo pueblo carnal y descreído. Lo cual, y por lo que se refiere a la historia bíblica, implica dos cosas: de una parte, la total gratuidad de la elección divina; de otra, la obligación que Dios impone al que elige –sea al pueblo o al rey– de obedecerle. Saúl desobedece y además se obstina en su postura.

La tercera parte (1 Sam 16-2 Sam 1) contiene la historia de las relaciones entre Saúl y David. Ungido David en secreto por expresa voluntad divina, provoca de inmediato la envidia de Saúl, que a partir de este momento buscará su muerte. David escapa y anda fugitivo. Pero en la guerra con los filisteos mueren Saúl y su hijo Jonatán. David, que no guarda rencor alguno a Saúl, como demostró salvándole dos veces la vida, compone a su muerte una elegía fúnebre en honor del rey.

En la cuarta y última parte (2 Sam 2-20), una vez muerto Saúl, la narración se centra en David, su sucesor. Entre las tribus se declara una guerra civil, que termina con la muerte de Abner e Isbaal, pretendiente este último al trono de Judá. Tras quedar el terreno expedito, David reina sin ninguna oposición sobre todo Israel. Traslada el arca con toda solemnidad a Jerusalén, la ciudad que había erigido como sede de su corte. Y es entonces cuando tiene lugar la promesa mesiánica de Natán, en la que se anuncia que el trono de David se hará eterno en uno de su descendencia. La paz que sigue a todos estos acontecimientos queda nublada por el doble pecado del rey David, a los que sigue la conjura de Absalón y su muerte.

Estos dos pecados se relatan en 2 Sam 11,4 ss. El primero es el adulterio del rey con Betsabé, la mujer de Urías, uno de sus oficiales; el segundo, la trama urdida por el propio David para dar muerte a Urías en combate. Son unas narraciones escabrosas, aunque alejadas de toda morbosidad. Dios condena el pecado de David, al que castiga, pero le abre una esperanza de perdón. Dios se sirve de este doble y grave pecado de David para mostrar su misericordia, que será universal por medio de uno de su descendencia, el Mesías desde antiguo prometido. Desde este momento la vida de David experimenta un gran cambio: se hace penitente. Suplica a Dios de continuo que se apiade de él, como expresa el salmo 51 (50).

En el apéndice (2 Sam 21-24) se registran dos grandes calamidades de ese tiempo: un hambre que asoló al país durante tres años y que sólo cesó tras la satisfacción dada por el rey a los gabaonitas; y, junto a ella, la peste que por tres días arrasó a Israel, desde Dan a Berseba, a causa del censo ordenado por David desobedeciendo a Yahvéh (23,10-25). Se relatan también una serie de gestas de David contra los filisteos, junto con un salmo de acción de gracias (22) y un oráculo profético-mesiánico sobre la descendencia de David.

Enseñanza

En continuidad histórica con la promesa de salvación que Dios había hecho a nuestros primeros padres, los libros de Samuel representan un primer paso en la realización de esa promesa. Habrían de pasar sin embargo muchos siglos antes de que ésta se hiciera realidad. El pueblo elegido tendrá que ir superando obstáculos y dificultades, tanto externos como internos, antes de la llegada del Mesías y el establecimiento del reino de Dios en la tierra. Éxitos y derrotas se suceden ininterrumpidamente en tiempos de Samuel, sin lograr alcanzar la paz que todos deseaban. Si la consiguen en tiempos de David, es de modo muy parcial y efímero. Sus éxitos fueron precedidos del fracaso de Saúl y seguidos de las infidelidades de su hijo Salomón. La paz se esfumó y el pueblo acabó en la ruina.

Junto a estas infidelidades, incluidas las del propio rey David, aparece por contraste la misericordia de un Dios que no se cansa y vela de continuo por su pueblo. Ahora se sirve del profeta Natán para enviar sobre la casa de David un rayo de esperanza. Éstas son sus palabras:

> «Cuando se cumplan tus días y descanses con tus padres, afirmaré después de ti la descendencia que saldrá de tus entrañas y consolidaré su reino... Tu casa y tu reino subsistirán por siempre ante mí y tu trono se afirmará para siempre» (2 Sam 7,12-16).

Con David se inicia, por tanto, la dinastía de la que un día saldría el Mesías, en cumplimento de las promesas divinas de salvación. Moisés sacó al pueblo de Egipto y Josué lo introdujo en Canaán; ahora es David quien ha llevado a cabo la ingente tarea de unificar las tribus, tanto en su aspecto espiritual como político. A través de sus victorias frente a los enemigos de Israel, y gracias al retorno al espíritu de la Alianza, este rey pudo restablecer la fe resquebrajada del pueblo. Los israelitas han aprendido de David una gran lección: la de no emprender tarea alguna sin antes contar con Yahvéh y pedirle ayuda.

Además de su prudencia y valor, David dio ejemplo de exquisito respeto por el culto divino, reflejo inequívoco de su profunda piedad. Ya anciano, siente que se debilitan sus facultades, pero jamás decae en su amor a Dios. Gracias a él se arrepiente de sus pecados y hace penitencia hasta el final de su vida. Como profeta, anuncia en sus salmos al futuro Mesías, el que procederá de su estirpe, el que será llamado «hijo de David» y a quien los demás profetas llamarán «rey David» (Jer 30,9; Os 3,5), «mi siervo David» (Ez 34,23; 37,24). Era, sin duda, el mejor elogio que podía hacerse de este rey fiel y piadoso.

5. Los libros de los Reyes

Historia de los reinos de Judá e Israel

Los dos libros de los Reyes, junto con los dos de Samuel, formaban un solo libro en la Biblia Hebrea. La división en dos se debe a la versión griega de los LXX, seguida por la Vulgata latina y otras ediciones posteriores y adoptada también por la Biblia hebrea a partir de 1517. Los LXX y la Vulgata llamaron a estos libros III y IV de Reyes, al incluir entre ellos los dos de Samuel. El título de Reyes expresa con precisión su contenido: la historia de los reinos de Judá e Israel, desde la muerte de David (hacia el 970 a.C.) hasta el destierro de Babilonia (587 a.C.). En total, unos cuatro siglos de historia sagrada.

Composición

Los libros de los Reyes parece que fueron redactados en la época del destierro. Destinados en un principio a los que sufrieron cautiverio en Babilonia, su finalidad es la de explicar el porqué de aquellos sufrimientos, y en consecuencia animar a una fidelidad mayor a Yahvéh, el Dios de Israel. La redacción primitiva proporciona un esquema de la historia de los sucesivos reyes, que el autor sagrado toma de las tres fuentes que cita: el «Libro de los Hechos de Salomón» (1 Re 11,41), los «Anales de los reyes de Judá» (1 Re 14,19) y los «Anales de los reyes de Israel» (1 Re 14,29). Estos documentos eran públicos, accesibles a todos y diferentes, por tanto, de los que conservaba el rey en sus archivos privados.

Además, entre los elementos que el redactor emplea se descubren la crónica de la sucesión de David, la de Salomón, la del cisma, los ciclos de Elías y los de Eliseo, etc. Como, por otra parte, a los reyes se les juzga en estos libros según su comportamiento con respecto a los «lugares altos» (cf 1 Re 15,14; 22,44), parece dar por conocida la reforma de Josías (año 621).

Por tanto, puede afirmarse que muchos de los datos recogidos en estos dos libros son anteriores al destierro, ya que el Templo aún subsistía como lugar de culto y el Arca de la Alianza ocupaba su lugar en el *Debir* o santísimo (1 Re 8,6). A esta primera redacción debió seguirse una segunda antes del reinado de Joaquín (609-598), ya que no se alude para nada al profeta Jeremías. La tercera y última redacción se sitúa después del año 562, en plena cautividad (2 Re 25,22-30). El exilio sirve a los israelitas para tomar conciencia de su infidelidad y de la justicia de los castigos recibidos, todo ello como prueba de un Dios que, además de misericordioso, es justo.

Contenido

A efectos didácticos puede dividirse en tres partes:

1. *Historia de Salomón* (1Re 1-11). Tras una breve introducción (1-2) en la que se narran los últimos días de David y la sucesión en el trono de su hijo Salomón, el autor sagrado centra su atención en Salomón. Se sirve de una especie de tríptico para enumerar sus excelencias: su pujante *sabiduría*, reconocida por todos los reyes vecinos; su *magnificencia*, puesta de relieve en las grandes obras que emprende; su enorme *riqueza,* patente a los ojos de todos (3-10). A este esplendor innegable del reinado de Salomón acompañan por contraste las sombras de su débil carácter. Influido por mujeres extranjeras, claudica y condesciende con sus dioses, Moloc y Astarté, a los que llega a dar culto (1 Re 11,5). Tal infidelidad traería graves consecuencias para Israel[8].

8. Véase S. Garófalo, *Il libro dei Re*, Torino 1951, pp. 28-105; A. Rolla, *Diccionario bíblico,* Barcelona 1970, pp. 545-546.

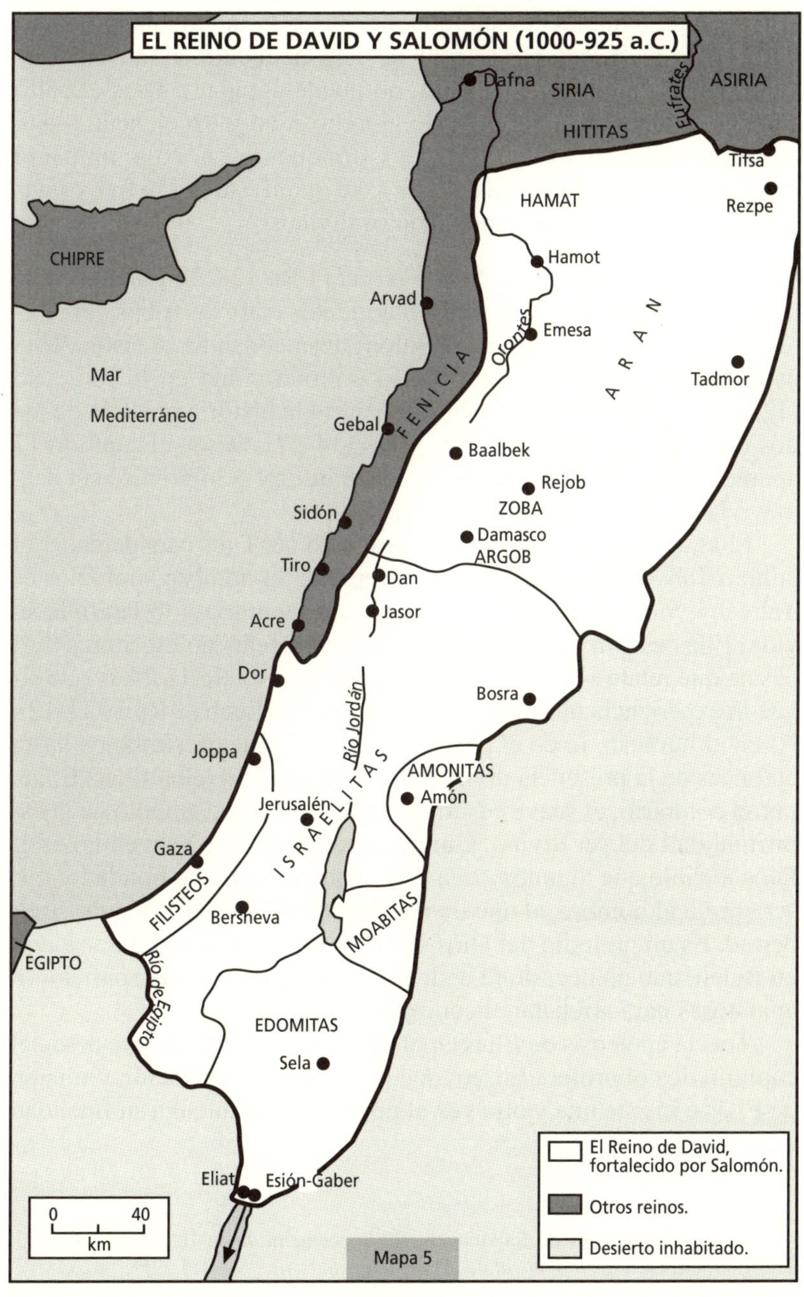
EL REINO DE DAVID Y SALOMÓN (1000-925 a.C.)
Dafna
SIRIA
Eufrates
ASIRIA
HITITAS
Tifsa
HAMAT
Rezpe
CHIPRE
Hamot
Arvad
Orontes
Emesa
A R A N
FENICIA
Tadmor
Mar
Mediterráneo
Gebal
Baalbek
Rejob
ZOBA
Sidón
Damasco
ARGOB
Tiro
Dan
Jasor
Acre
Dor
Bosra
Río Jordán
Joppa
ISRAELITAS
AMONITAS
Amón
Jerusalén
Gaza
FILISTEOS
Bersheva
MOABITAS
EGIPTO
Río de Egipto
EDOMITAS
Sela
Eliat
Esión-Gaber
0
40
km
Mapa 5
El Reino de David, fortalecido por Salomón.
Otros reinos.
Desierto inhabitado.

El empuje inicial de Salomón, así como su indudable inteligencia y valor, palidecen por su falta de celo en el culto a Yahvéh. Y es que, como comenta san Agustín, no puede agradar a Dios el culto exterior, aunque se acompañe de grandiosidad y excelencia, y aun de suntuosidad en vasos sagrados y ornamentos, si no lo anima el culto interior, que procede de la fe y se manifiesta en la fiel y puntual observancia de los mandamientos divinos.

2. *División del reino: Judá e Israel (*1 Re 12-22*).* Latentes desde los tiempos de David los enfrentamientos entre las tribus del Norte y las del Sur, a la muerte de Salomón se consuma el cisma. Una escisión que será total, tanto en lo político como en lo religioso (12-13*).* A partir de esta división, se narra la historia paralela de los dos reinos y de cada uno de sus reyes (14-22*).* Desde el capítulo 17 aparece el profeta Elías, quien lleno de ardor y celo predica sin desmayo la estricta fidelidad a Yahvéh.

Elías aparece de improviso. Es enviado por Dios para defender el culto a Yahvéh frente a la idolatría fenicia. Su nombre, «mi Dios es Yahvéh», viene a marcar el programa que seguiría a lo largo de su vida. Elías es, sin duda, el mayor de los profetas no escritores[9]. Al pasaje que relata su reto a los profetas de Baal (1 Re 18,24 ss.), le sigue la experiencia tan singular que vive en el Horeb (1 Re 19,11-12). Ni en el huracán, ni en el terremoto, ni en el fuego, símbolos hasta entonces de la presencia divina, se manifiesta Yahvéh a Elías. Elige, por el contrario, el suave susurro de una brisa fina, símbolo de la espiritualidad del ser divino. Quiere hacerle ver que Yahvéh no es el Dios terrible que algunos creían, sino que muestra su bondad y misericordia al hombre, al que llama sin imponerse, sin violentar su libertad. Es un preludio del Dios-Niño que, pasado el tiempo, nacería en Belén, que no necesitará de legiones de ángeles ni de apariciones aparatosas para arrebatar el corazón del hombre.

Tras la apoteosis de Elías en el Carmelo, entra en escena desde el capítulo dos el profeta Eliseo, que continúa la predicación y misión de Elías e insiste una y otra vez al pueblo que mantenga su fidelidad a la Alianza.

9. Vid. Profesores de Salamanca, *Biblia comentada,* t. II, pp. 442-472; C. Tresmontant, *La doctrina moral de los profetas de Israel,* Madrid 1958, pp. 63-212.

3. *Historia de Judá e Israel hasta el destierro (2* Re 1-25*).* Estos capítulos se centran principalmente en las guerras entre los dos reinos hermanos, a la vez que dejan constancia de los ataques que ambos reciben del exterior. Judá se es atacada por Egipto, y el reino del Norte por los arameos. La situación se hace aún más crítica cuando intervienen los asirios: primero en el siglo IX, y con mayor violencia en el siglo VIII. Samaria, capital del reino del Norte, cae en el 722, mientras Judá termina por declararse vasalla de los asirios. A partir de aquí la historia bíblica se centra en Judá, y así prosigue hasta la caída de Jerusalén, el año 587 a.C.

Enseñanza

El autor sagrado, siguiendo la tradición deuteronomista, hace una síntesis doctrinal y teológica de las vicisitudes de Israel, en este período de cuatro siglos, a la luz de la Alianza. Como se recordará, el dogma fundamental y característico del Deuteronomio giraba en torno a dos coordenadas: el *monoteísmo y la unicidad del santuario;* es decir, en la fe en un solo y único Dios, Yahvéh, y en el culto que se le debe en un solo y único santuario, el de Jerusalén. Dos principios que se hacen *unitarios* y son legislados por primera vez al centralizarse el culto y el sacerdocio en un único santuario (Dt 12).

Los reyes, por tanto, serán juzgados en estos libros y condenados por su infidelidad a tales compromisos; es decir, por dar culto a dioses extranjeros contra Yahvéh, el Dios único y verdadero, y erigir santuarios, como los de Betel y Dan en el Norte, en oposición al de Jerusalén. Y no sólo esto. Los reyes serán condenados también si por negligencia no suprimen los «lugares altos», donde se ofrecían holocaustos a Baal contraviniendo el compromiso de la Alianza. Esto explica, por ejemplo, la caída de Samaria primero y luego la de Judá. La culpa no está en Yahvéh, que es siempre fiel a sus promesas, sino en Israel, que no ha cumplido sus compromisos. El juicio divino es aceptado por el pueblo con sumisión, porque «Yahvéh es justo cuando habla y sin reproche cuando juzga» (Sal 51). Todo un canto de reconocimiento y alabanza a la justicia divina. El castigo de Israel no es sino el cumplimiento de lo que en el Deuteronomio se reservaba a quienes incumplían la Alianza (Dt 28,15 ss).

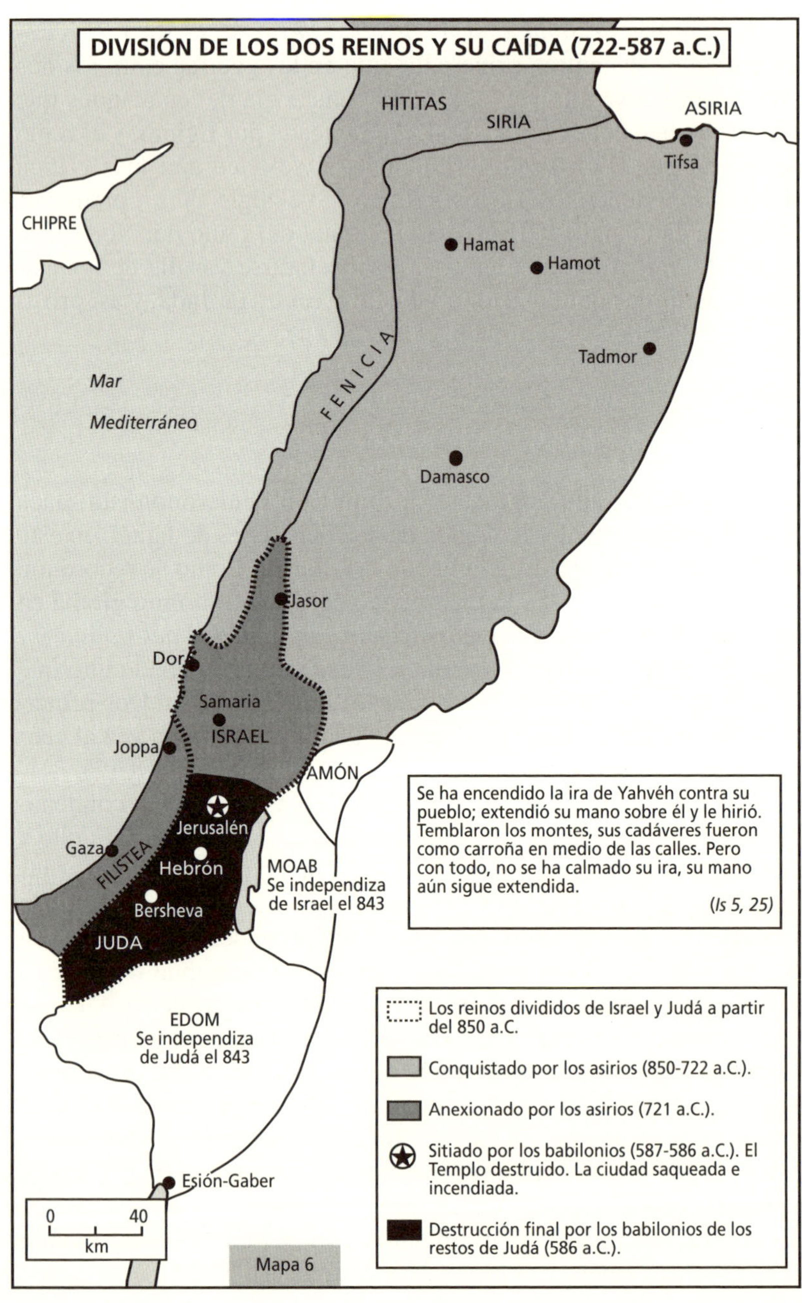
DIVISIÓN DE LOS DOS REINOS Y SU CAÍDA (722-587 a.C.)
HITITAS
SIRIA
ASIRIA
Tifsa
CHIPRE
Hamat
Hamot
FENICIA
Tadmor
Mar
Mediterráneo
Damasco
Jasor
Dor
Samaria
ISRAEL
Joppa
AMÓN
Jerusalén
Gaza
FILISTEA
Hebrón
MOAB
Se independiza
de Israel el 843
Bersheva
JUDA
EDOM
Se independiza
de Judá el 843
Esión-Gaber
0 40
km
Mapa 6
Se ha encendido la ira de Yahvéh contra su pueblo; extendió su mano sobre él y le hirió. Temblaron los montes, sus cadáveres fueron como carroña en medio de las calles. Pero con todo, no se ha calmado su ira, su mano aún sigue extendida.
(Is 5, 25)
Los reinos divididos de Israel y Judá a partir del 850 a.C.
Conquistado por los asirios (850-722 a.C.).
Anexionado por los asirios (721 a.C.).
Sitiado por los babilonios (587-586 a.C.). El Templo destruido. La ciudad saqueada e incendiada.
Destrucción final por los babilonios de los restos de Judá (586 a.C.).

A pesar de la tristeza de fondo que embargaba a los supervivientes de la catástrofe, se quiere levantar su moral y llenarlos de esperanza; para lo cual se recuerda lo anunciado por el profeta Natán sobre la permanencia eterna de la dinastía davídica (2 Sam 7). Esperanza que, al final del segundo libro, se hará más patente: en pleno desierto, el rey de Babilonia concede a Joaquín, rey de Judá, la gracia del perdón (2 Re 25,27-30). El resto del pueblo que ha permanecido fiel comprende que «la palabra de Dios es siempre eficaz y nunca queda vacía» (Dt 32,47). Porque Dios, en efecto, cumple todo lo que promete (1 Re 2,4; 2 Re 10,10).

Junto al importante contenido teológico de estos libros, es extraordinaria también la consistencia de los datos históricos que le sirven de soporte. Los descubrimientos arqueológicos en Medio Oriente confirman lo bien fundamentada que está la información geográfica, cultural e histórica de estos libros. Lo refleja, entre otros documentos, la lista de ciudades conquistadas por el faraón Sesonq I, esculpida en un muro del templo de Amón en Karnak (1 Re 14,25-28); el monolito de Salmanasar III, que conmemora la victoria conseguida por este rey en la batalla de Karkar sobre varios reyes siro-palestinos, en la que participó Ajab con 2.000 carros y 10.000 infantes (1 Re 20,34); el obelisco negro, que representa a Jehú o a un representante suyo postrado ante Salmanasar y que enumera los distintos objetos pagados por el hijo de Omri como tributo; el prisma de Taylor y los bajorrelieves del palacio de Senaquerib en Nínive, en los que se hace alusión a las campañas de Senaquerib contra Judá (2 Re 18,13-19,37). Y ya dentro de Palestina, se tienen los testimonios de la estela de Mesa, la inscripción de Siloé, los«ostraca» de Lakis y Samaria, así como muchas otras ciudades que con sus hallazgos confirman la veracidad del texto sagrado[10].

10. La estela de mesa fue hallada el año 1868 en Diban (Transjordania) y se conserva en el Museo del Louvre.

6. Las Crónicas
La «historia de los tiempos»

Entre los libros históricos del Antiguo Testamento hay un segundo grupo que reitera y amplía la historia sagrada relatada desde Josué hasta el final de Reyes. Lo componen los dos libros de Crónicas, Esdrás y Nehemías. Como sucediera con Samuel y Reyes, los dos libros de Crónicas formaban al comienzo una sola obra. Su división en dos aparece con la versión griega de los LXX, la misma que siguieron más tarde la Vulgata y después las demás versiones de la Biblia, incluida la hebrea.

El nombre de Crónicas se lo dio san Jerónimo, que llamó a estos libros «Crónica de las Crónicas». Los hebreos siguen denominándolos *Dibrê hayyamim* (= historia de los días o anales), y los LXX, *Paraleipómena,* por cuanto completan lo que había sido omitido o tratado sólo de paso en los libros de Samuel y Reyes.

El autor inspirado es probablemente un levita de Jerusalén, buen conocedor del Templo y de sus instituciones, por el interés y veneración que manifiesta por ellos. A partir de una serie de materiales previos, se propuso redactar una historia de carácter moral o parenético. Tal vez lo hiciera después de las misiones de Esdras y Nehemías, en torno al 330 a.C., por medio de un género literario llamado midrásico, ordenado a profundizar en los textos antiguos con el fin de extraer de ellos una enseñanza para el presente.

Etapas principales

En sus primeros capítulos y de modo sintético, Crónicas refiere la historia de la salvación a lo largo de un período amplísimo: el que va desde el inicio de la humanidad hasta los días del exilio de Babilonia. El autor sagrado, a quien se denomina el Cronista, desarrolla esta larga historia en cuatro etapas sucesivas:

1. *Hasta David* (1 Cron 1-9). Contienen estos capítulos un resumen de la historia sagrada, desde Adán hasta David. Aparecen largas listas genealógicas de cada una de las tribus, aunque se pone espe-

cial atención en la tribu de Judá y en la descendencia de David, así como en los levitas y en los habitantes de Jerusalén.

2. *Historia de David* (10-29). Narran estos capítulos la elección de David como rey; la conquista y elección de Jerusalén como capital del reino; la instalación del arca en la ciudad santa y la organización del culto, así como los preparativos para la construcción del Templo. Se omiten, sin embargo, las desavenencias entre Saúl y David y las relaciones de éste con Betsabé, mientras se da relieve a la profecía de Natán. Éstas son sus palabras:

> «Cuando se cumplan tus días y vayas a reunirte con tus padres, mantendré tu descendencia después de ti a través de uno de tus hijos, sobre el cual afirmaré el reino. Este será quien me edifique una casa, y yo mantendré su trono para siempre. Seré padre para él y él será para mí un hijo; no retiraré de él mi favor como lo retiré de su antecesor. Lo mantendré siempre en mi casa y en mi reino, y su trono será firme eternamente» (1 Cron 17,11-14).

3. *Historia de Salomón* (2 Cron 1-9). Ya en el segundo libro, se centran estos capítulos en la persona de Salomón, sucesor de David en el reino. Se detienen en los comienzos de las obras para la construcción del Templo y su terminación, así como en la oración del rey ante la asamblea de Israel congregada en Jerusalén el día de su dedicación. Termina narrando las promesas con que Dios corresponde a su pueblo:

> «Si mi pueblo, sobre el que es invocado mi nombre, se humilla, suplica, busca mi rostro y se convierte de su mala conducta, yo lo escucharé desde los cielos, perdonaré sus pecados y le restituiré su tierra. En adelante mis ojos estarán abiertos y mis oídos atentos a las plegarias hechas en este lugar. Yo he elegido y consagrado esta casa para que en ella habite eternamente mi nombre y en ella estén fijos para siempre mis ojos y mi corazón» (2 Cron 7,14-16).

4. *Reformas religiosas y destierro* (10-36). Desde el cisma samaritano*, todo el interés se centra en el reino de Judá y en los distintos reyes que se suceden, todos ellos de la dinastía davídica. Estos reyes son juzgados a la luz de los principios de la alianza del Sinaí. El desorden y la anarquía son contrarrestados por las reformas religiosas, entre las que destacan por su profundidad las de Ezequías y

Josías[11]. A la piedad de este último rey le siguen la ceguera e impiedad de unos reyes que acabarán llevando a Judá a su ruina. El libro concluye con la secuencia histórica de la caída de Jerusalén, el destierro a Babilonia y, finalmente, el edicto de retorno de Ciro, rey de Persia.

Lección religiosa

Estos libros de Crónicas no pretenden transmitir un compendio de la historia de la salvación, ni siquiera un suplemento de la misma tal como el nombre griego podría sugerir. El Cronista, con una preocupación más teológica que histórica, parece proponerse dos objetivos: primero señalar que cada una de las tribus, tras el exilio, debía volver a entrar en posesión de sus tierras, según la primitiva distribución hecha por Josué. De ahí su especial interés por describir con detalle las genealogías de los Patriarcas, así como su insistencia en señalar con precisión las ciudades por ellos habitadas y los territorios que pertenecían a cada una de las familias.

Un segundo objetivo era dejar constancia del restablecimiento del culto, ausente durante el largo tiempo del exilio. Aunque la tribu de Leví aparece revestida de un especial honor, subraya no obstante que la santidad que pide Dios no se refiere sólo a quienes por su ministerio debían dedicarse al culto divino, sino a todo el pueblo, llamado a ser santo con la misma urgencia que los levitas; y esto mediante la participación en los sacrificios, que ahora van a recuperar su antiguo valor.

A partir de aquí deja constancia de otro hecho: al «resto fiel», que tras el destierro ha formado la nueva comunidad santa de Israel, lo ve –en perspectiva histórica– llamado a abrirse a todos los pueblos, sin enquistarse en un grupo étnico o religioso circunscrito a los estrechos límites de Judá. Considera idealmente a las doce tribus reunidas de nuevo para formar el «nuevo Israel». A este nuevo Pueblo tendrán acceso también los paganos, a quienes invita a orar en el Templo de Jerusalén.

11. Existe una estrecha relación entre la reforma de Josías y la aparición del movimiento deuteronómico en su tiempo.

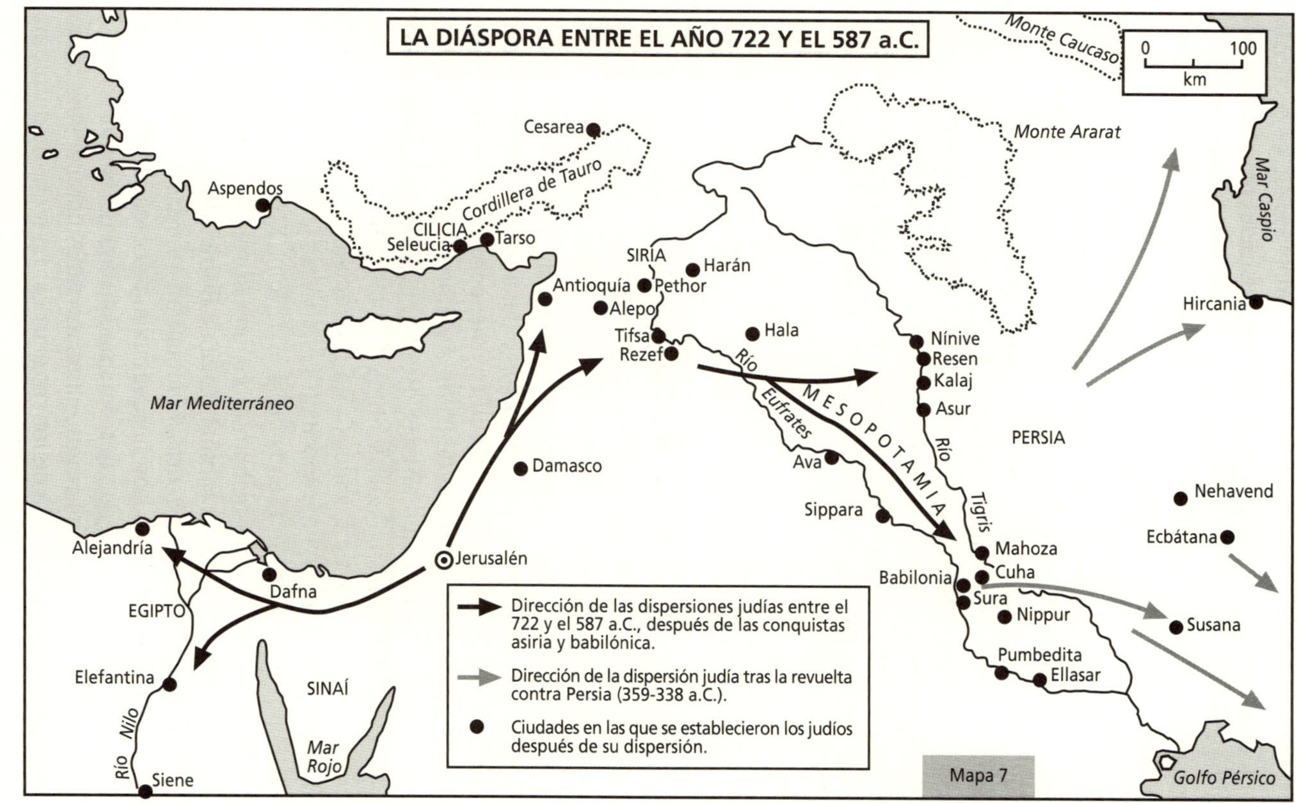
LA DIÁSPORA ENTRE EL AÑO 722 Y EL 587 a.C.
Monte Caucaso
0 100
km
Cesarea
Monte Ararat
Mar Caspio
Aspendos
Cordillera de Tauro
CILICIA
Seleucia
Tarso
SIRIA
Harán
Antioquía
Pethor
Alepo
Hircania
Tifsa
Rezef
Hala
Nínive
Resen
Kalaj
Asur
Río
Eufrates
MESOPOTAMIA
Mar Mediterráneo
PERSIA
Río
Tigris
Damasco
Ava
Sippara
Nehavend
Ecbátana
Mahoza
Cuha
Alejandría
Jerusalén
Babilonia
Sura
Nippur
Dafna
EGIPTO
Susana
Pumbedita
Ellasar
Elefantina
SINAÍ
Río Nilo
Mar Rojo
Siene
Golfo Pérsico
Dirección de las dispersiones judías entre el 722 y el 587 a.C., después de las conquistas asiria y babilónica.
Dirección de la dispersión judía tras la revuelta contra Persia (359-338 a.C.).
Ciudades en las que se establecieron los judíos después de su dispersión.
Mapa 7

El Cronista, que escribe para sus contemporáneos, les recuerda la lección del exilio; es decir, que la vida de Israel, como nación, va a depender de su fidelidad a la alianza del Sinaí. Y lo concreta en la puntual obediencia a la Ley y en la regularidad del culto como expresión de auténtica piedad.

La óptica teológica desde la que el Cronista enjuicia la historia de Israel pone de relieve dos cosas: la primacía de lo espiritual y la intervención divina en la historia.

Con este horizonte religioso de fondo, puede sacarse provecho de la lectura de estos libros sagrados. Exigirá, no obstante, un cierto esfuerzo, sobre todo en los primeros capítulos, por la profusión de listas genealógicas y la oscuridad de algunos pasajes. Estos se clarifican desde la perspectiva última que da luz a cada uno de estos libros del Antiguo Testamento: la promesa mesiánica de salvación, con el envío de un Salvador, descendiente de la Casa de David.

7. Esdras y Nehemías

Restauración civil y religiosa

Se reanuda en estos libros el hilo de la historia del pueblo israelita tras el cautiverio de Babilonia, justo cuando Ciro, rey de Persia, proclama en el año 538 a.C. un edicto que permite a los judíos* regresar a Jerusalén. El título de estos dos libros está tomado de sus protagonistas principales: Esdras, escriba, y Nehemías, gobernador del rey de los persas. Ambos libros forman una unidad literaria, como continuación de Crónicas. Así fue reconocido por la antigua Biblia hebrea, que los agrupó bajo la denominación de «Libro de Esdras», como hizo también la versión de los LXX. La Vulgata, en cambio, dividió Esdras-Nehemías en dos libros, división que fue aceptada más tarde por la Biblia hebrea de Daniel Bomberg (1517).

Aunque atribuidos a Esdras y Nehemías, la redacción definitiva de estos libros, tal como hoy la poseemos, es de un redactor posterior, tal vez el Cronista, que debió recopilar algunas memorias existentes de Esdras y de Nehemías, junto con otros documentos como la lista de reyes persas o la de los repatriados. La fecha de redacción de estos libros podría fijarse, por tanto, en tiempos de la dominación griega, hacia mediados del siglo IV a.C. Entre otras cosas porque la lista de los sumos sacerdotes que aparece en Neh 12,11 termina con el sacerdote Jadúa. Y, según testimonio de Flavio Josefo, este sacerdote fue contemporáneo de Darío III Codomano (336-330)[12].

Marco histórico

Sin pretender ser una historia lineal, estos libros relatan acontecimientos importantes sucedidos a raíz del decreto de Ciro y de la segunda misión de Nehemías. Aunque la historia de este período no es completa, queda bien reflejado, sin embargo, el argumento de fondo: la reorganización religiosa de Israel tras el destierro.

Ciro autoriza el retorno a Jerusalén y la reconstrucción del Templo tras la invasión de Nabucodonosor, porque –según Flavio Josefo– los judíos le mostraron el texto de la profecía de Isaías (Is 44,28; 45,1) en el que aparecía su nombre. Tan impresionado quedó el rey, que inmediatamente promulga el decreto de libertad de los israelitas. Dios, para salvar a su pueblo, se sirve en esta ocasión del respeto que los persas mostraban hacia los «dioses del cielo».

Tan pronto como los judíos llegan a Jerusalén, comienzan las obras de reconstrucción del Templo. Pero han de interrumpirlas a causa de la férrea oposición de los samaritanos. Éstos habían reaccionado con gran enfado al no permitírseles participar en los trabajos. Las obras ahora paralizadas ya no se reanudarán hasta el 520 con Darío I, para concluirse cuatro años después gracias a la intervención de Zorobabel y a las apremiantes invitaciones de los profetas Ageo y Zacarías (Esd 6, 14). A su conclusión tiene lugar la Dedicación del Templo (Esd 6,16,18) y la celebración de la Pascua (Esd 6,19-22). Aún les quedaba por levantar las murallas de Jerusalén, pero habrían de esperar aún por la pertinaz oposición de los samaritanos.

12. Vid. A. Gelin, *Le livre d'Esdras et Néhémie*, 2.ª ed., París 1960; A. Fernández, *Comentario a los libros de Esdras y Nehemías*, Madrid 1950.

Aplicación de la ley mosaica

En este tiempo, Esdras, un escriba* versado en la Ley y encargado de los asuntos judíos en la corte persa, recibe autorización del rey para viajar a Jerusalén. Llega en una de las caravanas judías. El decreto recibido del rey Artajerjes (probablemente se trate de Artajerjes II, que reinó del 405 al 358 a.C.) le facultaba para restablecer en la comunidad judía retornada la ley mosaica, la cual debía ser reconocida también como ley real. Al llegar al río Ahavá, no identificado, la comitiva determina celebrar un ayuno con el fin de implorar de Dios ayuda y protección (Esd 8,21).

Al entrar en Jerusalén, Esdras presenta sus credenciales y se propone aplicar la ley mosaica. Es probable que llegara con posterioridad a Nehemías, ya que para nada se habla del deplorable estado que mostraba al llegar aquél. No obstante, Esdras ha de tomar severas medidas al comprobar que bastantes judíos habían contraído matrimonios con mujeres extranjeras [13]. El pueblo, reunido en asamblea, reconoce su pecado, se arrepiente y se muestra dispuesto a repudiar a sus mujeres [14]. Tan sólo unos cuantos se resisten.

Misión de Nehemías

No es clara la cronología, pero se supone que Nehemías, gobernador del rey Artajerjes I (465-424 a.C.), llegó a Jerusalén como hemos dicho antes que Esdras. Nombrado por el rey persa gobernador de Jerusalén, asumió el cargo con gran responsabilidad; puso en orden los asuntos civiles y corrigió con autoridad las costumbres depravadas del pueblo. Años después, en su segundo viaje, traía permiso para levantar las murallas de Jerusalén y reedificar la ciudad. Aunque aún permanecía viva la oposición de los samaritanos, las

13. Estos matrimonios fueron prohibidos para prevenir el peligro de idolatría en el pueblo de Israel (Ex 34,16; Dt 7,3-4). Peligro que se acentuó cuando al regresar del exilio, los repatriados –en su mayoría varones– se encontraron en Judá con un gran número de mujeres ajenas a su religión.

14. Al anularse estos matrimonios, los hijos corrían la misma suerte que la madre, aunque es muy probable que a ambos les siguiera sustentando el padre.

obras pudieron iniciarse y se concluyeron sin mayores inconvenientes, lo cual facilitó la rápida repoblación de Jerusalén.

Nehemías consigue, además, que los levitas participen en justa proporción en la distribución de los diezmos, de paso que pone los medios para que los judíos vivan la ley sabática; de otra parte, reprende y castiga a los que aún mantenían a mujeres extranjeras en sus casas (13,4-31).

Una vez concluida su misión, Nehemías se dirige a Dios y le pide que se acuerde de él, porque todo lo que ha realizado ha sido para su gloria y sólo en Él ha puesto su confianza.

Enseñanza religiosa

Los libros de Esdras y Nehemías aportan datos de gran valor para la comprensión de la restauración civil y religiosa del pueblo judío tras el destierro. La patria que ahora les acogía no era ya independiente políticamente, sino que se encontraba sometida al imperio persa. Los israelitas habían regresado a una tierra que ciertamente era la suya, pero en la que ya no gozaban de autonomía política. La única propiedad que les quedaba, como tesoro inalienable, era la Ley de Yahvéh, su Dios. Tenían conciencia, avivada en los ratos de oración en Babilonia, de que constituían el «resto» del pueblo fiel, los supervivientes que recogían las calamidades e infidelidades acumuladas por sus antepasados. Ahora eran ellos los llamados a reconstruir las líneas maestras del pueblo de Dios, los encargados de llevar adelante la restauración religiosa tantas veces alentada por los Profetas. En esta ocasión es el escriba Esdras el encargado de recordarles la alianza que tienen con Yahvéh, exhortándoles a una fidelidad más plena.

Esto hará que se imponga en el pueblo un nuevo modo de vida, más auténtico y religioso. Poco a poco irán captando el sentido de su elección divina y la correspondencia fiel que Dios les pide. La santidad de vida, la pureza de costumbres y el recurso a Dios comienza a verse como lo más importante, quedando como secundarios los deseos de independencia política.

Es en este clima, netamente espiritual, donde surgen o se afianzan una serie de instituciones de carácter religioso, algunas iniciadas en los años del exilio, y que tanto favorecerían desde entonces el estudio y la meditación de la Ley. Entre ellas cabe destacar la Sinagoga*, donde se leía y comentaba la Ley, y en la que los escribas se consagraban a su estudio y enseñanza. Surgieron otras, como el Sanedrín*, que a su carácter religioso unió una actividad de tipo civil: la administración de justicia, que con el tiempo pasó a ser de su exclusiva competencia.

8. Tobías
Historia de una familia

Junto con los libros de Judit y Ester, el de Tobías forma parte de un pequeño grupo que las versiones griega y latina colocan después de Esdras y Nehemías. Su nombre lo recibe de sus dos protagonistas principales, padre e hijo, a quienes los LXX llaman para distinguirlos Tobit (al padre) y Tobías (al hijo), forma abreviada del nombre hebreo *tobîyyahû* (= Dios es bueno).

El libro que poseemos depende de un original semítico que se perdió. Para hacer su versión latina san Jerónimo se sirvió de un texto caldeo (arameo), que tampoco existe. Tras los descubrimientos de Qumrán [15], se conocen algunos fragmentos hebreos y arameos de este libro. Sin embargo, hasta nosotros sólo ha llegado completa la versión griega de los LXX en cuatro recensiones distintas, divididas a su vez en dos grupos: los manuscritos Vaticano (B) y Alejandrino

15. Son importantes los documentos descubiertos entre 1947 y 1953 en las grutas de Khirbet Qumrán y Wadi Murabbaat. El primero de ellos se encontró por casualidad, cuando un grupo de beduinos dio con una pequeña cueva situada a 12 km de Jericó, a 2 km al oeste del mar Muerto y 4 km de los manantiales de Ain el-Feshkha. Entre los documentos que se hallaron merecen especial atención el rollo completo de Isaías, el comentario a Habacuc y el manual de Disciplina, datados todos ellos hacia los siglos II-I a.C., junto con otros fragmentos de la misma fecha, entre los que se encuentra uno de Tobías (Vid. A. González Madrid, *Los descubrimientos del Mar Muerto*, Madrid 1973; F. SenMontero, *Manuscritos de Qumrán, Voz* Qumrán de Gran Enciclopedia Rialp, t.19, pp. 579-584; F. García, *Textos de Qumrán*, Madrid 1992; VV.AA., *Los manuscritos del Mar Muerto*, Ed. Almendro, Córdoba 1994).

(A), de una parte, y de otra el códice Sinaítico (siglos IV-V d.C.) y la *Vetus latina* (siglo X d.C.).

Composición y argumento

El texto griego de Tobías fue recibido desde el principio por la Iglesia católica. Judíos y protestantes, aunque lo leen con respeto, no lo aceptan como canónico. En cambio, a partir del Sínodo romano del año 382 figura entre los libros canónicos en Occidente, y desde el concilio de Constantinopla (año 692) en Oriente.

El autor pudo ser un judío de la Diáspora*, que escribió el libro en Egipto, quizá en arameo, entre los siglos IV y el III a.C. Las palabras del ángel al final de su misión (12,20), o el hecho de que los tres primeros capítulos estén escritos en primera persona parecen indicar un género literario semejante al del libro de la Sabiduría. Hoy no preocupa demasiado su historicidad, convencidos de que se trata de un relato histórico-religioso novelado, compuesto con el fin de animar a los judíos de la diáspora y exhortarlos a confiar en Dios.

No obstante, cuanto se relata en el libro de Tobías forma parte de una historia familiar. De ahí que se presente la genealogía de sus personajes principales y se precise hasta el detalle el marco geográfico y la cronología; todo ello encuadrado, como decimos, en un artificio literario que sirve de base a la enseñanza moral que quiere transmitir.

Tobit, uno de los deportados de la tribu de Neftalí en Nínive, hombre piadoso y en extremo caritativo, consigue ganarse la confianza del rey Salmanasar. Pero sus obras de misericordia, sus abundantes limosnas y su exquisita piedad para con los muertos terminan por provocar la ira del rey. Comienzan entonces para Tobit las penalidades y sufrimientos. Queda ciego y experimenta en sí y en los suyos el zarpazo de la indigencia, el abandono de los amigos y hasta los reproches de su mujer[16]. En uno de los momentos de máxima

16. A pesar de esto, no se entristece Tobit; al contrario, da gracias a Dios por ver un favor que permanecía oculto para los demás. A las burlas y reproches de sus parientes, responde: «No habléis así, porque hijos de santos somos, y esperamos

turbación, pide a Dios que le saque de este mundo porque ya nada tiene que hacer[17].

Mientras esto le sucedía a Tobit, su pariente Ragüel, en Ecbátana, está abatida porque su hija Sara ha sido injuriada por una de sus criadas. Sara se había casado con siete hombres, pero todos murieron la noche de bodas. La criada pensaba que estaba sometida al demonio Asmodeo. Al igual que Tobit, Sara se siente compungida y pide a Dios que le libre de esta vida. Pero Dios escucha las oraciones de ambos y viene en su ayuda. La aparente desgracia de estas dos personas se va a convertir, por gracia de Dios, en una gran alegría.

Dios envía a su ángel* Rafael, bajo el nombre de Azarías, para que acompañe y dirija a Tobías, hijo de Tobit, a casa de Ragüel. Era ésta una etapa intermedia en el viaje que tenía como meta final Ragués, donde Tobías debía recuperar un dinero que había dejado su padre en depósito a Gabael. Iniciado el viaje, el ángel lo libra de la mordedura de un pez. Por indicación del ángel, Tobías guarda la hiel, el corazón y el hígado, que le servirán para alejar de Sara al demonio y para curar la ceguera de su padre. Poco después de llegar a Ecbatana, donde vivía Sara, el ángel le invita a casarse con Sara, por ser su pariente más próximo. Tobías teme, por miedo a verse atacado por el demonio; pero el ángel le dice lo que ha de hacer para ahuyentarlo. Todo sucede tal como el ángel le indica. Tobías se casa con Sara y ésta queda libre de las influencias demoníacas. El mismo ángel va a Ragués, enviado por Tobías, para recuperar el dinero de su padre. Tobías, Rafael y Sara vuelven a Nínive, donde milagrosamente Tobit recupera la vista gracias a la hiel del pez que Tobías aplica a sus ojos. Tobit bendice a su nuera Sara y el ángel Rafael descubre su verdadera identidad. Pasado el tiempo, Tobías y Sara, tras la muerte de la madre de ella, se trasladan a Media siguiendo los consejos de Tobit, que conocía las profecías sobre la destrucción de Nínive.

aquella vida que ha de dar Dios a aquellos que nunca mudan de Él su fe» (Tob 2, 12-18 Vg).

17. Si Tobit se desea la muerte no es por desesperanza, sino para gozar de la «eterna morada». En todo caso, Tobit se somete a la voluntad de Dios, a sabiendas de que le dará lo que más le conviene.

Enseñanza

La idea predominante del libro es que Dios sale en defensa del justo, a quien siempre protege si acude a Él con confianza. Este libro ofrece un cúmulo de enseñanzas muy útiles para formar la conciencia del hombre y animarle a practicar las virtudes. Habla de que Dios ofrece su concurso por medio de los ángeles, que actúan como protectores de los hombres.

Tal forma de actuar de Dios puede pasar inadvertida, como le ocurrió a esta familia. Su acción sólo es perceptible a través de las circunstancias que Dios aprovecha para entrar en contacto con el hombre: en este caso son las desgracias de Tobit y Sara. El texto sagrado hace ver que tanto la ceguera de Tobit como la muerte de los maridos de Sara son hechos previstos por Dios y ordenados en última instancia al bien de los que le buscan. Él, en su providencia, mueve los hilos de la historia, no sólo a nivel de pueblos o comunidades, sino también de personas e individuos. Dios no pide que se entiendan las causas últimas de los males que aquejan al hombre; lo único que quiere es que se recurra a Él sin perder jamás la esperanza. Ante la queja o cualquier tipo de egoísmo, Dios empuja a la generosidad y a servir al prójimo[18], es decir, a las obras de misericordia: dar limosna[19] y enterrar a los muertos, como hacía Tobit.

Por tanto, aquello que se considera una contrariedad, o peor aún, una maldición, si se acepta y quiere como venida de Dios, antes o después se convertirá en objeto de bendición: la escasez en prosperidad, lo negativo en positivo, el dolor en alegría, con tal de que se descubra detrás de cada acontecimiento, por negativo que sea, la providencia de Dios. Al final, como en el caso de Tobit, se experimentará que Dios es un Padre que nunca abandona; más aún, que vela noche y día por la felicidad de sus hijos.

18. Jesucristo formula el amor al prójimo de modo positivo: «Tratad a los hombres del mismo modo que deseáis que ellos os traten a vosotros» (Lc 6,31). La fórmula judía se conforma con no ofender; la cristiana acentúa el ejercicio de la caridad, que lleva a amar a todos sin distinción, tanto amigos como enemigos.

19. La limosna, afirma el texto sagrado (4,10), libra de la muerte eterna. Pues cuando se hace por amor a Dios y al prójimo, es fuente de mérito sobrenatural y permite al hombre ganar el cielo.

9. Judit

Historia de una victoria

Como el libro de Tobías, éste de Judit tampoco tiene un texto original seguro; fue escrito en una lengua semita, hebrea o aramea, que pronto se perdió. Sólo se conservan algunos textos griegos y latinos que mutuamente se complementan y ayudan a solucionar algunas de las dificultades de la narración. San Jerónimo hizo una elaboración abreviada sobre un texto arameo –una quinta parte del texto griego–, versión que ha sido corregida y ampliada por la Neovulgata.

Se desconoce al autor del libro, aunque parece escrito por un judío tras el destierro, hacia la segunda mitad del siglo II a.C., época de la persecución de Antíoco IV y de la revolución macabea. El libro presenta una Palestina ya ampliamente habitada, y el Templo y sus ceremonias restablecidas y en completo servicio.

Este libro fue excluido del canon hebreo desde finales del siglo I d.C. por una arbitrariedad de los fariseos. Tampoco lo reconocen los protestantes. La Iglesia católica reconoció su origen divino desde el principio, atestiguado por los Santos Padres que lo citaron con frecuencia. Los concilios de Nicea (325), Hipona (393) y Cartago (397) lo incluyeron entre las Escrituras Sagradas, y desde Trento figura en el canon de los libros sagrados.

Composición

Se trata de la narración libre de un hecho histórico con intencionalidad didáctico-parenética. De esta opinión son, entre otros, Miller, Sonbigon y Vaccari. Se explica así, por ejemplo, que se llame a Nabucodonosor (604-562 a.C.) rey de Nínive, cuando esta ciudad había sido destruida el año 612 a.C. Por otro lado, nos encontramos tras el regreso de la cautividad y de la reconstrucción del Templo (4,3-13; 5,18). No hay señales de idolatría (8,18) y está en vigor la plena observancia de la Ley (12,2-9). Todo induce a pensar –dice A. Vaccari– que el autor sagrado, por alguna razón de simbolismo, quiso dar nombres ficticios a los lugares y a las personas. A sus coetáneos debía resultarles fácil entenderlo, tanto como a nosotros difícil comprender lo que se oculta bajo el velo de aquellos nombres[20].

Conservando, por tanto, el texto un núcleo histórico original, el redactor lo ha ampliado sin preocupación por el rigor histórico, con el exclusivo fin de proporcionar una importante enseñanza moral. Ésta podría resumirse en una frase: que la fidelidad a Yahvéh salva a Israel de todo peligro (8,11-27; 16,1-7).

Relato de los hechos

Las dificultades se presentaron para el diezmado pueblo judío cuando Holofernes, presentado como general de Nabucodonosor, llega a la llanura del Esdrelón, tras someter a su dominio las ciudades del litoral fenicio y palestino. Llegaba con la intención de destruir el culto sagrado que se opusiera a las aspiraciones casi divinas de Nabucodonosor. Al enterarse los judíos, lejos de amedrentarse se preparan a toda prisa para hacerle frente, conscientes de contar con muy pocos recursos. La noticia de los preparativos de la defensa judía la recibe entre impresionado, disgustado y enfurecido Holofernes, justo cuando se encuentra en pleno consejo de guerra; se la da el ammonita Aquior, quien le aconseja prudencia, porque cuando Israel es fiel a su Dios –le dice– nada teme (5,1-21).

En efecto, los judíos están sitiados en Betulia[21]. El ejército asirio llega a cortar los manantiales que abastecen de agua a la ciudad. Los momentos que pasan son trágicos, la situación se hace insostenible. Ante tal acoso, deciden entregarse si en el plazo de cinco días no reciben ayuda divina (7)[22].

20. Vid. A. Vaccari, *La Sagrada Bibbia,* pp. 303-343.

21. La ciudad de Betulia, escenario central de la narración, no se encuentra citada en ningún otro libro del Antiguo Testamento. Aquí se la considera bastión importante por su situación estratégica, al dominar el paso hacia Judá.

22. Considerando humanamente la situación, la reacción del pueblo es comprensible: rodeados de enemigos, hambrientos y exhaustos, dolidos por los llantos de las mujeres y los niños, no ven otra solución que la de rendirse y pactar con el enemigo.

Es entonces cuando aparece en escena Judit, una joven viuda que a su hermosura[23] unía prudencia, piedad y fortaleza. «No se puede tentar a Dios», recrimina a los jefes del pueblo, quienes por falta de fe estaban dispuestos a ceder ante las quejas de los asediados. Tras recibir la aprobación y bendición de los principales de la ciudad, Judit pone en marcha un plan de lo más audaz y comprometido. Hace oración y se somete a una mortificación austera (9-10); se engalana con sus mejores joyas y se hace acompañar de su sierva; sale de la ciudad y, una vez en el campamento enemigo, es conducida hasta Holofernes. Con fina astucia, Judit logra subyugar y seducir al general con su irresistible hermosura e inteligencia. Después de beber de más en el banquete que había ofrecido a sus oficiales (12), Holofernes cae en profundo sopor. A solas con él, y tras implorar la ayuda divina, Judit corta de dos certeros golpes la cabeza del general (13).

De vuelta en Betulia, Judit muestra como trofeo la cabeza de Holofernes. El pueblo entero rompe en un estallido de alegría, y adora y alaba a Dios admirado por lo que consideran un auténtico milagro, a la par que bendicen y exaltan la arriesgada acción de la heroica Judit. En cuanto los asirios se enteran de la muerte de Holofernes, huyen despavoridos y el campamento se hace presa del saqueo (14-15).

Tras una solemne acción de gracias a Dios por haberles librado de un enemigo tan imponente, se dice que Judit pasó el resto de sus días plenamente feliz, honrada y estimada por su pueblo. Aunque tuvo muchos pretendientes, nunca más se volvió a casar tras la muerte de su marido Manasés. Distribuyó sus bienes entre sus parientes, murió en Betulia y la sepultaron junto a su marido. El pueblo la lloró durante siete días, inmensamente agradecido por lo que había hecho.

23. El texto sagrado (10,4) aclara que la belleza de Judit no nacía de sensualidad sino de virtud. Por esto si el Señor resalta su hermosura es como parte de los planes que se proponía realizar para liberar a su pueblo.

Enseñanza

Dentro de su particular género literario, el libro de Judit está lleno de simbolismos. La ciudad de Betulia, que resiste heroicamente, representa a Israel; Judit, prototipo de mujer judía, personaliza con su hermosura e inteligencia al pueblo entero, por su fe y confianza en Dios; los enemigos están simbolizados en el rey Nabucodonosor y en su general Holofernes, que representan la síntesis perfecta de la potencia del mal y son vencidos por la omnipotencia divina. Así, cuando todo parecía haber llegado a su fin, Dios –fiel a sus promesas– hace surgir de la misma debilidad del pueblo la fortaleza de una mujer como instrumento de la justicia divina. La victoria de Judit representa, por tanto, el justo premio a su oración y a su ejemplar vida de penitencia.

En la estratagema empleada por Judit no parece que se dé una extralimitación de la norma moral, si se tiene en cuenta lo que entonces era admitido como lícito en guerra contra el invasor. «Judit –afirma A. Vaccari– no buscaba, ni siquiera temía, los impuros afectos que podían surgir en el corazón de Holofernes, pues estaba elevada en Dios (13,16-19). Cortando la cabeza de Holofernes sin lesión de su honestidad, alcanzó un doble triunfo, juntamente moral y civil. Por eso la piedad católica ve en Judit una figura de la Inmaculada, que, sin ser afectada del aliento impuro del tentador, aplastó la cabeza de la serpiente infernal».

Este libro exhorta a una atenta vigilancia, por medio de la oración y de las buenas obras. Es la enseñanza que transpira esta historia sencilla, y a veces ingenua, en un trasfondo de perspectiva universal en la que se abarca a los individuos y a las naciones de todos los tiempos. Quizá por esto san Jerónimo propuso a Judit, en el prólogo al libro de Sofonías, como figura de la Iglesia de Jesucristo: sus cualidades personales –hermosura, riqueza, excelente reputación y entrega– representan de alguna manera a la Esposa del Salvador, toda hermosa, sin mancha ni arruga, adornada con la abundancia de sus dones y prerrogativas. La liturgia emplea el texto de Judit 13,31 en la fiesta de Nuestra Señora de Lourdes.

10. Ester

Historia de una liberación

Los hebreos incluyen el libro de Ester entre *los Ketûbîm* (= Escritos), uno de los cinco *meguillôt* o volúmenes que se leían en las fiestas principales judías; éste de Ester, en la fiesta de los *Purim* (= suertes), celebración más popular y profana que religiosa. El nombre primitivo de esta mujer era Hadassa, derivado del hebreo *hadas* (= mirto); mientras en griego y en latín procede de *stella*, de donde el nombre de Ester. Era hija de Abigail, de la tribu de Benjamín, de la casa de Quis. Su familia fue una de las deportadas a Babilonia el 597 a.C. Su pariente Mardoqueo, nacido en el exilio, recibió nombre babilonio, derivado semánticamente del dios Marduk.

Al texto hebreo, en sí mismo bastante completo, añade la versión griega siete capítulos considerados como partes deuterocanónicas, los cuales han sido intercalados en el texto por la Neovulgata, distinguiéndose por la numeración alfabética de sus versículos.

Se desconoce al autor inspirado. Por lo que se refiere al texto griego, se atribuye a un judío familiarizado con la historia y costumbres persas. Debió tener en sus manos los anales persas (2,23;10,2) y los escritos de Mardoqueo (9,20). Los judíos de Palestina celebraban ya en el año 160 a.C. un «día de Mardoqueo» (2 Mac 15,36), de lo que se deduce no sólo que conocían la historia de Ester, sino que con mucha probabilidad su mismo libro. La redacción final de los distintos manuscritos que forman el texto podría situarse a caballo entre los siglos II y I a.C.

Respecto al género literario habría que decir, como ya vimos al hablar del libro de Judit, del que éste depende literariamente, que narra un hecho histórico que los exegetas católicos modernos clasifican como perteneciente al género de narración libre. Lo cual no quiere decir que se confunda la libertad de narración con la falsedad, porque las pruebas de la historicidad del libro están confirmadas por el conocimiento de los usos persas, la detallada descripción del palacio real de Susa, conocido mucho mejor por las recientes excavaciones; todo ello acompañado de una narración viva y detallista, con ausencia de cualquier tipo de anacronismo (A. Vaccari).

El relato

Se desenvuelve éste con la viveza y el interés de un auténtico drama. Mardoqueo tiene un sueño en el que, de forma simbólica, ve el peligro que se cierne sobre su pueblo a la vez que se le asegura su liberación final. Todo comienza cuando al tercer año del reinado de Asuero, éste celebra un suntuoso banquete al que, a pesar de estar invitada, no quiso asistir la reina Vasti. Indignado, el rey la repudia y elige en su lugar a Ester.

Entre tanto, las relaciones entre Mardoqueo, tío de Ester, y Amán, primer ministro de Asuero, se hacen cada vez más tirantes. Amán desprecia al judío, y éste no quiere arrodillarse ante Amán, en gesto de deferencia y respeto muy común en las cortes orientales. Mardoqueo se niega abiertamente a tributar tales honores a Amán alegando motivos religiosos. Ante el peligro en que se encontraba el pueblo judío, esta actitud parece poco prudente. Sólo por un grave temor de ofender a Dios se explica que rehusara lo que él entendía como un acto de adoración humana.

Un día Mardoqueo hace llegar al rey, por medio de Ester, noticia de la conspiración que tramaban dos eunucos para matarle. Contra lo que cabía pensar, Mardoqueo no es recompensado; es más, crece el odio de Amán hacia él y hacia todo el pueblo judío, tanto que concibe un plan siniestro para exterminarlos. En cuanto Mardoqueo se entera de que Amán ha conseguido del rey Asuero un decreto con este fin, pide a Ester que interceda ante el rey y suplique su clemencia. La oración de Mardoqueo primero, y después la de Ester, preparan el camino para la decisión final del rey, quien por inspiración divina cambia de parecer; el patíbulo, que había sido preparado para Mardoqueo, será ocupado por Amán, que inmediatamente es ejecutado.

Muerto Amán, el rey Asuero reconoce la honradez y lealtad de Mardoqueo, elevándolo a la categoría de primer ministro de su reino. A petición suya consigue un decreto por el que se permite a los judíos defenderse de sus enemigos mediante el empleo de las armas. La venganza de los judíos no se hace esperar, y muchos persas, con el consentimiento de Asuero, son pasados a espada.

Enseñanza

Aunque en este libro no se nombra a Dios ni se hace referencia al Templo, ni se menciona ninguna de las instituciones del pueblo judío, sin embargo Dios está siempre presente, cuidando en todo momento de su pueblo. Hace reconocer al rey Asuero la calidad humana de Mardoqueo y la fidelidad de Ester, concediendo por ellos la liberación –desde el principio asegurada– al entero pueblo judío en trance de extinción. Recuerda la historia de Daniel y, de modo particular, la de José, vendido por sus hermanos, oprimido y después exaltado por el Faraón para salvación de su pueblo (cf Gen 37,2 ss). Como ocurriera en el caso de José, también ahora se presentan los hechos sin una referencia expresa a Dios. No obstante, aunque el autor evite nombrarle por escribir para un público pagano, aletea en la narración una fe grande en la providencia divina; sus protagonistas ponen por entero su confianza en quien gobierna y dirige todos los acontecimientos. Por esto oran, hacen penitencia y esperan en la seguridad de ser escuchados (4,3-17).

En la liturgia se utilizan preferentemente los fragmentos griegos del texto, que hacen más explícito lo que el autor sagrado ha dejado entrever. Queda patente la misericordia de Dios, que nunca abandona a su pueblo. En este caso se vale de una mujer, Ester, para mover los hilos de una trama inicialmente adversa al pueblo de Israel. San Jerónimo reconoce en Ester a una figura de la Iglesia: al principio desconocida, pero luego como un pequeño arroyo, crece y se hace río caudaloso hasta fecundar la tierra entera. Las persecuciones que sufre Ester hacen resaltar sus virtudes excepcionales, en un servicio desinteresado y lleno de amor por su pueblo. Por esta razón los Padres de la Iglesia la ensalzaron como paradigma de valentía y audacia, y la liturgia emplea algunos fragmentos del libro de Ester en la misa de los cristianos perseguidos y en la del jueves de la primera semana de Cuaresma.

11. Los libros de los Macabeos
Las guerras judías de liberación

El apelativo macabeo que ha servido de título a estos dos libros fue tomado del sobrenombre de Judas (1 Mac 2,4), tercer hijo de Matatías, héroe de la guerra de independencia judía contra Siria. El significado de macabeo es dudoso y discutido. Lo más probable es que proceda de la palabra hebrea *maqqâbâ* (= martillo), en alusión a la fuerza física de Judas y a sus numerosas hazañas, en las que destacó por su lucha vigorosa contra los enemigos de Israel. De Judas pasó el apelativo a sus cuatro hermanos: Juan, Simón, Eleazar y Jonatán, aunque por extensión se llamó también macabeos a los siete hermanos mártires que aparecen en 2 Mac 7.

Considerados por hebreos y protestantes como deuterocanónicos, estos libros fueron reconocidos por los Santos Padres como inspirados y, más tarde, definidos como canónicos por la Iglesia en el Concilio de Trento (1546).

Composición

Se trata de dos libros diferentes, tanto por proceder de autores distintos como por la lengua en que fueron escritos. El primero se atribuye a un judío de origen palestino, testigo de las hazañas que describe, gran conocedor de los hechos por la exactitud de las fechas, lugares y documentos que refiere, así como por el entusiasmo y defensa que hace de la causa judía. Adversario declarado del helenismo y de los judíos que contemporizaban con él, escribió el libro en hebreo, aunque de él sólo se conserva la traducción griega. El segundo libro procede de un judío alejandrino, seguramente de la secta de los fariseos por su doctrina sobre la resurrección. Lo escribió en griego, reflejándose en él un buen conocimiento de la retórica y la lengua griega, tal vez por su origen alejandrino.

En cuanto al tiempo de composición de ambos, podría fijarse una fecha próxima al año 100 a.C. para el primero, y al 130-124 a.C. para el segundo, por los datos de la primera carta que menciona (2 Mac 1,9).

AMBIENTACIÓN HISTÓRICA

Tras la muerte de Alejandro Magno (323 a.C.), surgen en el vasto imperio que él fundara dos dinastías llamadas a sucederle: la de los Tolomeos y la de los Seléucidas. La primera se estableció en Egipto y dominó Palestina hasta el año 200 a.C.; la segunda se extendió por Asia y llegó a establecerse en Palestina a partir de la famosa batalla de Ipso del año 200 a.C.

El reino Tolomeo fue fundado por Tolomeo I Sóter, hijo de un noble macedonio. Tolomeo, fiel general de Alejandro Magno, fue designado sátrapa de Egipto en el año 323 a.C., a la muerte de Alejandro. Tomó el título de rey el 304, añadiendo Chipre, Palestina y Líbano a sus territorios. En el 285 a.C. abdicó en favor de su hijo Tolomeo II, que se vio envuelto en guerras con los reyes seléucidas. La corte alejandrina brilló a gran altura durante su reinado. Estimuló este rey la investigación científica y amplió la biblioteca de su padre. Su hijo, Tolomeo III Evergetes, conquista nuevas tierras y llega hasta Irán.

El reino de los Tolomeos inicia su declive bajo Tolomeo IV Filopátor, por descuidar la administración del imperio y llevar una vida disoluta. Esta dinastía deja como uno de sus principales monumentos el gran templo de Edfu, en el alto Egipto, levantado en honor de Horus, dios del cielo, por Tolomeo III el 237 a.C. Es una de las construcciones mejor conservadas del mundo antiguo.

Los primeros seléucidas se caracterizaron por mantener una política moderada y comprensiva con los pueblos vecinos. Sin embargo, con Antíoco IV Epífanes las cosas cambian: el endurecimiento en las relaciones con los pueblos de su alrededor llega a ser grande, por lo que comienza en esta época un período de persecución y de guerra en Palestina. Antíoco quiere imponer a toda costa, sin el menor respeto por la libertad del pueblo, su propia religión y cultura, lógicamente extraña para los judíos. Pretendía que los dioses y la civilización griega fueran recibidos en aquellas tierras como propios, pretensión del todo vana, sobre todo para un pueblo como el de Israel que se sabía elegido por Dios y quería ser fiel a su Alianza. De ahí que la reacción judía no se hiciera esperar. La política religiosa de Antíoco ponía en juego la fidelidad monoteísta de Israel, aquélla por la que sus antepasados, desde Abraham, habían dado la vida.

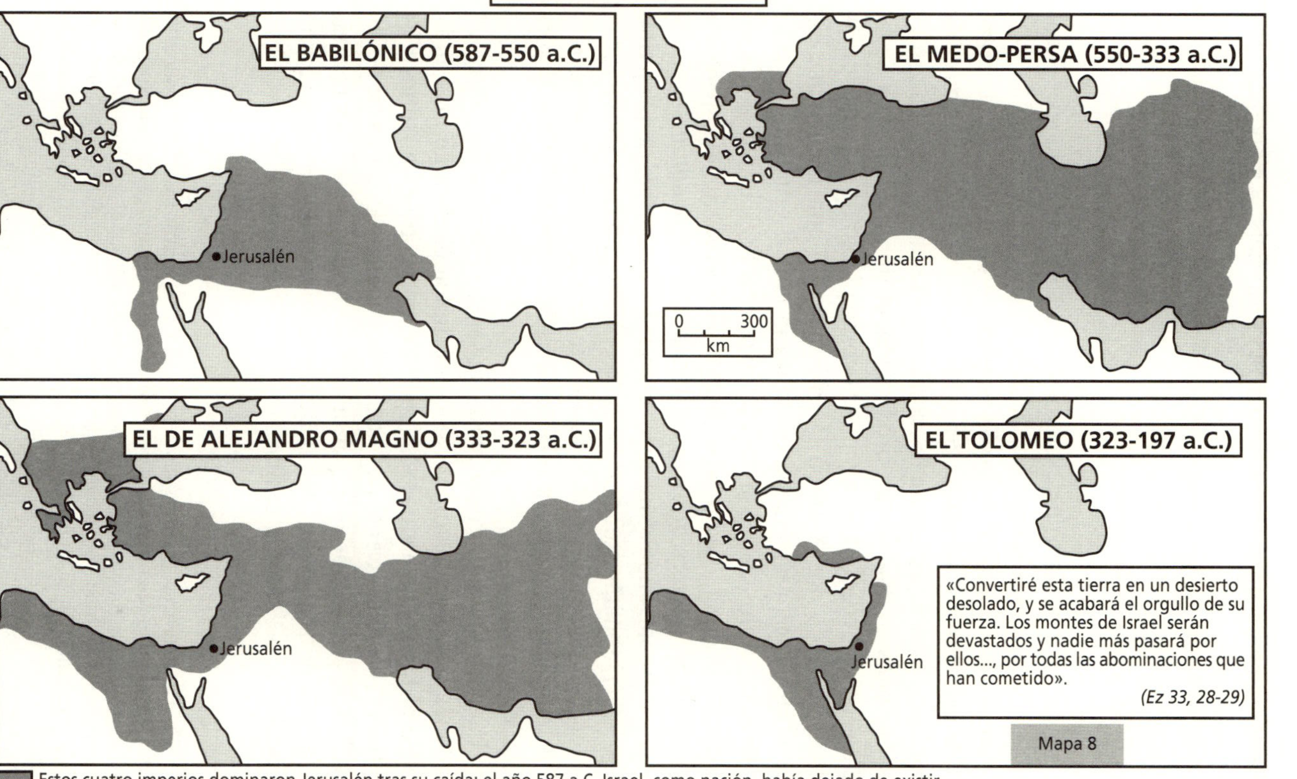
LOS CUATRO IMPERIOS
EL BABILÓNICO (587-550 a.C.)
Jerusalén
EL MEDO-PERSA (550-333 a.C.)
Jerusalén
0 300
km
EL DE ALEJANDRO MAGNO (333-323 a.C.)
Jerusalén
EL TOLOMEO (323-197 a.C.)
Jerusalén
«Convertiré esta tierra en un desierto desolado, y se acabará el orgullo de su fuerza. Los montes de Israel serán devastados y nadie más pasará por ellos..., por todas las abominaciones que han cometido».
(Ez 33, 28-29)
Mapa 8
Estos cuatro imperios dominaron Jerusalén tras su caída; el año 587 a.C. Israel, como nación, había dejado de existir.

Ahora eran ellos quienes constituían el «resto fiel», y no podían quedar pasivos.

SECUENCIA DE LOS HECHOS

En el primer libro se describen con detalle las acciones bélicas más destacadas, así como los incidentes y contratiempos de todo tipo que se suceden a lo largo de un período de unos cuarenta años: desde que sube al trono Antíoco IV Epífanes (175 a.C.) hasta la muerte de Simón, último de los hermanos macabeos (134 a.C.).

Después de una breve introducción, el libro se detiene en presentar la insurrección de los judíos como efecto de la persecución desencadenada por Antíoco IV, que terminó con la profanación del Templo. Rápidamente se movilizan todos al grito de guerra de Matatías, que los convoca para la guerra santa. Las acciones guerreras se suceden y la moral de victoria es altísima. La resistencia la organizan los tres hijos de Matatías, que se pondrán sucesivamente al frente: Judas Macabeo, caudillo indiscutible de los judíos (3,1-9,27); Jonatán, sucesor de Judas (9,28-12,53), y Simón, príncipe de los judíos (13-16). A la muerte de este último le sucede su hijo Juan Hircano, primero de la dinastía asmonea[24]. Con él concluye el libro.

Paralelamente al primer libro, sin ser su continuación, el segundo toma cronológicamente los acontecimientos de algo más atrás: desde el fin del reinado de Seleuco IV, predecesor de Antíoco IV Epífanes, hasta la derrota de Nicanor, poco antes de la muerte de Judas Macabeo. Comprende, por tanto, este segundo libro un período de quince años (176-161 a.C.), que corresponde a lo relatado en los capítulos 1 al 7 del primer libro.

24. La significación de «asmoneo» no es clara. Flavio Josefo presenta a Simeón, abuelo de Matatías, con el sobrenombre de Asmoneo, el mismo apelativo que da también a Simón. Es probable que sea éste también el sobrenombre de Judas, aparte del de Macabeo, o bien el de un antecesor de Matatías, sin descartar que sea la denominación de un pueblo o región. En cualquier caso, lo que importa es el nombre con el que se designa a la dinastía a partir de Juan Hircano (Vid. Flavio Josefo, *Ant. XII*, 265; J.M. Lagrange, *Le Judaisme avant Jésus-Christ*, París 1931).

Este segundo libro trata de animar y estimular al pueblo en sus dificultades. Y lo hace narrando la guerra de liberación dirigida por Judas macabeo, que considera sostenida y ganada por la intervención poderosa de Dios, que vela por su pueblo (2,19-22). A la vez pone de manifiesto que Dios corrige y castiga –lo que ahora sucede no es más que una prueba– antes de que la medida del pecado quede colmada (6,12-17). Tras el episodio de Heliodoro (3,1-40), subraya con fuerza la santidad e inviolabilidad del Templo, tanto que ésta parece ser la causa de la muerte del perseguidor y profanador Antíoco IV. De la misma manera acaba también otro perseguidor, Nicanor, que muere por haber amenazado a los judíos con la destrucción del Templo. La victoria de Judas sobre Nicanor supuso la liberación del pueblo judío y la reanudación del culto al Dios verdadero.

El segundo libro no menciona a Matatías, ni habla más que de pasada de los hermanos de Judas; en cambio, exalta al sacerdote Onías III, como queriendo indicar que el redactor era partidario de la dinastía de los asmoneos, sucesores de los macabeos. Si esto se une a la doctrina sobre la resurrección de los muertos, parece que quiere presentar una línea del judaísmo diferente a la expuesta en el primer libro.

Enseñanza

El primer libro se extiende considerablemente al narrar las innumerables guerras e intrigas políticas, casi continuas a lo largo de cuarenta años. Pero su intención, como ya dijimos, es transmitir una enseñanza religiosa que trata de enmarcar en los límites precisos de la historia. A lo largo de sus páginas pone de relieve que las desgracias sufridas por el pueblo judío han sido consecuencia de sus muchos pecados; a la vez señala el papel tan especial que ha tenido la providencia divina, que como siempre ha velado por su pueblo según sus promesas.

Es sobre todo en el segundo libro donde se pone aún más énfasis en este desvelo divino, al que se atribuye el éxito de las campañas de Israel contra sus enemigos. Aprovecha asimismo para dejar constancia de que la fidelidad a la Alianza, tal como le ocurrió a sus antepasados, es el pilar firme sobre el que deben basar su confianza. La conclusión es ésta: la gloria suprema consiste, para el hombre fiel, en estar dispuesto a dar la vida por defender los intereses de Dios. Pues hay asuntos más importantes que la misma vida, como son la fidelidad a Dios, el buen ejemplo, una conducta intachable y la libertad para defender la Ley de Dios. En tales casos es preferible exponerse a perder la vida antes que renunciar a los grandes ideales derivados de la fiel correspondencia a la voluntad divina.

Desde el punto de vista doctrinal, aparecen en el segundo libro textos de especial importancia. Así, por ejemplo, la creación de la nada (7,28), la resurrección de los muertos (7,9-11; 14,46), el mérito de los mártires y su sacrificio como expiación voluntaria (6,18-7,41; 8,5), la sanción moral en la vida y en la muerte (6,26), la utilidad de la oración por los difuntos (12,43-46), la intercesión de los santos (15,12-16).

Es emocionante y aleccionadora la historia que relata el martirio de los siete hermanos, a quienes popularmente se les ha llamado también macabeos (7,1 ss). Gracias a su fe en la resurrección, se exponen a sufrir los mayores tormentos por la santa Ley de Dios. Se sienten apoyados por la fe de su madre, que les alienta en todo momento. Una vez que ha ofrecido sus hijos, ella misma entrega su vida por defender el santo nombre de Dios. Un ejemplo sublime de fortaleza. La tradición cristiana ha venerado a estos siete hermanos como mártires y les ha dedicado iglesias en Antioquía, Roma, Lyón y Vienne (Francia).

El libro termina poniendo de relieve lo que estuvo presente desde el principio: que Dios, en su providencia, vela por los suyos, y que la victoria sobre sus enemigos la consigue Israel cuando es fiel a la Alianza.

Epílogo

La historia de la familia de los macabeos termina con la muerte de Simón y la sucesión de su hijo, Juan Hircano. El resto de la historia se conoce por Flavio Josefo, historiador judío del siglo primero; sólo él menciona el sobrenombre de *asmoneo* con el que designa a los sucesores de los primeros macabeos hasta Aristóbulo II.

El hijo de Juan Hircano, Aristóbulo I, fue el primero que junto al título de rey tomó el de sumo sacerdote. A su muerte, su viuda Alejandra se casó con su hermano mayor, Alejandro Janeo. Cuando éste murió, ella le sucedió en el trono, mientras su hijo Hircano II ejercía de sumo sacerdote. A ella le sucede otro hijo, Aristóbulo II. Al declararse estos hermanos la guerra intervienen los romanos, toman Jerusalén y acaban con la monarquía.

III
Los libros proféticos

La promesa hecha por Dios a Abraham se cumplió con creces. El pueblo israelita que entra en posesión de la tierra de Canaán es ahora un pueblo muy numeroso. Tras la Alianza del Sinaí, se había convertido en el Pueblo de Dios, en el depositario de las promesas de salvación y en instrumento para su realización hasta la llegada del Salvador. Sabían que de uno de su estirpe procedería el Mesías, según la profecía de Natán (2 Sam 7,13).

Pues bien, la instrucción religiosa de Israel va a tener como uno de sus fundamentos sólidos la esperanza en esa profecía, en estrecha fidelidad a la Alianza del Sinaí y a la práctica de la Ley.

Los profetas se sitúan de este modo en el centro mismo del Antiguo Testamento. Son conscientes de ser los herederos de la tradición del Sinaí, del monoteísmo moral fijado en los tiempos mosaicos, que mantendrán y desarrollarán entre los siglos IX y IV a.C. Tal fidelidad les hacía acreedores por parte del pueblo de respeto y de un cierto carisma de autenticidad: son los hombres del Espíritu, vibrantes en su fidelidad a Yahvéh y coherentes con lo que predican.

El profetismo no es un fenómeno religioso ni original ni exclusivo del pueblo de Israel. En tiempos de Elías, por ejemplo, existían en Palestina 450 profetas de Baal (1 Re 18,19-40). Pero aunque no es exclusivo, sí lo acompaña a lo largo de casi toda su historia. A diferencia del de los otros pueblos, el profetismo de Israel tiene un carácter eminentemente sobrenatural. De ahí la importancia de los profetas para la vida del pueblo, necesitado de sus consejos y enseñanzas, aunque a veces tengan que recriminarles con dureza sus infidelidades. Por esto, cuando faltan, lo ven como un castigo divino (Am 8,11-12).

El genero literario profético no se encuentra en estado puro. En los libros sagrados adopta distintas formas, pudiéndose distinguir entre otras las siguientes: paránesis, parábola, visión, relato, diálogo, oráculo, canto, carta e himno.

Los profetas mencionados en la Biblia

Entre los numerosos profetas que menciona la Biblia merecen una atención especial los siguientes:

1. *Los hijos de los profetas*. Se les denomina también «profetas de profesión». Son aquellos que, sin ser haber sido llamados expresamente por Dios, eligieron esta forma de vida, en muchos casos ejercida por sus padres. De ahí que se les conozca como «hijos de profetas». Desempeñaban su oficio en torno a los santuarios más importantes de la época: Betel, Guilgal, etc., sobre todo a partir de los Jueces. Por lo general vivían asociados en pequeños grupos y se dedicaban a fomentar el culto y todo tipo de manifestaciones religiosas, que solían acompañar con danzas y cánticos. Es lo que se refiere en 1 Sam 19,20.

Gracias a ellos se mantuvo el fervor del pueblo y ayudaron a luchar por defender la Alianza en toda su pureza. Por mantener su fidelidad a Yahvéh, más de uno tuvo que pagarlo con su vida. Esto se hizo especialmente costoso para algunos en la dura y fanática persecución de la reina Jezabel, que a toda costa quería obligarles a dar culto a Baal (1 Re 18,22).

2. *Falsos profetas*. Tal vez sean los más numerosos en la Biblia. Profetizaban en nombre de Yahvéh, pero sin haber sido llamados por Él. Es más, le atribuían los mensajes que comunicaban al pueblo como si realmente fueran suyos. Jeremías los desenmascara con estas palabras:

> «Falsamente profetizan en mi nombre; yo no los he enviado, no los he mandado, no les he hablado. Falsas visiones, agüeros, vanidades y engaños de su corazón es lo que profetizan» (Jer 14,14).

Aún así, plantaban cara a los verdaderos profetas. No les importaba fomentar la adulación de los reyes y de las gentes sencillas con tal de ganar prestigio ante ellos. Por esto rehuían anunciar castigos al pueblo cuando éste faltaba a la Ley de Dios. Mentían, tanto de palabra como de obra; pasaban por hombres valientes y sinceros, cuando en realidad eran unos cobardes y mentirosos. Para prevenir al pueblo de tan pernicioso influjo, el Deuteronomio da una serie de avisos.

> «Y si te dices en tu corazón: ¿Cómo puedo conocer yo la palabra que no ha dicho Yahvéh? Si este profeta ha hablado en nombre de Yahvéh y su palabra no tiene efecto ni se cumple, entonces es cosa que no ha dicho Yahvéh. El profeta ha hablado por presunción, no lo temas» (Dt 18, 21-22).

3. *Profetas por vocación.* El verdadero profeta, del hebreo *nabî*[1], es llamado por vocación divina para ser «portavoz» de Dios y anunciar al pueblo sólo –y todo– lo que Él le comunica. La vocación es lo que marca la vida del verdadero profeta, la que da seguridad a su misión y confianza al pueblo que le escucha. Misión, de otra parte, que consiste para él en mantenerse fiel a la Alianza, en transmitir con fidelidad cuanto el Señor le comunica. Por tanto, podrían resumirse en los siguientes puntos las características del verdadero profeta:

a) La *vocación*. Es en ellos como un resello divino, la confirmación de que Dios quiere servirse del profeta como instrumento para dar a conocer su mensaje salvífico. Tal vocación la recibe el profeta sin que medie mérito alguno por su parte; es simplemente objeto de una predilección divina, que llama a quien quiere con entera libertad, sin considerar como determinantes su condición social, económica o cultural.

b) *Hablan en nombre de Dios*. Es el Señor quien pone las palabras en su boca (Jer 1,9;15,19), respetando no obstante su libertad, de modo que puedan expresarse según su cultura y personalidad. Esto explica la diversidad de estilo y expresión en profetas tan dispares como Isaías, Amós, Oseas, etc.

1. El origen del sustantivo *nabî* es incierto. Se ha recurrido a la raíz *nb'*(hablar) para darle el significado de «el hablante» (Jer 15,19) o «portavoz» (Ex 4,16; 7,1). Albrigh relaciona *nabî* con el acádico *nabû,* que significa «llamar». El *nabî* sería en este caso el «llamado» por Dios para ser su boca, su portavoz.

c) *Juzgan los acontecimientos a la luz de la Alianza*. Y lo hacen en plena fidelidad a sus exigencias; por esto denuncian sin miedos ni respetos humanos la corrupción de costumbres, el culto idolátrico, la falsa religiosidad, las injusticias, la hipocresía, etc.

d) *Anuncian castigos divinos*. Y esto sin temor a caer mal o a hacerse impopulares; anuncian castigos y calamidades renunciando de antemano al halago o a la adulación. Saben que se juegan la vida, pero valoran por encima de todo la fidelidad a Yahvéh y a la Alianza. Por no cumplirla, vendrán sobre el pueblo los castigos anunciados.

e) *Abren a un horizonte de esperanza*. Junto a los desastres que anuncian, hablan también de una pronta restauración para los «restos» de Israel. Las diversas profecías que se suceden en el tiempo irán clarificando de modo progresivo ese horizonte de esperanza. A la profecía de Natán (2 Sam 7,12-16) siguen las de Isaías sobre el *Emmanuel* (Is 7,14), la de Miqueas al anunciar que el Niño nacerá en Belén (Miq 5,1), identificado en la última parte de Isaías como el Siervo de Yahvéh*, que como manso cordero entregará su vida en sacrificio por los pecados del pueblo (Is 53,1-12); es éste el Hijo del hombre anunciado por Daniel (Dan 7,13-14), el que según Zacarías haría su entrada en Jerusalén montado sobre un pollino (Zac 9,9), y una vez ajusticiado no le quebrarán ni un solo hueso (Ex 12,46), pero mirarán con desdén al que traspasaron (Zac 12,10).

A pesar de la gran extensión que ocupan los libros proféticos en el Antiguo Testamento –casi un tercio del total– no todos los profetas fueron escritores, ni todos tuvieron quien recopilase y pusiera por escrito el contenido de su predicación. Es el caso, entre otros, de Elías o Eliseo, de quienes no poseemos más que referencias aisladas y fragmentarias. A los demás profetas, a los escritores, se les suele dividir, por razones didácticas, en *profetas mayores y menores,* según la mayor o menor extensión de sus obras. Entre los «mayores» figuran cuatro: Isaías, Jeremías, Ezequiel y Daniel; entre los llamados «menores» doce, que iremos viendo en un orden cronológico aproximado.

Antes de adentrarnos en cada uno de ellos, nos detendremos un momento a comentar un tema recurrente en casi todos ellos: el del concepto de «resto», la porción del pueblo que sobrevive a las tentaciones paganas e idolátricas de los pueblos vecinos.

UN «RESTO» SE SALVARÁ...

En los libros sagrados, y especialmente a partir de Isaías, se habla del «resto de Israel» como un término que será acuñado por los demás profetas con el correr del tiempo. Es una pequeña porción del pueblo que sobrevive a un castigo divino. De los otros pueblos, se afirma que hasta ese resto perece; del de Israel, en cambio, se afirma que permanecerá, aunque con características distintas a través de los tiempos. En líneas generales[2]:

1. *Antes del exilio*. En este tiempo, los profetas hablan de dos tipos de resto: uno *histórico*, que es una porción del pueblo que sobrevive a una catástrofe por haber infringido la Alianza, y otro *escatológico,* que es aquella parte del pueblo que en los últimos tiempos será beneficiaria de la salvación divina. Sólo de este último «resto» se afirma que es «*santo*» (cfr. Miq 5,6 ss.; Is 4,4; Jer 23,3).

2. *Después del exilio*. Tras la cautividad de Babilonia tiene lugar una tercera noción: la de *resto fiel*. Se trata de una porción del pueblo considerada heredera y depositaria de las promesas, la cual por su fidelidad a la Alianza se considera religiosamente viva a los ojos de Yahvéh. Es el «Israel servidor de Dios», el «Israel en quien me gloriaré» (Is 49,3). De él procede el *Siervo de Yahvéh,* quien con su muerte redentora realizará la misión encomendada al «resto fiel». Es justo en este tiempo cuando a la pequeña comunidad que regresa del exilio se le llama el «resto» (Ag 1,12, Zac 8,6). Pero no debe confundirse ésta con el resto fiel, ya que no todos los retornados regresaban del todo purificados (Zac 13,8; 14,2). Se llama «resto fiel» al que, por ser santo, es el Israel de *corazón puro* (Sal 72,1), identificado con los «pobres de Yahvéh» (Is 49,13).

2. Vid. F. Spadafora, *Diccionario bíblico,* pp. 22-23; 30.

3. *Hacia una nueva era*. El concepto de «resto» apunta todavía a una revelación más clara y completa, que tendrá lugar con la llegada del Mesías. El «resto fiel» se convertirá entonces en la parte del pueblo que aceptará al Mesías y creerá en Cristo como el Hijo de Dios (cf Rom 11,5). De este «resto» procederá el Israel verdadero, el que se verá después diseminado por innumerables textos del Nuevo Testamento y presente en el anuncio evangélico (cf Mt 3,9; Jn 1,12; Rom 2,28; 9,6-81; Gal 6,16). De este «resto fiel» procede la Iglesia, el nuevo Pueblo de Dios.

El significado teológico de este binomio: «resto fiel» = «Israel verdadero», lo aclara san Pablo en su carta a los Romanos, al desarrollar una teología sobre el plan salvífico decretado por Dios para la humanidad, como en su momento veremos. Gracias al «resto» que cree en Jesucristo, la infidelidad de una parte de Israel no cancelará las promesas divinas, porque Dios es siempre fiel a lo que promete (Rom 9,1-7). La permanencia de ese «resto fiel» –ahora la Iglesia– es la garantía de que Israel en su conjunto se salvará (Rom 11,25-32); él sigue siendo el depositario de las promesas, por una elección divina gratuita y permanente.

Por tanto, aunque una parte de Israel rechazó a Jesús como Mesías e Hijo de Dios, su infidelidad será temporal: durará «hasta que la plenitud de las naciones haya entrado. Y así todo Israel se salvará, según está escrito: "Saldrá de Sión el libertador, que desterrará de Jacob la impiedad" (Is 59,20; 27,9). Entonces tendrá efecto la alianza que he hecho con ellos, en habiendo yo borrado sus pecados» (Rom 11,25-27).

Quedan conciliadas así dos exigencias aparentemente contradictorias: el castigo merecido por Israel por haber rechazado al Mesías, y la fidelidad de Dios a sus promesas, que el pecado de los hombres no puede anular.

A
LOS CUATRO PROFETAS MAYORES

1. Isaías

Entre los profetas del Antiguo Testamento destaca por su importancia Isaías (*Yesá-yâhû* = salvación de Yahvéh). Nacido hacia el año 770 a.C. en Jerusalén, vive en aquella ciudad. Pertenece a una familia distinguida, sacerdotal y tal vez noble; hombre de elevada cultura, muy relacionado con la corte. Tuvo esposa y dos hijos. A la muerte del rey Ozías (740), recibe en el Templo su vocación profética, según la visión[3] que él mismo describe:

> «Vi al Señor sentado sobre un trono alto y sublime, y el ruedo de su manto llenaba el Templo. Había ante Él serafines, que cada uno tenía seis alas; con dos se cubrían el rostro, con dos los pies y con las otras dos volaban. Y gritaban, respondiéndose el uno al otro: Santo, Santo, Santo es Yahvéh de los ejércitos, su gloria llena toda la tierra. A estas voces temblaron las puertas en sus quicios, y la casa se llenó de humo. Yo me dije: ¡Ay de mí, estoy perdido!, pues siendo un hombre de labios impuros, que vivo entre un pueblo de labios impuros, he visto con mis ojos al Rey, Yahvéh de los Ejércitos. Entonces voló hacia mí uno de los serafines, que tenía en sus manos un carbón encendido, tomado del altar con unas tenazas. Tocó con él mi boca y dijo: "Mira, esto ha tocado tus labios, tu falta ha sido perdonada y borrado tu pecado". Y oí la voz del Señor que decía: "¿A quién enviaré, y quién irá de nuestra parte". Y respondí: "Heme aquí, envíame a mí"» (Is 6,1-8).

Desde este momento, la vida de Isaías no conoce descanso. Ha de anunciar la ruina de Israel y la de Judá, en castigo por sus infidelidades que no quiere reconocer. A la primera parte del libro sigue

3. *Visión* es un nombre colectivo que implica cosas vistas, comunicadas. Esta visión es la primera cronológicamente, puesto que con ella inicia Isaías su ministerio profético. Los *serafines* a los que alude el texto forman una de las nueve jerarquías angélicas, que el Pseudo-Dionisio sitúa como la más alta y próxima a Dios. Su nombre, *abrasadores,* lo reciben de su misión: con un carbón encendido uno de ellos quema y purifica los labios de Isaías.

una segunda, en la que anuncia la consolación de Israel en una visión profética de largo alcance[4].

MARCO HISTÓRICO

Las profecías correspondientes a la primera parte del libro arrancan de la misma época que vive Isaías. Era el año 738, cuando en el horizonte político del cercano Oriente aparecía con trazos muy precisos el peligro creciente de la potencia militar de Asiria, guiada por la especial destreza del rey Teglatfalasar III (745-727). Poco después (722 a.C.) caía el reino del Norte (Israel) en poder de los asirios, mientras Judá, en el Sur, estaba a punto de sucumbir política y espiritualmente en el reinado de Ajaz, que se había hecho vasallo de Asiria. Es éste el momento en que se sitúa la profecía del *Emmanuel* (Is 7).

Muerto Ajaz, el rey Ezequías impulsa el renacimiento religioso de Judá, de carácter más bien externo y superficial, que no llega a calar en la vida y costumbres del pueblo. Influido por el partido aristocrático, Ezequías busca el apoyo de Egipto contra Asiria. El castigo asirio que les amenazaba no tarda en llegar. Sin embargo, cuando todo parecía perdido, y tal como lo había profetizado Isaías, interviene Yahvéh en favor de su pueblo y destruye el ejército del arrogante y soberbio Senaquerib.

En la segunda parte del libro (40-55) cambia el escenario. De Palestina se traslada la visión profética a Babilonia, casi dos siglos más tarde, donde en ese momento los desterrados necesitan alivio y consuelo. El fondo histórico está dominado por la vertiginosa carrera triunfal de Ciro el Grande (555-528 a.C.), quien siendo gobernador de Anzan se rebela contra Ciaxares y se proclama rey de Persia y Media (549 a.C.). No contento, continúa sus campañas: primero contra Lidia, cuya capital Sardes toma en el año 546; allí siembra el pánico al que se alude en Is 41,5. Se dirige después –siempre victorioso– por el Norte y el Este, hasta hacer su entrada en Babilonia el 539. El año siguiente proclama un edicto por el que autoriza a los ju-

4. Vid. A. Vaccari, *La Sagrada Bibbia,* t. VI, pp. 15-197; A. Fernández, El *profeta Isaías caudillo y salvador de su pueblo,* Jerusalén 1940.

díos a que regresen a Palestina; les restituye los vasos sagrados que Nabucodonosor había robado en Jerusalén y les permite que reconstruyan el Templo.

La tercera parte (56-66) contempla la vuelta de los repatriados, justamente en el momento en que se disponen a reanudar su vida y costumbres; rodeados de pueblos hostiles, les resulta difícil reanudar sus prácticas religiosas. Cuentan ya los judíos con un altar, pero aún no han emprendido la reconstrucción del Templo ni han levantado los muros de la ciudad.

El libro y su autor

Según comenta A. Vaccari, un libro como éste no se ha podido realizar de un tirón: las diversas partes que lo integran fueron formándose en diversos tiempos y ocasiones, a lo largo del casi medio siglo que duró el ministerio profético de Isaías.

Siendo esto así, cabe hacerse dos preguntas: ¿En qué momento fueron reunidas las distintas partes del libro hasta formar el Isaías actual? ¿Puede decirse que es Isaías el verdadero autor del libro?

Por lo que se refiere a la primera cuestión, tres documentos atestiguan que el libro, en su forma actual, existía ya entre los siglos III-II a.C., y aún podría remontarse su antigüedad al final del Destierro. Lo atestigua el manuscrito completo de Isaías (texto hebreo) descubierto en Qumrán en 1947, que según los críticos se remonta al siglo II a.C. Esto es avalado por la versión griega de los LXX y el elogio que hace de Isaías el libro del Sirácida (48,22-25), al aludir a Is 38,4-8.

En cuanto al verdadero autor de la obra, la tradición judeo-cristiana ha reconocido siempre a Isaías como su autor. Sin embargo, algunos críticos modernos atribuyen los capítulos 40-66 a un profeta –cuyo nombre se desconoce– que actuó en Babilonia a finales de la cautividad, alrededor de siglo y medio después de Isaías[5]. La razón

5. A partir de Döderlein (1775) y Eichhorn (1782) se comienza a hablar de dos partes en el libro de Isaías: la primera del mismo Isaías, y la segunda (40-66) atribuida a otro profeta que habría escrito en la cautividad. Más tarde, desde Duhm

principal que ha inducido a esta hipótesis es de tipo histórico y psicológico, al pensar que la segunda parte del libro refiere acontecimientos que no vivió Isaías. La Pontificia Comisión Bíblica, al ser interrogada sobre este asunto, respondió el 28-VI-1908 diciendo que los argumentos aducidos por la crítica antes mencionada no eran suficientes para sostener la pluralidad de autores. No obstante, siguen sin resolverse algunas dificultades, como, por ejemplo, la de mencionar a Ciro por su nombre exacto dos siglos antes de que existiera, así como el estilo de la narración de la segunda parte, más redundante y solemne. Todo esto inclina a pensar que la segunda parte fue redactada en el marco de la cautividad y la tercera en la post-cautividad.

Junto a los Salmos, el libro de Isaías es el más citado en el Nuevo Testamento, con un total de 22 citas y 13 referencias (seis de la primera parte del libro y siete de la segunda), siempre con el nombre expreso de Isaías. En conjunto, y tal como aparece en el canon, el libro consta de 66 capítulos, divididos en tres grandes secciones.

ESTRUCTURA DEL LIBRO

1. El *«Libro de los juicios de Dios»* (1-39). Contiene los oráculos sobre Judá y Jerusalén (1-12), sin un orden cronológico aparente. Dentro de ellos, los capítulos 7 al 12 forman el «Libro del Emmanuel». Le siguen los oráculos contra las naciones (13-23), un conjunto de profecías de carácter apocalíptico; los oráculos escatológicos (24-27), denominados «Apocalipsis de Isaías», al que sigue la inauguración del reino de Dios, con los *seis «ayes»* (28-33) y una serie de amenazas contra los pueblos que se oponen a los planes divinos. Finalmente hace referencia a la destrucción de Edom (34-35), a la que siguen la invasión de Senaquerib, rey de Asiria; su derrota por parte de Ezequías, rey de Judá (36-39), y el anuncio del destierro a Babilonia.

(1892) surge la hipótesis de un tercer Isaías (56-66), el cual habría escrito después de la cautividad. En fecha más reciente Kisane (1943) piensa que un profeta anónimo del final de la cautividad, compenetrado con la doctrina de Isaías, habría dado forma a todo el libro e incluso habría ampliado detalles de su predicación (Vid. A. Robert y A. Feuillet, *Introducción a la Biblia*, pp. 463-464).

2. El *«Libro de la consolación de Israel»* (40-55). Lo forman una serie de oráculos sobre la liberación de la cautividad de Babilonia, que presenta como un nuevo Éxodo (40-48) y liberación mesiánica (49-55); en estos capítulos se encuentran los cuatro poemas del Siervo de Yahvéh: el primero (42,1-7); el segundo (49,1-9); el tercero (50,4-9) y el cuarto (52,13-53,12). Describen a un perfecto discípulo de Yahvéh, que predica la fe verdadera, sufre para expiar los pecados del pueblo y es glorificado por Dios.

3. La tercera parte (56-66) contiene una serie de profecías en continuidad con el *«Libro de la Consolación»*, a la vez que dirige algunos avisos a los repatriados que vuelven del destierro; es el momento de la restauración del Templo y de su culto, y en visión escatológica lo contempla como figura de la nueva Jerusalén que invita hacia ella a todas las gentes. El libro se cierra con un poema apocalíptico de acción de gracias por la misericordia del Señor, acogida de buena voluntad por los creyentes y rechazada por los incrédulos.

Enseñanza

Elegido por Dios para ser guía espiritual de su pueblo, Isaías debe velar por el fiel cumplimiento de la Alianza. El pueblo se había comprometido a adorar a Yahvéh como su único Dios y a vivir de acuerdo con su Ley; una misión para él ciertamente difícil de realizar si se tiene en cuenta la tendencia a la infidelidad de la que dio prueba a lo largo de su historia.

Sin embargo, Dios seguía velando por su pueblo. Así se lo hace ver a Isaías en el Templo cuando recibe su llamada. Aquella visión le deja marcado para siempre. En todo su ministerio se percibe con extraordinaria nitidez la trascendencia del ser divino. Comparado con Él, la criatura es nada, pura miseria. Ante el «Santo de Israel», como le gusta llamarle, se reconoce manchado por el pecado, indigno de contemplar su soberana majestad.

La imagen del serafín que describe en el capítulo seis cuando narra su vocación viene a significar, de una parte, la infinita misericordia de Dios, que libremente y por puro amor acude en auxilio de su criatura y le brinda su amistad; de otra parte, expresa la absoluta necesidad que todo hombre tiene de esperar la salvación de la gracia divina.

Isaías insiste en un punto que quiere dejar claro: Yahvéh no pide una mera purificación externa, cultual o ritual; pide la limpieza del alma, la sinceridad del corazón, la estricta fidelidad a sus mandatos. Sin humildad de corazón, de nada servirían los grandes sacrificios, los ritos externos: sería un culto sin contenido.

Isaías es hombre de fe. Su fuerza le viene de su completa e incondicional entrega a la voluntad divina; lo mismo que pide al pueblo, engreído y superficial en sus relaciones con Dios. Por esto amonesta una y otra vez a sus dirigentes para que confíen en Yahvéh, que nunca abandona; sin Él, de nada valen los pactos con reyes, ni el confiar en palabra de hombre alguno, por grande y poderoso que sea.

Isaías era consciente de que la prueba para Israel –obstinado en su terquedad– esta vez sería larga y muy dura. Al sufrimiento por el destierro habrían de añadirse un cúmulo de escarnios y vejaciones. A pesar de esto, profetiza que un «resto» sobrevivirá, y que de su seno procederá como Señor y Rey universal el Mesías. Lo anuncia en la profecía del *Emmanuel* (Is 7,14).

La profecía del Emmanuel

Es una de las profecías más importantes del Antiguo Testamento. La señal que anuncia el profeta es, en sentido próximo, el nacimiento del hijo de Ajaz, el futuro rey Ezequías, para afirmar la continuidad de la dinastía davídica, hilo clave que, desde la profecía de Natán (2 Sam 7,1 ss), mantenía la esperanza de Israel. Pero la solemnidad de la profecía y el nombre simbólico de *Emmanuel* (= Dios con nosotros) desbordan el sentido puramente histórico; en un sentido literal pleno predice el nacimiento del futuro Mesías, broche de oro de la dinastía davídica y de la esperanza del entero pueblo de Israel.

De otra parte, según este texto, el Emmanuel nacerá de una doncella (*almâh*). Se trata de un nacimiento del todo singular, en el que la Iglesia ha visto profetizada la perpetua virginidad de la Madre del Mesías (Mt 1,23)[6]. Este Ungido (= *Mâsîah*) es identificado por el

6. El texto hebreo de Is 7,14 habla de una *almâh* (= doncella) para designar a una joven que se presume virgen. Esta profecía velada –como toda profecía– se irá

mismo Isaías como el «Niño que nos ha nacido», de nombre «Consejero admirable», «Dios poderoso», «Padre eterno», «Príncipe de la paz» (9,5). Estos nombres son propios y proféticos, ya que el Ungido posee de modo eminente las virtudes de cuantos le precedieron: gozará de la sabiduría de Salomón, de la fortaleza y bravura de David, de la humildad de Moisés y de cada una de las virtudes de los Patriarcas.

El Siervo de Yahvéh

La segunda parte de Isaías da lugar a un verdadero drama: aquéllos a quienes el «Siervo de Yahvéh» viene a salvar son los mismos que se alzarán sin compasión contra él, llenándole de ultrajes e improperios. La descripción del cuarto canto del Siervo es de lo más sorprendente:

> «Despreciable y desecho de los hombres, varón de dolores y avezado al sufrimiento, como uno ante el cual se oculta el rostro, era despreciable y desestimado. Y con todo, eran nuestros sufrimientos los que llevaba, nuestros dolores los que le pesaban. Nosotros le tuvimos por azotado, herido por Dios y humillado. Él ha sido herido por nuestros pecados, molido por nuestras iniquidades; el castigo, precio de nuestra paz, cae sobre él, y con sus llagas hemos sido curados» (Is 53,3-5).

Aunque este canto se refiere en un primer momento al pueblo de Israel, al «resto fiel», sufrido y doliente, no es difícil ver la estrecha relación que se da entre la profecía y la pasión de Cristo. Los exege-

haciendo explícita más tarde. Así, en la versión griega de los LXX se traduce *almâh* con artículo, hasta llegar al Evangelio, que ve preanunciada en María esta profecía, y con ella la concepción de Jesucristo y la perpetua virginidad de su madre (Mt 1, 23). A partir de estos textos, el Concilio de Letrán (año 649) definió: «Si alguno no confiesa, de acuerdo con los Santos Padres propiamente y según la verdad por Madre de Dios a la santa y siempre Virgen María, como quiera que concibió en los últimos tiempos sin semen, por obra del Espíritu Santo, al mismo Dios Verbo propia y verdaderamente, que antes de todos los siglos nació de Dios Padre, e incorruptiblemente lo engendró, permaneciendo Ella, aún después del parto, en su virginidad indisoluble, sea condenado» (DS 503).

tas, aun los más incrédulos, se sienten sobrecogidos de emoción ante este cántico, cumbre de las profecías isaianas sobre el Siervo de Yahvéh, cuya semejanza con el salmo 22, pronunciado por Cristo en la cruz, salta a la vista.

San Pablo, tan buen conocedor del Antiguo Testamento y testigo cualificado de la resurrección de Cristo, dirá no obstante que es ésta «una sabiduría divina, misteriosa, oculta, que Dios predestinó para nuestra gloria antes de los siglos, y que ninguno de los príncipes de este mundo conoció. Porque si la hubieran conocido, no hubieran crucificado al Señor de la gloria» (1 Cor 2,7-8).

2. Jeremías

Jeremías es el segundo de los cuatro grandes profetas de Israel, coetáneo de Sofonías, Nahaúm y Habacuc. Su nombre hebreo *yirmeyâhû*, significa Yahvéh consuela. Nace en el último período del reinado de Manasés (687-642), hacia el 645 a.C., casi un siglo después de Isaías, en el seno de una familia sacerdotal de Anatot, ciudad situada a unos cinco kilómetros al nordeste de Jerusalén. Muere el 586, probablemente en Egipto.

Recibe su llamada profética en el año 13 de Josías (año 626), siendo aún adolescente (1,2). Por orden expresa de Yahvéh debía permanecer célibe (16,2), estado que abraza con generosidad. De carácter más bien tímido, extremadamente sensible, gustaba de la tranquilidad y paz de su pequeño pueblo, Anatot, de la vida hogareña, de las reuniones con sus amigos (6,11; 9,20).

Responde a la llamada divina cuando el reino de Judá está próximo a su caída y destrucción. Vive la caída de Nínive (612) y la derrota de Egipto a manos de Nabucodonosor, en Karkemís (605), así como el primer asedio a Jerusalén (597) y la caída final de Judá (587). Consciente de lo que Dios le pedía, sabe sobreponerse y aceptar lo que consideraba superior a sus fuerzas; la vocación fue para él algo irresistible, una fuerza interior que le llevaría al ministerio profético. Así lo expresa:

«Había en mi corazón como un fuego abrasador, encerrado en mis huesos. Me he agotado en contenerlo y no lo he podido soportar» (Jer 20,9).

Durante más de cuarenta años, hasta su muerte, permanece fiel a su vocación; profetiza hasta poco después de la caída de Jerusalén (587). Sin que se le pueda comparar en calidad y altura doctrinal con Isaías, sus escritos no obstante rebosan espontaneidad y sencillez, como fruto de un corazón extraordinariamente generoso y de un amor entrañable hacia su pueblo[7].

Marco histórico

El ministerio profético de Jeremías se desarrolla en un período especialmente crítico, coincidente con los cinco últimos reyes de Judá. Con algunos datos esporádicos sobre Josías (638-609), Joacaz (609) y Joaquim o Jeconías (598), el libro se centra principalmente en el reinado del orgulloso y escéptico Joaquim (608-598) y en el del abúlico Sedecías (598-587).

Como se recordará por el libro de Reyes, al querer reconstruir la unidad nacional, Josías se opuso al faraón Necao II cuando éste acudía a combatir la coalición formada por medos y babilonios. Le salió al paso y se le enfrentó en la llanura de Meguiddó, donde fue herido de muerte. Su hijo Joacaz, proclamado rey por el pueblo, después de tres meses de gobierno fue conducido prisionero a Egipto, dejando Necao como rey en Judá a Joaquim, el segundo hijo de Josías, hombre presuntuoso, supersticioso y cruel. Se enfrentó con el profeta Jeremías, que le echaba en cara su política servil hacia los egipcios, que habría de acarrearle su ruina y la de todo el país. Contrario a estos pactos, Jeremías había profetizado el triunfo de los caldeos[8] y la destrucción de Jerusalén (20,1-3; 26,7-24).

7. Vid. C. Lattey, *Verbum Dei,* t. I, pp. 491-495; G. Vittonatto, *Il libro di Geremia,* Torino 1955.

8. Jeremías habla con frecuencia de los «caldeos» para referirse a los babilonios, y de «Caldea» como sinónimo de Babilonia, porque en esa época los caldeos –raza distinta de los babilonios– constituían la casta rectora. El profeta designa, por tanto, con el apelativo de caldeo la fusión de ambas razas, por ser Caldea el país común (Vid. C. Lattey, *Verbum Dei,* t. 1, p. 495).

Cuatro años después, tras la victoria de Karkemís (605 a.C.), Siria y Palestina quedaban sometidas al dominio del nuevo imperio babilónico, mientras Egipto, derrotado también, había quedado replegado en sus propias fronteras.

Aunque sometido a Nabucodonosor, Joaquím seguía empeñado en su política de coalición con los egipcios. De ahí su abierta oposición a Jeremías, que le aconsejaba colaboración y sumisión a los caldeos, consciente –así se lo hizo ver Yahvéh– de que el imperio babilónico era el instrumento por el que Dios castigaría los pecados de infidelidad de su pueblo. Joaquim, con gran insensatez, se niega a pagar los tributos a Babilonia; en seguida interviene Nabucodonosor, que el año 598 declara la guerra a Judá. Muerto Joaquim –quizá asesinado– le sucede su hijo Joaquín (Jeconías), quien a los tres meses –en cuanto comienza el asedio de Jerusalén– se rinde a los caldeos y es deportado a Babilonia junto con la reina madre, toda la corte y un gran número de nobles y otras personas. Entre ellos era conducido al destierro el profeta Ezequiel. Era el año 597.

Nabucodonosor deja como rey de Judá a Judas Natanías, tío de Jeconías, a quien puso el nombre de Sedecías como señal de dominio. Sigue éste los pasos de Joaquim en su política de amistad con Egipto. Vanas resultarían también en esta ocasión las llamadas de Jeremías a la sensatez del rey. Después de un intento de coalición registrado el año 593 (51,59-64), finalmente estalla la rebelión contra los caldeos el 588 a.C., favorecida y apoyada por el nuevo faraón Hofra. Nabucodonosor instala su cuartel general en Ribla y ataca duramente a Jerusalén, centro y bastión de la coalición rebelde (cfr. Ez 21,23-27). Tras dieciocho meses de duro asedio, Hofra cae derrotado y deja abandonada a Judá a su propia suerte (37,3-10).

Finalmente, entre julio y agosto del 587 la ciudad es tomada por Nabucodonosor, saqueada y despojada de toda su riqueza; ya en ruinas, se hace muy pronto pasto de las llamas (52). Al frente de los pocos que quedaban en las ciudades de Judá, los caldeos dejan como gobernador a Godolías, hombre de su confianza. Cuenta éste muy pronto con el apoyo de Jeremías (40). Con su impulso y aliento inicia en Masfá la reconstrucción moral de su pueblo. Pero su intento es efímero, ya que un grupo de fanáticos capitaneados por Ismael, en abierta oposición a Babilonia, da muerte a Godolías; en su retirada a Egipto arrastran por la fuerza a Jeremías y Baruc (43,6).

Ya en Egipto, y concretamente en Tafnis, Jeremías sigue profetizando contra los judíos idólatras. Es probable que fuera allí mismo, poco después, donde muriese, lapidado por aquellos que no podían soportar sus continuas recriminaciones.

El libro y su contenido

Se trata de una colección de escritos que, en sus cincuenta y dos capítulos, alterna los oráculos con las noticias de carácter histórico, por medio de las cuales confirma e ilustra las profecías. El texto de los LXX es más breve, como una octava parte menor que el masorético. En Qumrán se encontraron dos fragmentos que concuerdan con el texto masorético y otro que coincide con los LXX, a pesar de estar escrito en hebreo. Es probable que se conservaran durante mucho tiempo dos formas diferentes del libro de Jeremías, quizá como resultado de haber intervenido en su redacción distintas manos. Esto puede apreciarse en el libro en su estado actual: existen textos diferentes entre sí, unos en prosa y otros en verso. Los oráculos aparecen entremezclados con algunas noticias autobiográficas en primera persona, conocidas como las «Confesiones de Jeremías». Por tanto, en su estado actual no puede hablarse de una ordenación sistemática y cronológica, pues como afirma san Jerónimo, más que de un libro se trata de una colección de escritos.

El libro, considerado protocanónico tanto por hebreos como por cristianos, comienza con un prólogo (capítulo 1) en el que se narra la vocación de Jeremías y termina con un epílogo (52), que viene a ser como la conclusión histórica de toda la colección. Se divide en tres partes:

a) Reprobación y condenación del pueblo judío (2-19).
b) Ejecución de la sentencia divina (20-45).
c) Profecías contra los pueblos vecinos (46-51).

En su conjunto, el libro es una recopilación de los oráculos dictados por Jeremías a Baruc el año 605, desde que el 626 iniciara su ministerio profético. El contenido del primer rollo, quemado en un arrebato de ira por el rey Joaquim, volvió a ser dictado por el profeta y completado por él mismo (36,32). Algunos de estos complementos son posteriores al 605, iniciados probablemente por Jeremías y redactados finalmente por Baruc, tras la caída de Jerusalén el 587 a.C.

El drama interior de Jeremías

Aunque no se trata de una obra propiamente didáctica, del libro se extrae una enseñanza práctica. A lo largo de sus páginas palpita el drama interior de un hombre en quien Dios se ha fijado para que sea su portavoz, y que lo ha de ser ante un pueblo que se obstina tercamente en su infidelidad a la Alianza. Jeremías, que es hombre de paz y quiere el bien de su pueblo, ha de predicar sin cansancio la palabra de Dios, cargada con frecuencia de amenazas y anuncios de guerras. A pesar de ser de temperamento tímido, ha sido puesto por Dios «sobre las naciones y sobre los reinos para arrancar y destruir, para asolar y demoler, para edificar y plantar» (1,10). Muy a su pesar, se convierte en «hombre de querella y de discordia para todo el país» (15,10). Sin embargo, en plena fidelidad a su misión profética, predica y exhorta sin echarse atrás.

Con todo, a Jeremías le cuesta entender el porqué de sus sufrimientos, la tardanza de Dios en sostenerle y consolarle. Cuanto más afina en su obediencia, tanto más hondo es el dolor que experimenta. Su vida quedará para todos como símbolo del camino que el hombre fiel ha de recorrer para ser feliz en medio del dolor.

Enseñanza

La fidelidad de Jeremías se sustenta, por tanto, en su fe y en el alto concepto que tiene de Dios, semejante a las descripciones que se hallan en Isaías. De ahí que afirme con fuerza y sin fisuras la unicidad del Dios de Israel, en tanto que reprueba la idolatría y el sincretismo religioso. Los oráculos sobre las naciones dan a conocer que Dios, como Creador y Provisor, extiende su soberanía sobre el mundo entero, no sólo sobre Israel. En este ambiente, se complace en recordar la fidelidad primera del pueblo elegido, en forma de idilio: era el tiempo completamente feliz del «noviazgo» entre Yahvéh e Israel (2,2; 3,4). Es un lenguaje parecido al utilizado por el profeta

Oseas, el que se advierte también en el Cantar de los Cantares, donde por analogía se compara el amor de Dios por su pueblo con el que se da entre el esposo y la esposa.

La nueva Alianza que anuncia Jeremías se proyecta en un futuro mesiánico, en el que se supone el retorno a la fidelidad de tiempos pasados. Israel volverá a ser el hijo predilecto «primogénito» de Dios y Yahvéh será el más tierno de los padres (31,9). Sin embargo, el «nuevo Israel» será el que surja del «resto» del pueblo que ha permanecido fiel (3,14).

Por contraste con la ternura y amor de Dios, Jeremías hace presente los pecados de lujuria, las injusticias, la mentira, la falsedad en los juramentos, el engaño, etc. Considera el pecado como una rebelión grave contra Dios; por esto exige al pecador que se arrepienta y «retorne» a la fuente de aguas vivas (3,7-14; 22,4 ss).

En este contexto se entiende mejor la fuerza con que proclama la necesidad de una religión interior, frente al vano formalismo exterior de un culto al que le falta la sinceridad del corazón (7,21 ss). Aprecia el culto externo, pero como una proyección necesaria del verdadero culto interior (17,26; 33,18).

Esta insistencia en la necesidad de una religiosidad más profunda y sincera tiene como punto de partida el valor que atribuye a la oración. Jeremías acude a ella cuando ve a la nación en peligro (7,16;11,14); ruega por los hombres que le acompañan y encarece a la justicia divina (12,1-5) que castigue a los malvados[9]. Pide a Dios también por sí mismo (18,19), consciente de que sin el favor divino no podrá llevar a cabo su misión. Por esto afirma con agradecimiento y plena convicción que la oración, cuando es humilde y confiada, es siempre eficaz (27,18; 37,3).

La vida de Jeremías, en contra de lo que podría parecer, no fue en modo alguno un fracaso. Toda ella es una lección maravillosa de las relaciones del alma con Dios, Y eso a pesar de los muchos sufri-

9. Habían cometido el pecado que merece la muerte; de nada sirve en estos casos implorar la gracia divina para esas personas (1 Jn 5,16). De ahí que san Jerónimo, comentando este pasaje, diga: «Si permaneciendo en el mal, pensáramos que seríamos perdonados con promesas y sacrificios, andaríamos muy errados, porque tendríamos a Dios por injusto... Y por esto se le dice al profeta que no pida en vano lo que no puede alcanzar con oraciones» (Jer 14,10-12).

mientos e incomprensiones que sufrió, pero supo llevarlos con entereza de alma y una gran confianza en su Señor. Era éste el camino querido por Dios para que realizara una misión tan importante y de tanta trascendencia en un tiempo especialmente difícil y convulsivo como el suyo.

Por todo ello el profeta de Anatot se convierte en figura del Mesías, en precursor de la nueva Alianza. Su doctrina sobre la necesidad de la redención es claramente anticipadora de los tiempos mesiánicos; su misma vida personal, llena de escarnios y vejaciones, es la viva imagen del «Varón de dolores», figura de Jesucristo, el Mesías anunciado y prometido.

LAS LAMENTACIONES

Contiene este libro cinco elegías sobre la destrucción de Jerusalén (587 a.C.). En la versión de los LXX, lo mismo que en la Vulgata latina, se encuentra situado este pequeño opúsculo tras Jeremías, a quien lo atribuyen, mientras que la Biblia hebrea lo incluye entre los *Ketûbîm* (Escritos), uno de los cinco *meguillôt* o volúmenes que se leían en las grandes solemnidades; éste, el día del ayuno que rememoraba la caída de Jerusalén.

Se pensó durante mucho tiempo que su autor era Jeremías, y así se mantuvo sin discusión hasta el siglo XVIII, tanto por la tradición judía como por la cristiana. Los expertos se fundaban en 2 Cro 35,25 y en el testimonio interno de los poemas. Posteriormente comenzó a negarse esta atribución, por considerar que difícilmente pudo haber hecho Jeremías la alabanza de Sedecías [10], a quien duramente reprocha en su libro; y menos aún pudo esperar el profeta una ayuda como la indicada precisamente de los egipcios (4,17), él que tanto había insistido a los reyes de Judá para que no pactaran con Egipto. Sin embargo es evidente la ambientación y parentesco de Lamentaciones con la época y enseñanza del profeta de Anatot, a

10. Aunque Lam 4,20 habla literalmente de Sedecías, el texto se aplica propiamente a Jesucristo, el Mesías ungido de Yahvéh, quien con su muerte y resurrección dejará expedita la entrada a la nueva vida.

excepción de estos pasajes que hemos indicado. De lo que se deduce que este pequeño libro pudo ser escrito en Palestina poco después de la caída de Jerusalén el 587, si no por Jeremías directamente, tal vez por un secretario suyo, lo cual reduciría la cuestión de su autor a una cuestión secundaria.

Contenido del libro

Este libro ha sido muy admirado por su contenido y belleza poética. La estructura de los cuatro primeros poemas es acróstica, por comenzar cada una de sus estrofas por una de las veintidós letras del alfabeto hebreo, recurso frecuente en la Biblia para facilitar la memorización del texto sagrado. Aun la quinta lamentación, que no es alfabética, tiene sin embargo veintidós estrofas.

A lo largo de cada una de ellas se describe, en tono de inmenso dolor, el drama patético de la destrucción de Jerusalén y de su Templo, a la vez que se subraya que el castigo divino ha recaído sobre sus moradores por haber violado la Alianza. A pesar de ser grande el castigo, deja traslucir que ha servido para despertar en el pueblo la conciencia de pecado (5,16), junto al deseo vehemente de volver a Dios: «¡Reclámanos a ti, oh Yahvéh, y volveremos!» (5,21).

La enseñanza principal se sintetiza en la siguiente reflexión: los pecados, por grandes que sean, si se reconocen y con sinceridad se confiesan, sirven para volver a Dios y ser por Él perdonados. Es la alegría expresada por este canto tras el anuncio del perdón:

> «¡Regocíjate, exulta, oh hija de Edom, que moras en la tierra de Us! También a ti te llegará tu cáliz. ¡Te emborracharás y te desnudarás! Tu iniquidad está expiada, oh hija de Sión, no volverá Él a desterrarte. ¡Pero visitará tu iniquidad, hija de Edom, pondrá al desnudo tus pecados!» (4,21-22).

Viene a ser como el trasfondo del drama del Calvario, expresión de la perfecta correspondencia entre pecado y perdón. Este canto es empleado por la Iglesia en la liturgia de Semana Santa. Por medio de la pasión y muerte de Cristo, el hombre puede participar –si reconoce y confiesa sus pecados– en la gloria de su Resurrección.

EL LIBRO DE BARUC

El libro de Baruc, deuterocanónico del Antiguo Testamento, sigue en la Vulgata latina a Lamentaciones, mientras que LXX lo sitúa después de Jeremías por su indiscutible afinidad. Aunque no formó parte del canon hebreo, era muy leído en las sinagogas junto con las Lamentaciones. Los Padres de la Iglesia (Atenágoras, san Ireneo y Clemente de Alejandría, entre otros) consideraron el libro de Baruc como Escritura inspirada. Así lo reconoció la Iglesia, que desde el Concilio de Trento lo incluye en el canon de libros sagrados.

Baruc, del hebreo *Bârûj* (= bendito), era secretario y discípulo del profeta Jeremías (Jer 32,12 ss.). Al ser asesinado Godolías, fue conducido por la fuerza a Egipto, junto con Jeremías (Jer 43). Más tarde, como él mismo refiere (1,1-2), abandona Egipto y se une a los exiliados en Babilonia, donde escribe el libro y lo lee públicamente con ocasión del quinto aniversario de la destrucción de Jerusalén (581). Ese mismo año vuelve a Jerusalén con el importe de unas colectas destinadas a los que habían quedado en la ciudad, y para que ofrecieran sacrificios de expiación; aprovecha la ocasión para llevar algunos de los vasos sagrados expoliados por Nabucodonosor; pudo leer el libro con ocasión de la fiesta de los Tabernáculos (1,6-14).

Los comentaristas modernos dudan de la paternidad literaria Baruc, secretario de Jeremías, sobre todo por razones históricas. Recurren a las inexactitudes históricas, incomprensibles en un redactor que hubiera vivido en Babilonia en los primeros años del exilio. De cualquier forma, su parentesco con Jeremías es indudable.

CONTENIDO

El libro consta de seis capítulos; el último recoge la Carta de Jeremías. A una breve introducción histórica (1,1-14) siguen tres partes bien diferenciadas: la primera (1,15-3,8) esta formada por una larga oración en la que el pueblo confiesa su pecado e implora de Dios la misericordia y el perdón; la segunda (3,9-4,4) es un himno de alabanza a la sabiduría divina, tan propia de Dios que es inaccesible al hombre, salvo que –como en el caso de Israel– se la haya comunicado el mismo Dios por medio de su ley eterna [11], fuente de vida; la tercera (4,5-5,9) es una doble exhortación, en la que se identifica a Jerusalén con una buena madre; ésta invita a sus hijos (la población de Judá) a la esperanza y confianza en Dios, mientras amenaza con duros castigos a los enemigos de Israel. Termina con un apóstrofe que anuncia el fin del destierro y el retorno a Jerusalén.

La Carta de Jeremías (capítulo 6), cuyo texto original según los críticos fue escrito en hebreo, es en opinión de san Jerónimo pseudo-epigráfica, por ser de fecha muy posterior a los escritos del profeta. Es probable que fuera redactada en el siglo III a.C., cuando se consolidaba de nuevo el culto a los dioses en Babilonia, con las manifestaciones de esplendor y gloria que habían tenido en tiempos pasados; lo cual no supone juicio negativo alguno sobre el carácter inspirado del texto sagrado, reconocido por los Padres y sancionado por la Iglesia.

El contenido del capítulo sexto, de gran belleza estilística, es toda una apología en términos populares del Dios único y verdadero. Se ridiculiza como vano e insustancial el culto idolátrico, al que no han de tener los exiliados ningún tipo de temor, pues por muy revestidos de oro y plata que se encuentren aquellos dioses, en realidad no son más que trozos de madera [12], condenados a la inactividad e incapaces de defenderse por sí mismos. De todo ello va deduciendo el escritor sagrado, a través de una serie de silogismos bien construidos, que los dioses que adoran los babilonios no son más que ídolos, en quien nadie puede confiar. Por esto dice:

> «Son incapaces de librar al hombre de la muerte o de arrancar al débil de las garras del prepotente. No pueden devolver la vista al ciego ni librar al que se halla en la miseria. No sienten compasión de la viuda ni favorecen al huérfano. A los peñascos del monte se parecen esos dioses de madera, dorados o plateados; sus servidores quedarán confundidos. ¿Cómo, pues, se puede pensar o decir que son dioses?» (6, 35-39).

11. La Ley se dice eterna por lo que se refiere a los preceptos morales, no a las ceremonias. Jesucristo llevará aquélla a su plenitud y perfecto cumplimiento (Mt 5,17), mientras que el ceremonial cambiaría con el tiempo.

12. Sería absurdo adorar un trozo de madera, por muy revestido de oro o plata que esté. Si veneramos una imagen es en la medida en que representa a Dios, la Virgen, los Ángeles o los Santos (cf CEC 1159-1161).

La enseñanza de esta breve carta sigue la línea marcada por los escritos proféticos anteriores. En el Dios de Israel, sumamente trascendente, único y verdadero, es en quien deben confiar, y no en los ídolos de Babilonia, de los que nada se puede esperar.

3. Ezequiel

Con Jeremías hemos asistido al fin del reino de Judá. Tras la invasión de Nabucodonosor el año 587, el pueblo en masa es deportado a Babilonia. Allí van a vivir en situación de nueva esclavitud, como hicieran sus antepasados en Egipto.

Ezequiel es el tercero de los llamados profetas mayores. Su nombre proviene del hebreo *Yehezquêl* (= Dios es mi fuerza), en consonancia con la misión a la que Dios le destinaba. De familia sacerdotal, fue conducido a Babilonia en la primera deportación, la del 597, junto con su mujer, el rey Jeconías (Joaquín) y toda su corte (2 Re 24,16).

Como la mayor parte de los deportados, Ezequiel se estableció junto al gran Canal (Nár-Kabari), al sur de Babilonia. Los deportados formaron allí una colonia agrícola, cuyo nombre hebreo es *Têl-Abîb*, nombre derivado del asirio til-abûbi, que significa colina del aluvión, por las ondulaciones arenosas que había alrededor de Nippur. Más tarde, muchos de ellos fueron empleados en las magníficas construcciones que se realizaban entonces en Babilonia.

Cinco años después de la llegada (año 592), cuando Ezequiel había cumplido treinta años, tiene la grandiosa visión de la teofanía divina (1,1 ss), en la que es llamado directamente por Dios para que ejerza el ministerio profético (2,1 ss). Responde de inmediato, con tal generosidad que a partir de entonces y por espacio de unos veintidós años será el verdadero guía espiritual de sus compatriotas en la cautividad. Su vida está llena de sufrimientos e incomprensiones, y eso a pesar de ser hombre de paz. Su mujer muere poco después de llegar a Babilonia, y él mismo moriría en el destierro, probablemente asesinado –así lo afirman san Atanasio y san Epifanio– por uno de los jefes judíos a quien echó en cara su incredulidad e idolatría.

El libro se ha visto sometido a continuas revisiones redaccionales, en las que se aprecian interpolaciones que hacen a veces difícil la lectura. Su redacción definitiva estaba terminada antes del regreso de la cautividad, por la descripción que hace del Templo, que desde luego no se corresponde con el de Zorobabel. La crítica moderna distingue dos partes en el libro: la de los poemas y la escrita en prosa, probablemente de época posterior.

Contenido del libro

El plan general de esta obra recuerda los oráculos de Isaías y Jeremías, divididos en oráculos contra Judá (1-24), oráculos contra las naciones (25-32) y oráculos escatológicos en los que se anuncia la restauración del Templo (33-39 y 40-48). Todo ello enmarcado en la misión profética y espiritual que desempeñó Ezequiel en la cautividad, a partir de la caída de Jerusalén (587). Antes de esa fecha, las profecías se orientaban a prevenir y exhortar al arrepentimiento y a la confianza; los profetas pedían a los reyes que confiaran en Dios y desconfiaran de las alianzas políticas.

Tras un breve prólogo, en el que Ezequiel cuenta su vocación (capítulo 2), se sirve a continuación de una serie de simbolismos para anunciar la caída de Jerusalén y señalar sus causas. Anuncia algo que podría parecer insólito: por providencia divina, Babilonia será el instrumento con el que Dios va a castigar al pueblo elegido. Este castigo, sin embargo, será medicinal, pues tendrá la virtud de purificar los espíritus y encaminarlos de nuevo a la fidelidad con la Alianza.

Una vez realizadas las profecías precedentes, Ezequiel se convierte en el profeta de la esperanza[13]. Consuela y anima a los deportados, a los que anuncia la promesa divina de restauración; con ella tendrá lugar su liberación y el retorno a la patria. De aquí se remon-

13. Desde el capítulo 36 se hace presente con más fuerza la esperanza de un pronto regreso de la cautividad. Los montes serán recubiertos de una gran fertilidad; se habla del «agua pura» como símbolo de la gracia. Con todo, Ezequiel apunta a una era futura, la de la Nueva Alianza. En ella el «corazón de piedra», duro y rebelde, será renovado y dirigido por el Espíritu (Ez 36,25-27).

ta, mediante una serie de símbolos majestuosos, a un tiempo escatológico, el de la nueva Alianza, en el futuro reino mesiánico. Así se lo comunica el Señor:

> «Habitarán la tierra que yo di a mi siervo Jacob, donde habitaron vuestros padres. Allí habitarán ellos, sus hijos y los hijos de sus hijos por siempre. David, mi siervo, será su príncipe eternamente. Concertaré con ellos una alianza de paz que no tendrá fin; los estableceré y los multiplicaré y pondré mi santuario en medio de ellos para siempre. Sobre ellos estableceré mi morada; seré su Dios y ellos serán mi pueblo. Y sabrán las gentes que *yo,* Yahvéh, santifico a Israel, cuando mi santuario esté en medio de ellos por siempre» (37,25-28).

El libro, escrito casi todo él en prosa, tiene una clara intencionalidad didáctica y discursiva, mediante acciones simbólicas que tratan de captar la atención de sus oyentes. Su intención es convencer a un pueblo altamente proclive a la incredulidad. Utiliza para ello imágenes de gran intensidad expresiva, espléndidas por su carácter descriptivo, en las que no faltan ciertos destellos de verdadera poesía.

Aunque el texto hebreo primitivo seguido por la Vulgata aparece en algunos fragmentos en mal estado, es superior no obstante a la versión griega de los LXX y al texto masorético, que se han de tener presentes sin embargo a la hora de reconstruir lugares oscuros o de difícil intelección.

El profeta de la esperanza

Ezequiel es el profeta de la esperanza justo en los momentos más críticos que viven los deportados en Babilonia. Su misión principal consistió en mantener unido al pueblo fuera de su patria, justo en el momento en que se confirmaba la caída de Jerusalén y cundía el pánico entre ellos pensando que habían sido abandonados por Dios.

Tras dejar claro que Yahvéh no está circunscrito a Jerusalén, ni siquiera a Palestina, afirma que extiende su poder también a Babilonia y al resto de los pueblos. Y esto porque su majestad es infinita y su presencia universal. Tendrá de nuevo, por tanto, misericordia con su pueblo, al que ha elegido por un acto de predilección. Lo que puede parecer imposible se hará pronto realidad. El Señor se lo hace ver con la visión simbólica de los huesos desnudos y secos que, ante una orden suya, se revisten de carne y vuelven a ser hombres [14]. Quiere que comprendan que para Dios nada es imposible: aunque hayan muerto, vivirán. Así lo explica:

> «Y me dijo: Hijo de hombre, estos huesos son toda la casa de Israel. Andan ellos diciendo: ¡Se han secado nuestros huesos, se ha desvanecido nuestra esperanza, estamos perdidos para siempre! Por eso, profetiza y diles: Así habla el Señor Yahvéh: Mirad, yo abriré vuestras tumbas, os haré salir de vuestros sepulcros, pueblo mío, y os llevaré a la tierra de Israel. Y sabréis que yo soy Yahvéh, cuando abra vuestras tumbas y os haga salir de vuestros sepulcros, pueblo mío. Infundiré en vosotros mi espíritu y reviviréis; os estableceré en vuestro suelo y sabréis que yo, Yahvéh, lo digo y lo hago» (37,11-14).

Enseñanza

Después de ensalzar la justicia divina, el profeta Ezequiel predica la doctrina de la *responsabilidad personal*, con las consecuencias prácticas que de ella se derivan. Supone esta doctrina un progreso notable en el conocimiento de la revelación. Hasta ahora parecía normal que una ciudad, o toda una nación, fueran castigadas colectivamente, justos y pecadores; más aún, parecía justo que el castigo merecido por los padres recayera sobre los hijos a lo largo de sucesivas generaciones. Con el profeta Ezequiel se produce un cambio de óptica: la salvación o condenación del hombre dependerá sólo de él personalmente, de lo bueno o malo que haga, de su respuesta voluntaria a la gracia.

Los exiliados comienzan a comprender el sentido del castigo por el que Dios los ha conducido a Babilonia. No es algo merecido por sus padres, sino por ellos mismos, por cuanto cada uno personalmente ha desobedecido a Dios al no ser fiel a la Alianza. Pero, a la vez, comprenden la posibilidad que cada uno tiene de volver a recuperar la amistad con Dios. Se avanza desde aquí en la doctrina –aho-

14. La resurrección de los huesos secos (Ez 37,7-9) es símbolo de la resurrección del pueblo de Israel, y figura también de la resurrección de la carne que tendrá lugar en el juicio final (Dan 12,2; 2 Mac 7,9-14; Mt 22,29-32; 1 Cor 15,52-54).

ra explícita– de la retribución individual. Al ser el hombre, y sólo él, responsable de sus actos, también a él le corresponde el mérito por sus buenas acciones. Basta con que se convierta de corazón a Dios, para hacerse personalmente digno de su perdón. Así lo expresa el siguiente texto:

> «Si el impío se convierte de todos los pecados que ha cometido, observa todos mis preceptos y hace lo que es justo y recto, vivirá sin duda, no morirá. Ninguno de los pecados cometidos le será recordado, sino que debido a la justicia que ha practicado vivirá. ¿Es que yo me complazco en la muerte del impío, dice el Señor Yahvéh, y no más bien en que se convierta y viva?» (18, 21-23).

Es indudable que el profeta Ezequiel contribuyó de modo eficaz a reagrupar a los cautivos en torno al sacerdote y a la ley; revitalizó el contenido de la religión, haciéndola más interior y personal; devolvió la esperanza a los que estaban dispuestos a mantener su fidelidad a Yahvéh y no a Marduk; ayudó a ver las cosas con visión de futuro y, sobre todo, les abrió a un horizonte espiritual más amplio, a una renovación más auténtica.

Apertura a un futuro mesiánico

En ese futuro que anuncia, será Dios mismo el que realice la purificación y renovación de los corazones:

> «Os rociaré –dice el Señor– con agua pura y os purificaré de todas vuestras inmundicias y de todos vuestros ídolos. Os daré un corazón nuevo y os infundiré un nuevo espíritu; quitaré de vuestro cuerpo el corazón de piedra y os daré un corazón de carne. Infundiré mi Espíritu en vosotros, y haré que viváis según mis preceptos, observando y guardando mis leyes» (36,25-27).

Dentro de un horizonte mesiánico, será Dios mismo quien busque a cada hombre, como busca el pastor a sus ovejas[15]. Aparece aquí

15. Este *pastor*, tanto para judíos como para cristianos, es el Mesías, el cual es llamado David por Jeremías (30,9) y Oseas (3,5), al ser David figura y antepasado del Mesías (cfr. Jn 10,11-18).

la alegoría del Buen Pastor, a la que se refiere Jesús haciéndola propia (Jn 10,11-18). El texto es preciso:

«Así habla el Señor Yahvéh: Yo mismo cuidaré de mi ganado y le pasaré revista. Como un pastor pasa revista a su ganado, cuando encuentra su grey dispersa, así pasaré yo revista a mis ovejas y las recobraré de todos los lugares... Yo mismo llevaré mi rebaño a pastar y yo lo devolveré al lugar de su descanso, dice el Señor Yahvéh. Buscaré la oveja perdida, y tornaré a la descarriada; vendaré a la herida, fortaleceré a la flaca, cuidaré de la gorda y robusta: las apacentaré como es justo» (34,12-16).

Y concluye con el anuncio de la nueva Alianza:

«Concertaré con ellos una alianza de paz que no tendrá fin; los estableceré y los multiplicaré, y pondré mi Santuario en medio de ellos para siempre» (37,26).

Acaba el libro con la descripción del futuro templo (48,35). Es una descripción idealizada de la nueva Tierra Prometida, de la Ciudad Santa, de la Nueva Jerusalén. Representa el futuro reino mesiánico bajo los símbolos del templo perfecto, junto con un culto y una tierra también perfectas. En la ciudad de la que habla, situada en lo alto de un monte, se vislumbra en lejanía la Iglesia, aunque el término inmediato de la profecía es la reconstrucción de Israel, símbolo de la futura restauración mesiánica.

4. Daniel

Tanto en la versión de los LXX como en la Vulgata, el libro de Daniel ocupa el cuarto lugar entre los profetas mayores, después de Ezequiel. La Biblia hebrea, en cambio, lo incluye entre *los Ketûbîm* (Escritos), antes de Esdras y después de Ester, sólo en su parte protocanónica (capítulos 1 al 12). Es probable que con anterioridad al siglo I a.C. se encontrara entre los *Nebîîm* (Profetas), de donde dependerían los LXX.

Cuanto sabemos de Daniel, en hebreo *dâniyy´êl* (= Dios es mi juez), procede del libro que lleva su nombre. Pertenecía a una familia noble de Judá, y junto con otros niños judíos fue conducido por orden de Nabucodonosor al cautiverio de Babilonia el 605 a.C. Seleccionado por el rey junto con otros jóvenes hebreos (Ananías, Misael y Azarías[16]), vivió y se educó en la corte real con el nombre de Baltasar. De Dios recibió gran sabiduría e ingenio que le sirvieron para ganarse el favor del rey; agradecido éste por haberle interpretado sus sueños, le concede la más alta dignidad de su imperio. El rey Darío quiso nombrarle primer ministro de su reino (6,4), pero la envidia de sus ministros abortó el plan, hasta el punto de querer darle muerte, de la que Dios le libró de modo milagroso (6,23).

Autor y género literario

El libro, en su última redacción, parece que procede de un judío posterior al destierro, de nombre Daniel; bajo el manto del anonimato y protegido por un nombre antiguo y venerable, inicia con este libro los escritos de la literatura apocalíptica. Compuesto en la época macabea (167-163 a.C.), el autor pretende consolar a sus contemporáneos abrumados por la persecución de Antíoco IV Epífanes. El libro está basado en la historia de un personaje de la época exílica, y a partir de ahí –en opinión de Muñoz Iglesias– el redactor construye una historia edificante de carácter midrásico.

Los capítulos 1-2,4a y 8 a 12 fueron escritos en hebreo, y 2,4b-7,28, en arameo. Algunos críticos piensan que el texto primitivo estaba escrito en hebreo y que las partes arameas serían fruto de ajustes posteriores para completar los trozos deteriorados o simplemente perdidos. Otros, por el contrario, piensan que el texto original debió escribirse en arameo, pero por exigencias jurídicas de inclusión en el canon fue traducido al hebreo. De cualquier forma, no hay dudas sobre la canonicidad de los supuestos pasajes interpolados, como tampoco las hay en lo que se refiere a las secciones deuterocanónicas, garantizadas por la tradición judeo-alejandrina, la cristiana y la definición magisterial del concilio de Trento.

16. A estos cuatro jóvenes les cambiaron sus nombres hebreos por otros babilonios: Daniel por el de Baltasar, Ananías por Sadrak, Misael por Mesak y Azarías por Abed-Negó (o Nebó = servidor de Nabú).

CONTENIDO DEL LIBRO

El libro, dividido en dos partes, se propone demostrar la superioridad del Dios de Israel, único y verdadero, sobre los dioses paganos; lo cual se va a probar por la experiencia personal de Daniel y por las diversas profecías que se van sucediendo.

En la primera parte (1-6), el autor relata algunas de las experiencias de Daniel en la corte de Babilonia. Todo comienza por la interpretación de un sueño que tuvo el rey y que ninguno de los magos de la corte es capaz de revelar. Daniel, por una especial inspiración divina, lo interpreta. Se trata de la visión de la estatua (capítulo 2), en la que predice que cuatro reinos se sucederán en la tierra antes de la venida del Mesías. Son éstos: el babilónico (oro), el medo-persa (plata), el griego (bronce) y el reino Tolomeo de los diádocos. El significado último de esta profecía es que a los diversos reinos paganos –personificación del reino de Satanás– se opondrá el reino del Dios del Cielo, inaugurado por el Mesías. El episodio acaba con una profesión de fe en Yahvéh por parte de Nabucodonosor, a la que sigue la exaltación de Daniel y sus compañeros, que son promovidos a los más altos honores de la corte.

Tiempo después, en el curso de una orgía a la que asiste el rey Baltasar –presentando por el autor del libro como hijo de Nabucodonosor [17]– aquél se queda asombrado de la sabiduría de Daniel, que logra descifrar las enigmáticas palabras escritas por una mano misteriosa en la pared (5,25) [18]. Su predicción, en efecto, se acabará cumpliendo: Babilonia caería en poder de los persas. El rey reconoce el poder y la justicia del Dios de Daniel.

17. El Baltasar que aquí se menciona no fue hijo de Nabucodonosor, sino de Nabonid; además, no era rey, sino co-regente con su padre en Temá.

18. En el transcurso de una orgía nocturna el rey Baltasar ve una mano que escribe en la pared tres palabras arameas: Mené, Thekel y Phares, que recuerdan tres monedas orientales. *Mené* significa medido, *Thekel* pesado y *Phares* dividido. Aunque es difícil encontrar unanimidad en la significación de estos términos, lo más probable es que se trate de una alusión al declive progresivo de los tres imperios que se sucederían: el babilonio, el medo y el persa; o bien a sus tres reyes: Nabucodonosor, Evil-Merodak y Baltasar. En este caso, la extraña inscripción vendría a decirle a Baltasar: Dios ha medido tu reino y lo ha entregado; tú has sido pesado y fuiste hallado falto de peso; tu reino ha sido dividido y entregado a medos y persas.

La primera parte termina con un prodigio extraordinario: Daniel es salvado del foso de los leones sin sufrir el más ligero rasguño (6,21-24), como poco antes también habían sido librados Sidraj, Misaj y Abed-Negó del horno encendido al que fueron arrojados por negarse a adorar la estatua de oro (3,20-90).

En la segunda parte (7-12) se relatan cuatro visiones proféticas de género apocalíptico. La primera (capítulo 7) corresponde al año primero de Baltasar. Daniel ve cuatro bestias monstruosas que salen del mar. Un ángel explica a Daniel su significado: las bestias representan cuatro reinos sucesivos; del último surgirá un rey que tratará de exterminar al pueblo de Dios, pero será derrocado y el «pueblo santo del Altísimo» recibirá dominio eterno y universal.

La segunda visión (capítulo 8) se sitúa en el año tercero de Baltasar. Simboliza la caída del imperio medo-persa, la aparición del imperio de Alejandro Magno y la arrogancia sacrílega de quien en su prepotencia atacaría al pueblo de Dios y profanaría y destruiría el Templo: Antíoco IV Epífanes.

La tercera visión (capítulo 9) corresponde al año primero de Darío el medo. Mientras Daniel se encuentra meditando sobre la profecía de Jeremías acerca de los setenta años que pasaría Israel en el destierro de Babilonia, el ángel Gabriel le anuncia que la restauración plena se cumplirá después de setenta semanas de años (490 años), con la venida del reino de Dios. El término *a quo* de esta profecía es el vaticinio de Jeremías (Jer 25,12; 29,12) sobre el regreso del pueblo de la cautividad de Babilonia. El término *ad quem* es la persecución y muerte de Antíoco IV Epífanes. Al fin de estas setenta semanas de años cesarán el sacrificio y la oblación, hasta que la ruina decretada llegue sobre el devastador. Entonces tendrá fin el pecado y aparecerá el reino del Mesías.

La cuarta visión (10-12) se sitúa en el año tercero de Ciro. Es una secuencia relacionada con los gobernantes de Israel hasta Antíoco IV, cuyas conquistas y última persecución se describen con gran colorido y viveza. A pesar de esto, el pueblo ha de conservar la esperanza, puesto que pronto llegará para él la hora de su liberación, preanuncio de la futura era mesiánica. ¿Se habla en el capítulo 12 de la resurrección universal antes del juicio final? Unos han querido ver en este texto anunciada la resurrección, como lo había hecho Is 26,19. Otros piensan, sin embargo, que se trata más bien del fin de la estancia en el *sheol**, a la que seguirá la bienaventuranza para los justos y la eterna condenación para los impíos.

El libro se cierra con un apéndice (13-14), que contiene las historias de Susana, y de Bel y el Dragón, resueltas favorablemente gracias a la prudencia y agudeza de ingenio de Daniel.

La providencia de Dios y el futuro reino mesiánico

Del conjunto del libro se desprende una lección principal: el Dios de Israel, único y verdadero, omnisciente y soberano Señor de los acontecimientos, es el Rey de reyes y Señor de cielos y tierra, el que con su infinita sabiduría y poder rige el curso de la historia, salvando a quienes le son fieles y desbaratando los planes de cuantos intentan enfrentársele. Toda resistencia que se le quiera oponer acaba en guerra y destrucción; y en triunfo, en cambio, para quienes le obedecen y son fieles a sus leyes.

Sin mermar para nada su trascendencia, Dios gobierna el mundo y cuida amorosamente de sus criaturas. En este gobierno ocupan lugar muy destacado los ángeles, cuya misión es la de proteger a los hombres. Si Dios permite en ocasiones que el hombre justo sea tentado, perseguido y calumniado, es para probar su fidelidad y concederle el premio por sus buenas obras. Daniel ciertamente se horroriza a la vista de las penalidades que sufren los israelitas en el exilio, semejantes a las que siglos después padecerán por la persecución de Antíoco IV Epífanes. Pero Dios quiere que su tristeza quede mitigada, no tanto por el recuerdo de un pasado glorioso, sino por la esperanza que le abre de un futuro más seguro en el reino mesiánico.

Refiriéndose a la doctrina mesiánica expuesta por Daniel, dice Saydon que «difiere sensiblemente de la de los demás profetas, en cuanto que está casi totalmente absorbida por el aspecto escatológico del reino de Dios. Antes de la venida del Mesías todos los poderes hostiles, y particularmente el gran perseguidor del pueblo de Dios (Antíoco IV) serán totalmente derrocados. El reino mesiánico, imperceptible al principio, se extenderá con el tiempo por toda la tierra. Si bien, una vez establecido sobre ella, será un reino espiritual, basado en la paz y la justicia y en el reconocimiento del único Dios verdadero. El rey mesiánico no conquistará el mundo por la espada, será el "Hijo del hombre" y recibirá el poder real de manos del mismo Dios, quien únicamente posee el derecho de darlo a quien le plazca»[19].

La profecía de Daniel viene, por tanto, a poner punto final a las intervenciones de Dios en toda la historia precedente. Desde ahora se abren para el pueblo de Israel nuevos horizontes: el reino de Dios se abrirá a todas las gentes, hasta su último y definitivo estadio, el reino mesiánico que durará eternamente. Es en esta perspectiva donde se sitúa la doctrina sobre la resurrección de los muertos, con el premio de los justos y la pena eterna de los réprobos, avance doctrinal importante respecto de los libros proféticos anteriores.

B
LOS DOCE PROFETAS MENORES

En este apartado se incluyen doce pequeños libros u opúsculos atribuidos a los llamados «Profetas menores», a los que no se denomina así por su menor importancia, sino por la brevedad de sus escritos. Como los demás libros proféticos, fueron escritos bajo el carisma de la inspiración y, por tanto, forman parte del canon bíblico.

La Neovulgata –como antes lo hiciera la Vulgata– sigue el mismo orden de la Biblia hebrea, que presentó estos libros de acuerdo con la cronología mantenida por la tradición, dentro de un período de unos cinco siglos de la historia de Israel.

Hemos elegido, no obstante, el orden histórico que nos parece más probable, agrupados por siglos, dentro del cual destacamos los aspectos que consideramos de mayor relieve[20].

19. P. P. Saydon, *Verbum Dei,* t. II, p. 619.

20. Para un comentario más amplio sobre los «Profetas Menores» pueden consultarse, entre otros, R. Cavedo, *Profetas. Historia y teología del profetismo en el Antiguo Testamento*, Madrid 1996; G. Rinaldi, *Il Profeti Minori,* Torino 1953; J., Coppens, *Les Douze Petits Prophètes: breviaire du prophétisme,* Brujas-Lovaina 1950; A. Van Hoonacker, *Les Douze Petits Prophètes,* París 1908.

Siglo VIII a.C. (hasta la caída de Israel)

1. Amós

El profeta Amós, del hebreo *amôs* (= Yahvéh ha sostenido), es el más antiguo de los profetas escritores. Nació en Teqoa, cerca de Belén, probablemente a comienzos del siglo VIII. Dios lo llama mientras pastoreaba su rebaño, para que profetice en el reino del Norte. Su elección –según comenta– es del todo gratuita, ya que ni era «profeta» ni «hijo de profeta». Su actividad se encuadra entre el 760 y el 750 a.C., en tiempos de Jeroboam II (783-743). Elige como centro de su actividad profética el santuario cismático de Bet-El, en el camino que va de Jerusalén a Sikem. Es coetáneo de Oseas.

El reino del Norte gozaba en este tiempo de un especial esplendor gracias a sus conquistas. Muy enriquecido, el bienestar económico era envidiable; pero junto al lujo y despilfarro de unos, brillaba, por contraste, la escasez e indigencia de otros. Las injusticias habían proliferado y por todos lados se notaba la ausencia de una vida verdaderamente religiosa. Amós, hombre celoso de la gloria de Dios, no vacila en condenar la vida disoluta de las ciudades, las injusticias sociales y la falta de autenticidad en el culto divino (5,21-22). Sin ningún tipo de eufemismos desenmascara a los que sin conciencia traficaban con la debilidad del pobre (8,6), a los jueces corrompidos que se dejaban sobornar (5,10-15) y a los ricos y a los aristócratas que, sin corazón, iban a lo suyo.

El libro es un cántico a la omnipotencia divina y a la perpetuidad de la Alianza. Amós se sirve para ello de imágenes llenas de colorido, de parábolas vivas que toma de su vida pastoril y campesina. A través de cinco visiones simbólicas, anuncia los castigos, ya inminentes, que caerán sobre Israel. Si el pueblo no rectifica, vendrá sobre él de modo inexorable el castigo de Yahvéh. Vaticina la caída del reino del Norte y el destierro de sus habitantes. Es la última llamada que Dios hace a su pueblo antes de dar cumplimiento al castigo que anuncia.

Con Amós aparecen dos temas que serán después objeto de predicación abundante por parte de los demás profetas. Anuncia, en primer lugar, el «día de Yahvéh», caracterizado por el castigo divino sobre todos los pueblos, incluido Israel; el hecho de ser el pueblo elegido no le confiere inmunidad alguna ni trato de favor; de otra parte, Amós deja entrever una cierta esperanza de salvación; lo hace mediante una llamada a la conversión y a la penitencia, gracias a la cual se producirá la salvación del «resto» de José (5,15), que junto con el «resto» de Judá serán los beneficiarios de la restauración mesiánica.

2. Oseas

El nombre de Oseas en hebreo es *hose'a* (= Yahvéh socorre). Era este profeta natural del reino del Norte, y como Amós, inicia su ministerio en tiempos de Jeroboam II, rey de Israel (783-743), prolongándose hasta el 730 a.C., ya cercana la caída de Samaria (722 a.C.).

El libro arranca describiendo la vida de Oseas. El profeta se había casado, y del matrimonio había tenido tres hijos[21]. Pasado el tiempo, descubre que su mujer le es infiel. La despide por adúltera; pero más tarde, arrepentido, la perdona y la recibe en su casa. Es un drama personal, en el que de modo simbólico se representa el drama de Yahvéh con Israel, su esposa infiel. Al amor generoso y apasionado de Dios por Israel, éste responde con la ingratitud y el olvido.

En el capítulo octavo se presenta una denuncia contra Israel. Sus cargos principales son: violación de la Alianza, dinastía ilegítima por contravenir la voluntad divina, adoración del becerro de oro, recurso a países extranjeros antes que acudir a la ayuda de Yahvéh, culto idolátrico... Todo ello les hará esclavos en tierra extraña (Dt 28,68).

Oseas crea una fórmula nueva para indicar las relaciones de Yahvéh con su pueblo, las que hasta ahora se habían designado con el nombre de Alianza. Esta alianza se convierte en un auténtico vínculo matrimonial. Se acentúa aún más el amor de Dios al pueblo que con predilección había elegido, un amor que alcanza la categoría de amor

21. Según el texto sagrado, Oseas tuvo tres hijos, una hembra y dos varones, a quienes por mandato divino dio nombres simbólicos y ominosos; a la hija le puso *Jezrael* («porque Yo haré pagar a la casa de Jehú los crímenes de Jezrael», y a los dos hijos *Lo-Rujama* (= no más misericordia) y *Lo-Amí* (= no más mi pueblo).

conyugal, esponsalicio. Sin embargo, este amor grande de Yahvéh hacia Israel con quien se había desposado, no ha sido correspondido: ha recogido el fruto amargo de una esposa que le ha salido infiel, lo cual provoca su indignación, los celos del esposo herido. Israel ha caído en idolatría, ha quebrantado la Alianza, por lo que ha incurrido en «adulterio», «prostitución» y «fornicación» (1,7).

A pesar de tanta ingratitud, Dios sigue queriendo a su esposa adúltera e infiel. Si le anuncia castigos, es para atraerla de nuevo a sí, para que se arrepienta y vuelva a los tiempos de la fidelidad, al frescor de su primer amor.

Para esto le impone una condición: que, arrepentida, vuelva a los días felices de su noviazgo, a la fidelidad a la Alianza con la que se había comprometido. Yahvéh es un Dios celoso que desea verse correspondido. En esto estriba –como se hace ver en el libro- el fundamento de las relaciones del hombre con Dios. Por esto aparece, en labios de Dios, algo hasta ahora desconocido:

> «Porque Yo quiero amor, no sacrificios; conocimiento de Dios, más que holocaustos» (6,6).

El eco de esta doctrina resuena en los profetas posteriores. Éstos, como Oseas, exhortarán al pueblo a un trato con Dios más auténtico y personal. Sólo entonces tendrá el compromiso a la Alianza una repercusión efectiva en la vida moral, familiar y social. La imagen de las relaciones esponsalicias de Dios con su pueblo adquirirá pleno sentido en la nueva Alianza, al aplicarse con toda propiedad a las que se dan entre Cristo y su Iglesia (Ef 5,23-32).

3. Miqueas

El profeta Miqueas, del hebreo *mikayá* (= ¿quién como Yahvéh?), era natural de Morésêt-Gat, pequeña aldea a unos 45 kilómetros de Jerusalén. Su actividad profética tiene lugar en los reinados de Jotam, Ajaz y Ezequías (738-693 a.C). Contemporáneo de Oseas en su juventud, coincide con los profetas Amós e Isaías. Por su origen campesino recuerda a Amós, así como por su lenguaje concreto y vibrante, rico en imágenes de gran colorido y belleza con las que ilustra sus enseñanzas.

De su vida sabemos poco. Por la lectura del libro se deduce que fue un verdadero profeta, elegido por Dios. A diferencia de los falsos profetas, Miqueas no adula al pueblo que le escucha; al contrario, le anuncia el juicio de Dios y los castigos que vendrán si no se convierten de corazón. En un diálogo alternado de amenazas y promesas, en el que se advierte una duplicidad de niveles (Judá-Jerusalén / Israel-Samaria), Miqueas insiste, como antes lo habían hecho Amós y Oseas, en la proximidad del «día de Yahvéh». Ese día, en contra de lo que algunos pensaban, estará lleno de tinieblas, no de luz. Para su consuelo, sin embargo, anuncia que pronto brillará la esperanza para el pueblo tras un período de purificación por sus pecados. ¿En qué consiste esta purificación?

Antes que cualquier ofrenda material, Dios espera del hombre la práctica de las virtudes, en especial de la humildad, la justicia y la caridad, como prueba de que su amor es auténtico. Por esto el culto que le es grato nace de un corazón sincero, humilde; sólo entonces aceptará Dios cualquier otra ofrenda, empapada de amor a Dios y al prójimo (Os 6,6; Am 5,24-25).

Las promesas hechas por Dios a Abrabam (7,20) se realizarán, en efecto, pero en el «resto» del pueblo que se haya purificado (4-5). De este «resto fiel» nacerá en Belén-Efratá Aquél cuyo origen es eterno (5,1). Este nacimiento del Mesías de una mujer, expresamente dicho (5,2), presupone como ya conocida la profecía de Isaías (Is 7,14). El Nuevo Testamento recoje este pasaje y lo atribuye al nacimiento virginal de Jesús, el Hijo de Dios, en Belén (Mt 2,6; Jn 7,42).

Siglo VII a. C. (hasta la caída de Judá)

4. Sofonías

Por el encabezamiento del libro sabemos que Sofonías, del hebreo *sefanyâ* (= Yahvéh protege), profetizó en tiempos de Josías, rey de Judá (640-609 a.C.), probablemente antes del 622 a.C., cuando tuvo lugar la reforma religiosa de Josías. En su predicación, Sofonías hace continuas referencias a los pecados de idolatría (1,4-6) y exhorta al pueblo a la conversión, en línea con sus contemporáneos Jeremías, Nahúm y Habacuc.

El mensaje del libro se resume en el anuncio del «día de Yahvéh», tema predicado ya por los profetas anteriores, sobre todo por Amós e Isaías. Este «día» representa una clara invitación a la penitencia, no sólo para las naciones paganas, sino también para el mismo Judá, obstinado en su rebeldía. No obstante, ese «día», cuando llegue, será como una inyección de esperanza para el «resto» fiel. Lo formarán, como había sido anunciado por Amós e Isaías, los pobres, los humildes, cuantos hayan puesto su confianza en Yahvéh (2,3). La proyección de esta doctrina en el Nuevo Testamento es evidente. Porque es justamente a los pobres, a los humildes, a quienes viene a salvar el Mesías (Mt 11,5); es más, a «los pobres en el espíritu» se dirige la primera de las bienaventuranzas (Mt 5,3).

5. Nahúm

El profeta Nahúm, en hebreo *nahhûm* (= Yahvéh consuela), era originario de Elqós. En verdad fue un consuelo para Judá. En su brevísimo oráculo anuncia en nombre de Dios la caída de su más encarnizado enemigo: Asiria. Su capital, Nínive, pronto sería destruida, como antes lo había sido Tebas (663 a.C.), en justo castigo por sus pecados.

La actividad profética de Nahúm se extiende entre los años 663 y 612 a.C. Como después hará Jonás, Nahúm no se dirige directamente a Israel, sino a los habitantes de Nínive, a los que quiere mover a penitencia. Les habla de la justicia divina, junto con su misericordia, por cuanto Dios defiende y vela por aquéllos que le aman y guardan sus mandamientos, a la vez que castiga a los rebeldes y soberbios de corazón.

Nínive, en efecto, fue castigada el año 612 a.C. por no atender la voz de Dios; su caída sirvió para alimentar, aunque por breve tiempo, las esperanzas de Judá. También ella, a causa de sus infidelidades, sería castigada y su capital, Jerusalén, destruida.

6. Habacuc

Este profeta es algo posterior a Nahúm, pero contemporáneo como él de Jeremías y Sofonías. Su nombre, Habacuc, parece que procede del hebreo *hábaqqûq*, que significa albahaca o menta. No consta de nadie más que tuviera este nombre. Vivió un momento histórico importante: tras la victoria de Nabucodonosor en Karkemís (605 a.C.), los caldeos habían extendido sus dominios por vastas áreas de Oriente. Ahora el peligro se cernía sobre Judá, invadida por primera vez el año 597 a.C. La redacción del libro habría que situarla, por tanto, entre el 597 y el 587 a.C., ya que no se hace mención de la caída de Jerusalén.

En un plano eminentemente providencial, Habacuc plantea en su breve libro el problema de la retribución. Acepta, después de considerarlo en su oración, que los babilonios han sido elegidos por Dios como instrumento de su justicia para castigar los pecados de Judá. Pero hay algo que no entiende. ¿Cómo puede castigar Dios los pecados de un pueblo haciendo que le domine otro aún más injusto? ¿Cómo puede permitir Yahvéh que se ensañen de manera tan cruel y cometan crímenes tan horribles? (1,13 ss). Este lamento, en forma de súplica, viene a ser como un eco del libro de Job, el cual, como pronto veremos, plantea un problema semejante.

La respuesta que se da en el libro confirma la rectitud de la justicia divina, aunque al hombre le cueste entenderlo. El castigo que sufrirá Judá será medicinal; por tanto, temporal y proporcionado a sus culpas, pues sólo «sucumbe el que no tiene el alma recta, mas el justo por su fidelidad vivirá» (2,4).

El libro termina con una oración y un cántico de esperanza, de fe y de abandono en Dios. El que confía en Yahvéh, quizá por momentos sufra y se lamente, pero si persevera y es fiel, se alegrará finalmente en el Dios de su salvación.

Siglo VI a. C. (época persa)

7. AGEO

El profeta Ageo, cuyo nombre procede del hebreo *haggay* (= nacido en día festivo), es el primero de los profetas del postexilio. A partir de él comienza el último período profético, el de la restauración que siguió al destierro de Babilonia. Ageo inicia su predicación el año segundo del rey persa Darío (521-485 a.C.). La temática que plantea es nueva respecto a los profetas anteriores: lo que hasta aquí habían sido amenazas y castigos por las infidelidades del pueblo, se convierte tras el exilio en esperanza y consuelo, en deseos de restauración, a lo que anima insistentemente el profeta.

Recuperada la confianza, los retornados inician las obras de reconstrucción del Templo. Pero en seguida encuentran, como vimos, la férrea oposición de los samaritanos, sus mayores enemigos. Por medio de intrigas habían conseguido de las autoridades persas la paralización de las obras. A este revés inicial se unía ahora el pésimo resultado de una agricultura que no les había dado los frutos que esperaban. Aquel entusiasmo, grande en un principio, está a punto de desaparecer.

Es justo éste el momento –entre los meses de agosto y septiembre del año 520– en que aparece el profeta Ageo. Lo mismo que Zacarías, intenta infundir en la población ánimos y energías, a la vez que insta al gobernador Zorobabel para que mande reanudar las obras del Templo.

La enseñanza de los cuatro sermones que componen este breve opúsculo, puede resumirse así: si Dios ha permitido que las cosechas se pierdan, es a lo que parece porque el Templo –su casa– aún continúa en ruinas y nadie ha puesto los medios para reconstruirla. De su restauración dependerá la prosperidad de Judá, pero sobre todo lo más importante: la venida de Yahvéh y el restablecimiento de su Reino. Con él se abrirá la era escatológica de salvación. Aunque el nuevo templo del que se habla será inferior en esplendor al de Salomón, superará sin embargo a aquél por su estrecha relación con el Mesías, descendiente asimismo de David. La Carta a los Hebreos se hace eco de la profecía de Ageo (2,6-9), según la cual el reino de Dios tendrá perennidad en la nueva Alianza (Heb 12,26 ss).

8. Zacarías

El libro de Zacarías, cuyo nombre procede del hebreo *zekaryâ* (= Yahvéh se acordó) sigue cronológicamente al de Ageo. El profeta Zacarías, hijo de Baraquías y nieto de Ido, pertenecía a una familia sacerdotal que vivió el destierro en Babilonia. Fue llamado por Dios, lo mismo que Ageo, en el año 520 a.C., segundo del reinado de Darío. Es probable que viviera hasta fecha muy próxima a la conclusión de las obras del Templo.

En un estilo literario distinto del de Ageo, pero con un trasfondo doctrinal parecido, el profeta Zacarías describe en la primera parte de su libro (1-8), a través de ocho visiones, el plan divino sobre la restauración del Templo y de la ciudad de Jerusalén. A esto le sigue la promesa de una bendición final sobre Israel. Sin embargo, Dios exige antes a su pueblo una conducta moral intachable, traducida en obras de justicia y de misericordia, de obediencia a sus preceptos. Era un tiempo en que los judíos comenzaron a dar mucha importancia a los ayunos, pero la mayoría de las veces los practicaban de manera puramente externa, más por quedar bien ante los demás que por agradar a Dios. El profeta Zacarías enseña que el ayuno sólo es bueno y agradable a Dios cuando se hace con rectitud y verdadera piedad.

La segunda parte del libro (9-14), de época más tardía, tiene importancia por su doctrina mesiánica. Con pinceladas bastante precisas describe el restablecimiento de la Casa de David (12); la venida del Mesías, manso y humilde, cabalgando sobre un pollino (9,9-10); su pasión y muerte, con la sorprendente profecía del Traspasado (12,10); y termina con su sacerdocio (13,9) y la vocación de los gentiles (14,16). Mateo, en su Evangelio, ve realizada estas profecías en Jesucristo, quien manso y humilde hace su entrada en Jerusalén montado sobre un pollino (Mt 21,2-9), al comienzo de la semana en que daría cumplimiento a su plan redentor sobre los hombres.

9. MALAQUÍAS

El nombre de Malaquías, del hebreo *mal´akî* (= mi mensajero), sirve de título a este libro. De su vida sólo sabemos lo que se desprende del texto sagrado. Debió de realizar su ministerio profético después del destierro, durante la dominación persa, por la relajación de las costumbres que se observa en lo que describe, junto con las negligencias y falta de celo de los sacerdotes censurados por el profeta. A esto se unía el escándalo por los matrimonios mixtos, propio del retorno, y el no menos llamativo de los divorcios, que colmaron la indignación del profeta.

El libro consta de tres capítulos, en seis discursos en forma de «diatriba». El profeta lanza una afirmación que da lugar a las protestas de sus oyentes; esto es aprovechado por él para lanzarles una serie de reproches y amenazas. El impulso religioso que supuso la predicación de Ageo y Zacarías había pasado. El pueblo, desconcertado ahora, anda flojo en su fe. Con un estilo que recuerda al del profeta Ezequiel, Malaquías exhorta a todos –en especial a los sacerdotes– a la práctica de una religión más pura y auténtica, basada en el amor de Dios. Anuncia la venida del Mesías, al que llama «Ángel de la Alianza», a éste le precederá un mensajero que preparará su camino (3,1). Anuncia al Bautista como precursor del Mesías (Mt 11,10).

Con el Mesías, a quien se ordenan en realidad cada uno de estos libros, dará comienzo la era de la salvación. En ella se establecerá un nuevo orden cultual (3,4) y moral (3,5) mediante un sacrificio perfecto. Así lo anuncia el Señor por medio de Zacarías:

> «Pues desde el sol levante hasta el poniente, grande es mi Nombre entre las naciones, y en todo lugar se ofrece a mi Nombre un sacrificio de incienso y una oblación pura. Pues grande es mi nombre entre las naciones, dice Yahvéh Sebaot» (1,11).

Esta profecía se refiere al sacrificio con el que se sellará la nueva Alianza. En él ya no se ofrecerán víctimas de animales, como en la antigua Alianza; será el mismo Cristo quien, como sumo y eterno sacerdote, se ofrecerá a sí mismo al Padre como víctima perfecta. Y lo hará de una vez para siempre en el sacrificio de la cruz, ofreciéndose por los pecados de todos los hombres. Este sacrificio, siendo el mismo del Calvario –la misma víctima, el mismo sacerdote– se renovará a lo largo de los tiempos y en todos los lugares por los ministros de Cristo en el sacrificio del altar.

10. Abdías

Del profeta Abdías, cuyo nombre en hebreo es *'obadyâ* (= servidor de Yahvéh), tenemos pocas noticias. Los veintiún versículos que forman este pequeño escrito lo hacen el más corto de los «Profetas Menores». Sin embargo, decía san Jerónimo admirado: «Profeta pequeño en cuanto al número de expresiones, pero no en cuanto a las ideas». Y es que la visión de Abdías, a pesar de su brevedad, se desenvuelve en dos planos superpuestos de importancia: el castigo de Edom y el triunfo final de Israel el «día de Yahvéh». Como se recordará, los edomitas se habían hecho acreedores de una serie de amenazas por parte de los profetas al aplaudir de modo insensato la destrucción de Jerusalén. Y no sólo esto, sino que unidos después a los extranjeros saquearon la ciudad y persiguieron a los fugitivos (Jer 49,7-22; Ez 25,12 ss). Ahora, en paralelo con el castigo de Edom, se anuncia que Judá recibirá su premio: será restaurada y recuperará los bienes de los que injustamente había sido expoliada. Esta visión se sitúa en la perspectiva escatológica de la última y definitiva restauración mesiánica.

11. Joel

El profeta Joel, en hebreo *yô'êl* (= Yahvéh es Dios), parece que vivió en Jerusalén, ciudad en la que pronuncia sus profecías. Es difícil precisar con exactitud la fecha de su predicación, aunque casi todos los comentaristas coinciden en señalar los años que siguieron al destierro, a caballo por tanto entre los siglos VI y V a.C.

El libro consta de cuatro capítulos, divididos en dos partes. En la primera (1-2) se describe una invasión de langostas y en la segunda se anuncia el juicio de las naciones (3-4). Ambas están unidas por la mención del «Día de Yahvéh». La primera, escrita en verso, narra un acontecimiento que pudo ser real; en la segunda, en prosa, se inserta una predicción apocalíptica. Se admite la unidad de ambas partes, tanto por lo que se refiere a la temática como al autor.

Como hombre piadoso que es, Joel todo lo confía a la oración y a la penitencia. El esperado «Día de Yahvéh» parece ya próximo. Y para confirmarlo refiere una serie de calamidades que anticipan su llegada. La invasión de langostas que describe no se sabe si es símbolo o realidad. Aun siendo realidad, la utiliza como símbolo para anunciar la invasión de gentes paganas en castigo por las infidelidades del pueblo. ¿Será efectivo el castigo? A la penitencia que hacen responde Dios poniendo fin a la plaga y devolviendo al pueblo su prosperidad.

La segunda parte describe el juicio sobre las naciones y la victoria definitiva de Yahvéh. El anunciado «Día de Yahvéh» se proyecta ahora en la era mesiánica, en la consumación de los tiempos, antes del juicio final. Ese día irá acompañado de una catástrofe cósmica. Téngase en cuenta que por estar expresada la predicción en lenguaje apocalíptico, no se ha de tomar en sentido literal estricto. Estas profecías sólo se logra desentrañarlas a la luz del Nuevo Testamento.

La aportación doctrinal más relevante del libro es la profecía sobre la efusión del Espíritu, que llegará a todos en la era mesiánica (3,1-5). Este texto lo cita expresamente el apóstol Pedro el día de Pentecostés (Hch 2,16-21), para afirmar que ese día se había cumplido la profecía en la Iglesia, inundada con los dones del Espíritu. El libro termina con una visión del juicio que tendrá lugar en el valle de Josafat[22], dentro de un marco de claro sabor escatológico en el que destaca la esperanza mesiánica.

22. La creencia popular de que el juicio universal tendría lugar en el valle de Josafat procede de unos pasajes de este profeta (Jl 3,2.12), único lugar en la Biblia en los que se refiere. Una tradición que se remonta al siglo IV de nuestra era sitúa el lugar de este juicio en la ladera oeste del torrente Cedrón, la que mira a Jerusalén. Sin embargo, los comentaristas piensan que, dada la etimología de Josafat (= Yahvéh juzga), tal vez se trate de un nombre simbólico con el que se quiere expresar el lugar en que Yahvéh ejecutará el juicio sobre los enemigos de su pueblo.

12. JONÁS

En la antigüedad se identificó al autor de este libro con el profeta del mismo nombre, Jonás, del hebreo *yônâ* (= paloma), hijo de Amitai (1,1), quien en tiempos de Jeroboam II (783-743 a.C.) había profetizado el restablecimiento de las fronteras de Israel a sus primitivos límites (2 Re 14,25). Hoy no existe unanimidad ni sobre el autor del libro ni sobre la fecha de su composición. Los comentaristas piensan en un autor desconocido, que habría escrito sus cuatro capítulos para hacernos llegar en el mejor estilo narrativo una historia que, aunque la ha personalizado en Jonás, tiene una clara intencionalidad didáctica. Así parece confirmarlo la fecha tardía del libro, distante al menos tres siglos de la época del protagonista, además de la ausencia de referencias a fuentes bíblicas y extrabíblicas. Por el estilo y lengua del libro, abundante en arameísmos, parece que el autor es contemporáneo de Esdras y Nehemías, y por tanto bastante entrado ya el siglo V a.C.

El libro se inicia con una orden que Yahvéh da a Jonás para que vaya a Nínive, la gran ciudad[23], y exhorte a sus habitantes a la penitencia a causa de su maldad (1,2). Jonás se excusa, desobedece; no está de acuerdo con que Yahvéh perdone a aquella ciudad. Huye en barco. Pero tras una fuerte tormenta, los marineros le arrojan al mar pensando que él era la causa de aquel infortunio. El mar se apacigua. Pero he aquí un inmenso pez que se traga a Jonás (capítulo 1); en el vientre del pez permanece durante tres días y tres noches[24]. Al final, el pez lo vomita y se encuentra a salvo en las costas de Pales-

23. Nínive era la capital de Asiria, en la orilla izquierda del Tigris, frente a la actual Mosul. Según la tradición tenía unas grandes murallas que rodeaban la ciudad. Para la debida comprensión del texto, no se ha de perder de vista el género literario empleado, que consiste en tomar como base de la narración un dato cierto para desembocar en una enseñanza moral (Vid. A. Robert y A. Feuillet, *Introducción a la Biblia,* t. I, p. 527).

24. No sabemos a qué clase de pez se refiere. Pudo ser uno de esos cachalotes que se encuentran en el Mediterráneo y que bien pueden engullir a un hombre. El caso es que en el vientre del pez permaneció «tres días y tres noches», que según el modo hebreo de expresarse sólo es completo el segundo día y una parte de los otros dos (Est. 4,16; 5,1). Jesús se sirve de este episodio para profetizar los tres días que permanecerá en el sepulcro antes de su resurrección (Mt 12,39-40).

tina (2,11). Yahvéh vuelve a repetirle el mandato; esta vez Jonás obedece. Al llegar a Nínive predica a sus gentes a lo largo de una jornada que la ciudad será destruida en cuarenta días si no se arrepienten (3, 4). Los ninivitas creen en Dios y ordenan un ayuno; todos, desde el mayor al más pequeño, hacen penitencia (3,5); a ella sigue el perdón de Dios, que lleno de misericordia decide no llevar adelante su amenaza (3,10).

Jonás se aflige al ver que Dios les ha perdonado. Yahvéh le responde con una parábola, la del árbol de ricino que le ha facilitado (4,6) para cobijarse a su sombra. Sin embargo, permite que a la mañana siguiente un gusano pique al ricino y se seque. Ante las protestas de Jonás, el Señor le contesta: «Tú te afligiste por un ricino que no trabajaste para hacerlo crecer, que en una noche nació y en otra pereció, ¿y no voy a tener yo piedad de Nínive en la que hay más de ciento veinte mil personas que no saben distinguir su derecha de su izquierda, y una gran cantidad de animales?» (4,10-11).

La enseñanza parece clara: el plan salvador decretado por la providencia divina es universal, incluye tanto a judíos como a gentiles. Por tanto, desborda las fronteras del pueblo elegido para extenderse sin límites –como no los hay para la misericordia divina– a todos los pueblos necesitados de perdón. Ésta es la razón por la que Jonás ha sido enviado a una ciudad «extranjera». El Señor quiere hacerle ver que su misericordia es infinita, se extiende a todos los hombres sin excepción. Y así como se ha compadecido de él (2,7), lo hace también con los habitantes de Nínive, que han hecho penitencia. Con otras palabras: el decreto por el que Dios se disponía a castigar a Nínive, aunque expresado de manera absoluta, estaba condicionado a la respuesta positiva o negativa que dieran aquellas gentes. Se presiente en este libro la parábola del hijo pródigo, que acaba bien gracias a la bondad y generosidad de aquel padre.

IV
Los libros sapienciales y poéticos

Tras el cautiverio de Babilonia, el pueblo que regresa a Judá necesitaba la ayuda de unos guías espirituales que, en nombre de Dios, despertaran su aún dormida conciencia religiosa. Esta labor había correspondido en un principio a los Profetas, pero cuando éstos faltan cobra importancia suma la labor de los Sabios de Israel. Ellos, con su enseñanza, inician el género literario sapiencial, conocido de antiguo en Israel y que tanto habría de contribuir a revitalizar las costumbres a la luz de los compromisos de la Alianza del Sinaí.

El género sapiencial no era ni originario ni exclusivo de Israel, ya que desde varios siglos atrás se encontraba extendido por Egipto, Babilonia, Fenicia y casi todo el Oriente. Sin embargo, en la Biblia tiene este género unas características propias que lo distinguen de los demás. Sus enseñanzas se basan en la fe monoteísta del pueblo, en la convicción de la estrecha relación que se da entre moralidad y justicia.

La sabiduría en Israel

En la Biblia, el género sapiencial se expresa en distintas formas didácticas: máximas, sentencias, refranes, etc. Es un género literario antiquísimo[1], como lo demuestran el apólogo de Joatán (Jc 9,8-15) y una

1. Sobre la literatura sapiencial pueden consultarse, entre otros, los trabajos de R.A. Dyson, *Verbum Dei,* t. II, pp. 93-103; Profesores de Salamanca, *Biblia comentada,* t. IV, pp. 2-12; P. de Surgy, *Las grandes etapas del misterio de salvación,* pp. 119-124.

serie de adagios diseminados por toda la Biblia. Mas el verdadero arranque de la literatura sapiencial bíblica se remonta a los tiempos de Salomón y de su corte, que siguió también en esto la influencia de pueblos extranjeros. En la corte de Salomón este género brilló a gran altura, por su sabiduría y prestigio personal, hombre célebre entre todos los pueblos vecinos, como consta en el libro de Reyes (1 Re 5,9-10).

Ahora bien, tras el exilio cobran especial relieve los escritos sapienciales, junto con la actividad propiamente dicha de los Sabios de Israel. Atendiendo a su forma y contenido, en la Biblia aparecen cinco libros que pueden considerarse como propiamente sapienciales: Job, Proverbios, Eclesiastés (Qohélet), Eclesiástico (Sirácida) y Sabiduría; y dos más bien poéticos: Cantar de los Cantares y Salmos. En el canon católico aparecen a continuación de los libros históricos, mientras que la Biblia hebrea los sitúa (menos Sirácida y Sabiduría) entre los *ketûbîm* (Escritos). Unos y otros coinciden en señalar la importancia de adquirir la ciencia perfecta que enseña a los hombres a orientar su vida según el querer de Dios.

EL SABIO ISRAELITA

El uso del proverbio era en Oriente una forma depurada de sabiduría popular. Los proverbios pasaban de boca en boca y formaban como un cuerpo de doctrina y de sabiduría fácilmente asimilable por todos. Sin embargo, en el sabio israelita se da una diferencia: él extrae de la Ley, junto con la observación de la naturaleza y los datos de la experiencia humana, las normas de conducta que luego propone en forma de sabios consejos. Esto hace que el sabio israelita sea ante todo un hombre de fe, prudente e interesado por la formación espiritual y humana de su pueblo. En lugar de prescribir la Ley en forma de mandatos, la propone por medio de proverbios y sentencias; con otras palabras: se trata de un auténtico maestro, que sugiere, aconseja y orienta, distinguiéndose tanto del sacerdote como del profeta (Jer 18,18).

Sus rasgos, por tanto, podrían resumirse así:

a) A su fe une un gran *sentido de la realidad,* conseguido a través de la observación atenta de la naturaleza y de los problemas de las gentes. Los presupuestos de la sabiduría tradicional los someterá a una reflexión profunda, analizando los hechos y juzgándolos a la luz de la Alianza.

b) No *impone* sus consejos, sino que más bien los *propone* de modo delicado y sugerente, con el tacto de un verdadero maestro en el arte de enseñar. Respeta la libertad de quienes le escuchan, a la vez que les enseña con razones sencillas, firmes y convincentes.

c) *Practica* lo que enseña, en plena coherencia con lo que dice. Pone especial énfasis en señalar la unidad que debe darse entre fe y vida, consciente de que la sabiduría cuando es verdadera acata los preceptos divinos.

Escritos sapienciales

A pesar de esto, los autores de los libros sapienciales no presentan sus escritos como fruto de la revelación divina, sino de su reflexión, profundizada y madurada a lo largo de varias generaciones. Por esto no dicen nunca: «Así habla Yahvéh». En todo caso se nutren de lo revelado por Dios en los escritos anteriores, a cuya luz maduran sus reflexiones. De ahí que en los escritos sapienciales haya como dos polos diferentes que se complementan: de una parte, los datos de la experiencia; de otra, los deducidos de la Ley. Con excepción de los libros más recientes –Sirácida y Sabiduría–, por lo general los escritos sapienciales no abordan en directo los grandes temas bíblicos de la Ley, la Alianza, la elección de Israel, la promesa, etc. Tampoco muestran una especial preocupación por la historia ni por el futuro del pueblo elegido; se centran más bien en el destino individual del hombre. Es en esta época –alrededor del siglo II a.C.– cuando se plantea abiertamente el tema del más allá, la inmortalidad del alma y la recompensa en la vida futura. Aun cuando desde antiguo existía la esperanza de que los justos en el *sheôl* permanecían unidos a Dios, va a ser ahora cuando se profundice en él, junto con lo que es tema de fondo en estos libros: el sentido del dolor y del sufrimiento en esta vida. Reflexión que se hará cada vez más luminosa hasta alcanzar su cenit con la revelación posterior.

Aunque en estos libros se mezclan lo sapiencial y lo poético, dándose conjuntamente, sin embargo a efectos didácticos nos ha parecido mejor comentar en primer lugar los más directamente sapienciales: Job, Proverbios, Eclesiastés (Qohélet), Eclesiástico (Sirácida) y Sabiduría, dejando para el final los más específicamente poéticos: Salmos y Cantar de los Cantares.

1. El libro de Job

Este libro enseña al hombre que tanto el dolor como el sufrimiento son un misterio de la sabiduría divina. Según el autor del libro, el verdadero sabio debe reconocer que «temer al Señor es la sabiduría; huir del mal, la inteligencia» (28,28).

El protagonista del libro es Job, un extranjero no descendiente de Abraham, rico y natural de Hus, ciudad idumea situada entre Edom y Arabia septentrional, región famosa por la abundancia de sus sabios (Jer 49,7). Job creía en el Dios verdadero, a quien adoraba y ofrecía sacrificios, a veces en medio de grandes sufrimientos.

No se sabe con certeza quién fue el autor del libro. Del texto sólo se deduce que debió ser un sabio israelita, buen conocedor de los profetas y de las enseñanzas de los Sabios de Israel. Probablemente vivió en Palestina, aunque viajó y residió en el extranjero, principalmente en Egipto.

Tampoco se poseen datos ciertos sobre la fecha de su redacción. Por el tono patriarcal de la narración en prosa durante mucho tiempo se creyó que el autor de la obra había sido Moisés. Pero el libro es de fecha mucho más tardía, aun posterior a Jeremías y Ezequiel, con los que indudablemente tiene contactos de expresión y pensamiento; su misma elegancia de estilo y un lenguaje cargado de arameísmos obliga a situar la redacción de este escrito en los años posteriores al exilio. Era ésta una época en que la obsesión predominante no era ya la suerte que correría Israel como nación, sino la preocupación por el destino individual de cada uno de sus componentes. De ahí que, en opinión de los especialistas, una fecha aproximada de su redacción podría ser la de la época persa, entre los siglos V-IV a.C.

ESTRUCTURA DEL LIBRO

El libro de Job es uno de los poemas más completos y bellos de la literatura universal. Se ha comparado con la *Divina Comedia* de Dante y con el *Fausto* de Goethe. En él se desarrolla –escribe A. Vaccari– un tema apasionante, un drama profundamente humano y divinamente sublime, con tal viveza de colorido, con tal energía de afecto, con tal variedad de formas, que bien puede decirse que el lenguaje agotó en él su facundia y el arte su paleta[2].

El poema se divide en tres partes: el prólogo, que comprende los capítulos 1 y 2; el diálogo, que abarca todo el cuerpo central (3-42, 6); y el epílogo con el que termina el libro.

El prólogo hace una presentación de los personajes y presenta en síntesis el tema del libro. Job, hombre piadoso e intachable, vive sin preocupaciones, es feliz. A la vez, y mezclado entre los ángeles, se presenta el adversario –Satán–, que plantea sus dudas a Dios sobre la sinceridad de la virtud de Job. Por esto le exige una prueba de su fidelidad, y Dios se la permite. Las calamidades desde entonces se suceden sobre Job, a consecuencia de las cuales se ve privado de sus bienes y hasta pierde a sus hijos. Pero Job permanece fiel. Una segunda prueba le ataca directamente, esta vez en su misma persona: es herido de gravedad y queda desfigurado. Resignado, acepta el mal físico que Dios le envía, como antes había aceptado agradecido la felicidad de la que había disfrutado. Ante su respuesta, Satanás se rinde y queda derrotado. Pero el dolor de Job es tan profundo que prorrumpe en un grito de lamento; ocurre esto cuando sus tres amigos tratan de consolarle después de que ha permanecido siete días en completo silencio.

El diálogo lo inicia Job ante la incomprensión de los tres amigos, que no entendían el porqué de su dolor. Partían en su argumentación de la idea entonces corriente de que sólo sufre el que ha pecado; no comprendían la insistencia de Job en su inocencia, y aun llegan a considerar su actitud como una afrenta a la justicia divina. De ahí que le inviten a que reconozca su culpa e implore perdón.

Job no dice en ningún momento que esté libre de pecado; sólo dice que los sufrimientos que padece son mayores que sus faltas. No

2. Vid. A. Vaccari, *La Sagrada Bibbia*, t. IV, pp. 13-110.

acusa a Dios de injusticia, sólo que no acierta a explicarse por qué le envía tales sufrimientos. Los amigos, Elifaz, Bildad y Sofar, que van interviniendo en el diálogo, tratan por todos los medios de convencer a Job de su culpabilidad. Pero él se sabe inocente y no puede aceptar el cargo que le hacen al convertirle en reo de un pecado que no ha cometido.

Tras dirigirse confiado a la sabiduría divina (28), Job apela en su favor al Juez supremo, el único que puede hacerle justicia y declarar su inocencia. Dios le escucha y se sirve de Eliú, un joven que había permanecido en silencio durante el diálogo y que ahora interviene en su favor. Eliú, ante la admiración de los presentes, aporta algo del todo nuevo: Job no debe decir que Dios le condena, porque Dios no manda males y sufrimientos en la vida presente sólo como castigo; a veces, si lo hace, es para purificar al hombre de sus faltas y preservarlo de culpas mayores. Con estas palabras, además de consolar a Job y justificar su inocencia, Eliú ilumina y aclara el porqué de su inmenso dolor. Anuncia finalmente una intervención directa de Yahvéh en favor de Job. Éste, callado y perplejo, no sabe qué responder. Se arrepiente de las quejas que ha proferido y promete hacer penitencia. Así se lo dice a Yahvéh:

> «Reconozco que lo puedes todo, ningún proyecto te es inaccesible. ¿Quién es ése que enturbia el consejo con palabras insensatas? Así, he hablado sin cordura de maravillas difíciles para mí, y que no comprendo. Escucha, déjame hablar; yo te interrogaré y tú me instruirás. De oídas yo te conocía, pero ahora te han visto mis ojos. Por eso retracto mis palabras y en polvo y ceniza hago penitencia» (42,26).

En el *epílogo,* una vez pronunciada la sentencia divina, los tres amigos de Job son condenados mientras a él se le declara inocente. Como premio a su virtud, Dios le restituye sus bienes, y aun se los duplica:

> «Yahvéh restituyó a Job en su antigua condición por haber intercedido en favor de sus amigos; más aún, Yahvéh duplicó todos los bienes que Job tenía primero. Todos sus hermanos, hermanas y antiguos conocidos vinieron a visitarle y celebraron un banquete con él en su casa» (42,10-11).

El desenlace ha sido feliz y la enseñanza clara, aunque no del todo comprensible para Job. Acepta que Dios no tiene por qué dar cuentas a nadie de lo que hace: su providencia tiene designios misteriosos, impenetrables para el hombre. Pero no acaba de entender por qué ha permitido Dios sus males. Piensa que Dios tiene sus razones, aunque el hombre no alcance a comprenderlas.

Los interrogantes de Job

La cuestión inicialmente planteada por Job no se resuelve en este libro, como tampoco lo será plenamente en los siguientes hasta época muy cercana a la era mesiánica. La conclusión moral a la que se llega consiste –según Vaccari– en que por una sabia pero misteriosa disposición divina, a veces los mismos justos son afligidos sin que por su parte medie culpa alguna. Más adelante, sin embargo, Dios termina premiando su virtud, desconocida durante mucho tiempo para los hombres por ignorar el valor del sufrimiento y el mérito de la paciencia. El problema que plantea Job, en definitiva, no es otro que el del origen del dolor, en su razón ontológica más profunda.

Queda sin respuesta todavía el porqué del sufrimiento del justo. Por ahora sólo se llega a saber que el dolor, cualquier tipo de sufrimiento, forma parte de los planes divinos; que es preciso aceptarlos, en la seguridad de que mientras duren Dios nunca abandona. El resumen podría ser éste:

- Los sufrimientos prueban la virtud real del hombre.
- Le preservan de la soberbia y le hacen más humilde.
- Si le llegan, debe abandonarse por completo en Dios.

A la luz de los restantes libros sapienciales, sobre todo de los más próximos a la era cristiana, se entenderá mejor la razón del sufrimiento de Job. Él, en verdad, ignoraba por qué al justo le resulta imposible alcanzar la felicidad en la tierra, como desconocía igualmente la suerte del hombre tras la muerte. Aún no entendía que felicidad e inmortalidad son dos realidades que se reclaman mutuamente. Lo que para la razón humana supuso durante siglos un enigma de difícil solución, va a ser aclarado a la luz de la pasión de Cristo, de su muerte y resurrección. A partir de ahí el hombre podrá entender el porqué del sufrimiento del inocente, así como la aparente paradoja que encierra esta frase de Jesús: «Si alguno quiere venir en pos de mí, niéguese a sí mismo, tome su cruz y sígame. Pues quien quiera salvar su vida, la perderá; pero quien pierda su vida por mí, la encontrará» (Mt 16,24-25).

Si Dios aflige al inocente, no es porque no lo quiera; lo quiere y mucho. Lo dice claramente san Juan: «tanto amó Dios al mundo que le entregó a su Hijo unigénito» (Jn 3,16). Más no podía hacer. El misterio está en que no hay amor sin dolor, un misterio que se desvela en la muerte de Cristo en la cruz, el hombre justo e inocente que entrega su vida por la salvación de todos.

2. Proverbios

Este libro, protocanónico del Antiguo Testamento, es atribuido a Salomón. Contiene la colección de proverbios más antigua de la literatura sapiencial. Su denominación proviene del plural de la palabra hebrea *masâl*, que significa sentencia, dicho popular o máxima que atrae la atención del oyente, le cautiva y consigue interesarle por el tema. Al principio se trató de sentencias breves, que más adelante se desarrollaron hasta hacerse parábola o alegoría, discurso o razonamiento. La misma brevedad de las sentencias, que fácilmente eran retenidas en la memoria, las hacía aptas para la instrucción o la enseñanza oral. De aquí que fueran especialmente usadas por los padres en la educación de sus hijos (1,8; 4,1; 31,1).

Por lo que se refiere a la fecha de composición, se ha de tener presente que las máximas de la segunda colección eran ya antiguas cuando los hombres de Ezequías las recogieron hacia el año 700 a.C. Su fecha, por tanto, puede datarse bastante antes del exilio, así como toda la parte central del libro (capítulos 10 a 29). Más incierta es la aparición de los capítulos 30-31, y más tardía desde luego –quizá del siglo V a.C.– la de los capítulos 1 al 9, que vienen a ser un prólogo del libro. Es en esta última época –tras el destierro– cuando éste toma su forma definitiva.

ESTRUCTURA DEL LIBRO

La obra es una recopilación de máximas de sabios, unidas entre ellas de modo accidental, sin un orden previamente establecido. Se pueden distinguir ocho colecciones y un epílogo, de diversos orígenes y antigüedad. Su núcleo principal está formado por dos colecciones de proverbios atribuidos a Salomón (10-22 y 25-29), quien como se dice en el primer libro de Reyes (1 Re 5,12) fue considerado el hombre más sabio de Israel.

La primera parte (1-9) viene a ser el prólogo del libro. Arranca del principio de que la sabiduría está en el temor de Dios. Advierte que es preciso elegir entre la sabiduría y la necedad; una invitación a dejarse instruir, lo cual supone huir de las malas compañías, evitar los matrimonios improvisados, la pereza y otros vicios. Se presenta en el libro la «sabiduría» como un conocimiento de orden práctico y moral, necesario para dirigir la vida según la voluntad de Dios y obtener la felicidad. Otros aspectos de la «sabiduría» se expresan con palabras altamente significativas: disciplina, inteligencia, instrucción, sagacidad, prudencia, reflexión, ciencia, justicia, rectitud, etc.

La segunda (10-22,16) incluye la primera colección de proverbios atribuidos a Salomón[3], entre los que se encuentran varios aforismos sobre la vida y costumbres del pueblo. En los capítulos 10 a 15 los versos aparecen en forma antitética, y desde el 16 en adelante, en paralelismo sinónimo. Un ejemplo es el del hombre justo (10,16) que se esfuerza por trabajar y hacer buen uso de lo que hace: sabe que el trabajo es medio que le conduce a la vida; pero si se aparta de Dios y no busca más finalidad que la de satisfacer sus apetitos y ambiciones, nunca será feliz. Cuanto más se deje atrapar por las cosas, tanto más se alejará de Dios, fuente y origen de la verdadera felicidad.

La tercera parte (22,17-24,22) es una colección de sentencias breves atribuidas a los sabios. Contiene una serie de consejos sobre

3. En esta colección se aprecia un cierto paralelismo con la «Enseñanza de Amenemopé» (papiro egipcio del siglo X a.C.) y con la «Sabiduría de Ajikar», de la misma época. No debe extrañar que la humanidad haya llegado también por caminos distintos al de la Revelación al conocimiento de aspectos profundos de la naturaleza humana, muy próximos al que proporciona la Sabiduría revelada.

los deberes para con el prójimo y la templanza, y apela en todo momento a la prudencia:

> «Inclina tu oído y escucha mis palabras, aplica tu corazón a comprenderlas. Porque te será agradable conservarlas dentro de ti; sean ellas como un agarradero en tus labios. Para que tu confianza esté en Yahvéh, te hago conocer hoy tu camino» (22,17-19).

La cuarta (24,23-34) es un apéndice atribuido igualmente a los sabios. Sus máximas desarrollan el argumento precedente bajo la misma forma literaria, e insiste especialmente en la malicia de la pereza.

La quinta parte (25-29) contiene la segunda colección de los proverbios de Salomón, transcritos por los hombres de Ezequías, rey de Judá. Expone el mismo argumento de la primera colección y lo desarrolla literariamente casi en la misma forma, aunque se aprecian más parangones y antítesis en las sentencias.

La sexta (30,1-14) son dichos de Agur en los que describe la sabiduría de Dios y la mediocridad humana. Aunque el tema es sapiencial, la forma literaria se aparta de la proverbial: comienza con un monólogo, que al principio es una confesión, y acaba con una oración.

La séptima parte (30,15-33) está compuesta por una serie de proverbios que tienen en común su presentación numérica a fin de facilitar la memorización.

La octava (31,1-9) es una exhortación: palabras de Lemuel (v.1) que contienen tres recomendaciones de una madre a su hijo.

En el epílogo (31,10-31) se elogian las dotes de la mujer fuerte en la vida familiar, en un bello poema acróstico; en él se expresan las características de la mujer perfecta, que más que por su hermosura y belleza resplandece por sus virtudes; entre éstas la humildad y fortaleza, piedad y misericordia, honestidad y confianza en Dios. Gracias a ellas podrá esperar con seguridad el porvenir. Si supera el temor es porque sabe que el Señor, como premio a su virtud, vela de continuo por ella y por los suyos.

Consejos y enseñanzas

El libro se presenta como un manual de conducta; pretende enseñar a vivir de acuerdo con las leyes morales, de modo que el hombre pueda alcanzar la honestidad y la bondad, base de la rectitud en el obrar. El que lo logre –se afirma– es el verdaderamente sabio, capaz de comprender los entresijos de la existencia humana; y por estar dotado de cordura, enjuiciará certeramente y sin temores cualquier situación, por difícil que sea.

En Proverbios se ofrecen observaciones atinadas y consejos prácticos sobre los temas más variados. Examina la sabiduría y la necedad, el amor y el odio, la bondad y la maldad, la ira y la paciencia, las riquezas y la pobreza, el trabajo y el ocio; ahonda en las relaciones entre Dios y el hombre, de las que no están ausentes padres e hijos, rey y súbditos, marido y mujer, señor y siervos, amigo y enemigo.

Pero, sobre todo, aconseja sin imponer, en especial el temor de Dios, el amor al prójimo, la caridad, la veracidad, la templanza, la prudencia en el hablar, el silencio en el dolor, la alegría, convencido de que Dios vela de continuo por quienes le aman.

De otra parte, al tener la educación en Israel como fundamento el temor de Dios, principio y síntesis de toda sabiduría (1,7), estas sentencias insisten en el buen uso que se debe hacer de la libertad, para no resistirse a la sabiduría ni oponerse a ella (1,24-25). Mientras el hombre sabio alcanza la virtud, el necio acumula todos los vicios; el primero elige el camino de la vida, éste el de la muerte y la ruina. No obstante, según advierte, la felicidad no es resultado exclusivo del esfuerzo humano, sino de la «bendición de Yahvéh, que es quien enriquece» (10,22).

El capítulo octavo es el de mayor interés. En él se presenta a la sabiduría no ya como un simple dato nocional, objeto de mero análisis; se *personaliza* por ser portadora del verbo divino; se dice que espera a los hombres en las plazas, en los cruces de las calles, a la puerta de las ciudades; invita a todos a su banquete, en una sala bien dispuesta (9,1-11).

Supone, por tanto, un paso más en el progreso de la revelación divina; porque se habla de la sabiduría no sólo como un *ser personal*, sino que se dice que está con Dios desde la eternidad: interviene directamente en la creación del mundo; de ahí que prepararse para recibirla sea cuestión de vida o muerte para el hombre (8,32-36).

Quizá lo que fuera difícil de comprender para aquellas gentes, hoy a nosotros nos resulta fácil, al reconocer en estos textos sagrados al Logos del Evangelio de san Juan, la Palabra que existía desde el principio y que desde siempre estaba con Dios, que era Dios (Jn 1,1).

3. Eclesiastés (*Qohélet*)

Este libro forma parte en la Biblia hebrea de los llamados *ketûbîm* (= Escritos), uno de los cinco *meguillôth* o volúmenes que se leían en la fiestas judías, éste en la de los Tabernáculos (*sûkkôt*).

Su nombre procede de la traducción griega del hebreo *qohélet* con que empieza el libro (1,1). *Qohélet* designa el oficio o la dignidad del que dirige la palabra en una asamblea (*qâhal*). De aquí proceden *ekklesía* y *ekklesiastés*, utilizados en las versiones griega y latina. A Qohélet se le designa en este libro como hijo de David, un caso típico de la literatura pseudo-epigráfica, en el que se atribuye la autoría de un escrito a un personaje ilustre con el fin de darle mayor relieve. En este caso, el autor sagrado quiso poner sus reflexiones bajo el patrocinio de Salomón, el más ilustre y destacado de los sabios de Israel.

Tanto por su doctrina como por los numerosos arameísmos y expresiones del hebreo tardío que utiliza, habría que situar la redacción final del libro hacia el siglo III a.C., época en la que Judá se veía sometida al influjo de la cultura griega. Al autor del libro se le ve abierto al diálogo con esta cultura.

Problema que plantea

En sus doce capítulos plantea el libro un tema único: el de la inutilidad de las cosas humanas, que califica de «vanidad de vanidades» (1,2).

El término *vanidad,* tal como lo emplea, significa viento, soplo o vapor; en sentido metafórico expresa esterilidad, fugacidad. Representa el ser ilusorio de las cosas, y por tanto la decepción que causan en el hombre que confía en ellas. Con esto no dice que las cosas sean malas en sí mismas, sino que están muy lejos de dar la felicidad que el hombre busca en ellas.

Sin un plan definido, y a semejanza de Job y Proverbios, al igual que hará después el Sirácida, el hilo del discurso se mantiene mediante una atenta observación de la vida humana y de cuanto con ella se relaciona: la ciencia, los placeres, la sabiduría, el esfuerzo humano y las riquezas, incapaces –asegura– de proporcionar al hombre la felicidad. De ahí que todo aparezca a la vista de Qohélet como pura vanidad. Ésta es su secuencia:

1. Vanidad de la ciencia (1,12-18). En su reflexión se detiene en el rey sabio, que observa cuanto existe bajo los cielos. Después de adquirir una gran ciencia, afirma que todo es anhelo de viento, pura vanidad.
2. Vanidad de los placeres (2,1-11). Tras grandes esfuerzos por alcanzar la felicidad, busca en una nueva experiencia: los placeres de la vida. No niega a sus ojos nada de cuanto desean, ni priva a su corazón del placer que éste le pide (v.10), pero comprueba en seguida desencantando que todo es vanidad.
3. Vanidad de la sabiduría (2,12-26). ¿Será entonces de provecho –se pregunta– adquirir tanta sabiduría? ¿Supondrá para el hombre un beneficio adquirirla a costa de tanto sacrificio? Y llega a la conclusión de que también esto es inútil, pura vanidad. Pero como Qohélet es hombre de fe, afirma que la verdadera sabiduría, la ciencia y el placer sólo pueden provenir de Dios (v.26).
4. Vanidad del esfuerzo humano (3–5,11). Todo tiene su momento, hay un tiempo para cada cosa. La Providencia gobierna con su sabiduría infinita todo cuanto ha creado. Aunque se escape a la comprensión del hombre, todo tiene una causa, un porqué que sólo Dios conoce. Él nos invita a penetrar en estos misterios con el fin de que reconozcamos la limitación de nuestro entendimiento y su plena soberanía. Quien se negase a aceptarlo caería en el fraude y la corrupción, en la explota-

ción y la rivalidad, en la soledad, envidias y celos, que le alejarían de su hermano y hasta le oprimirían.

5. Vanidad de las riquezas (5,12-6,12). Una nueva reflexión le lleva a afirmar que tampoco en las riquezas encuentra el hombre su felicidad; más aún, pueden llegar a quitarle la paz. Observa con dolor cómo al esfumarse de entre las manos la riqueza que uno ha acumulado con su trabajo es otro quien se aprovecha del fruto de ese esfuerzo.

Después de esta reflexión, Qohélet llega a la conclusión de que la sabiduría aventaja a la riqueza (7,9-14), aunque afirma la impotencia de la virtud para asegurar la felicidad (7,20-29). Sin la sabiduría ve inútil el esfuerzo para que el hombre se asegure el éxito. Por esto ve que tanto la prosperidad como la adversidad parecen distribuidas al azar (9,11-12); la vida misma se presenta como un continuo riesgo, al que el hombre debe enfrentarse con prudencia y abandono en Dios (11,1-6).

Finalmente se refiere a la felicidad de la juventud, que considera contrapuesta a los achaques de la vejez (11,8-12,6). Pero advierte a los jóvenes que no se fíen, que será Dios quien juzgue sus actos, cuando el cuerpo torne al polvo del que salió y el espíritu vuelva a Dios de quien procede (12,7).

El libro concluye con un epílogo en el que Qohélet recomienda el temor de Dios y la observancia de sus mandamientos. De acuerdo con ellos serán juzgadas por Dios las acciones humanas, buenas o malas, y aun las más ocultas.

Insuficiencia de la respuesta humana

Este libro viene a representar un tratado de moral práctica, con diversas advertencias sobre la vanidad de las cosas y su incapacidad para satisfacer nuestros anhelos más íntimos. Sólo por contraste –aún ha de progresar la Revelación– deja entrever el camino de la felicidad a la que todo hombre aspira. El problema de fondo es el mismo que ya se planteara Job: ¿reciben en este mundo recompensa los que obran el bien y castigo los que obran el mal? La respuesta para Qohélet es en ambos casos negativa. La experiencia que vive contradice la solución que había sido admitida desde antiguo: que el justo será feliz en este mundo mientras el malvado será castigado.

Aunque Qohélet profundiza en esta línea, no llega a plantearse como Job el problema del sufrimiento del justo. Constata, eso sí, que las cosas por sí mismas no pueden dar la felicidad, y que todas encierran, por el contrario, una gran vanidad. Pero, aunque a primera vista pudiera parecerlo, no se deja llevar del pesimismo. Apoyado en la fe y por tanto dando por sentada la realidad de la providencia divina, afirma que de Dios procede tanto la prosperidad como la desventura. Al parecer plantea una moral del justo medio[4], es decir, ni derrotista ni optimista, dominada por la confianza en Dios. En cierto modo no da respuesta al interrogante inicialmente planteado. Por eso termina afirmando:

> «El justo perece a pesar de su justicia y el impío prolonga sus días a pesar de su iniquidad» (7,15).

Dios, sin embargo, aprovecha la perplejidad de Qohélet para hacer ver la necesidad que todo hombre tiene de profundizar en su destino eterno. De ahí que ante el reconocimiento de su ignorancia y la impotencia para alcanzar por sí mismo la verdadera sabiduría, Qohélet apele a una revelación última y más completa.

No olvidemos que el libro se sitúa en una época en la que Dios prepara al pueblo para comprender el significado del dolor, del sufrimiento y de la muerte. Es verdad que tenían la Ley dada por Moisés, conocían la predicación de los profetas y la de algunos de los escritos sapienciales; pero, con todo, no habían alcanzado aún un conocimiento preciso sobre las realidades del más allá, en especial sobre la vida y la retribución después de la muerte. Todo esto será objeto de una revelación posterior, como consta en los libros de Da-

4. Según la filosofía del justo medio (Qo 7,16-17), el hombre no debe entregarse alocadamente a la práctica escrupulosa de la religión, ni descuidar irresponsablemente los deberes religiosos, porque ninguno de estos excesos lleva a la felicidad. Por lo que comenta san Agustín: «No censura la justicia del sabio, sino la soberbia del presuntuoso: aquél, pues, que sea demasiado justo, el mismo exceso lo hace injusto». Se hace aquí, en definitiva, una llamada a la prudencia y a la ponderación en el obrar.

niel, segundo de Macabeos y Sabiduría. En ellos aparece explícita la inmortalidad del alma y la retribución del justo en la vida futura.

4. Eclesiástico (*Sirácida*)

La versión de los LXX denominó a este libro *Sabiduría de Ben Sirac;* el nombre latino, *Ecclesiasticus,* no se comenzó a utilizar hasta principios del siglo III de nuestra era. Es posible que fuera denominado así por ser el libro más utilizado en la liturgia de la Iglesia después de los Salmos, y también porque se empleaba al principio como catecismo en la preparación de los catecúmenos.

El libro fue escrito originalmente en hebreo, según lo afirma el traductor griego en el prólogo. El mismo san Jerónimo asegura que lo conoció en esa lengua, aunque no lo tradujo para la Vulgata, y su uso perduró hasta la Edad Media. Después del siglo XI desapareció y no se volvió a utilizar hasta el descubrimiento de unos dos tercios del texto hebreo entre los manuscritos de una vieja sinagoga de El Cairo (1896). La aportación arqueológica de este manuscrito, junto con los textos del mismo que se habían conservado en la literatura rabínica, prueban la existencia del texto hebreo antes del año 132 a.C. La Neovulgata ha conservado la antigua versión latina, preparada sobre un códice griego algo interpolado, al que ha añadido algunas glosas y retoques[5].

Según se dice en la conclusión del libro (50,29), el nombre del autor de este libro es Jesús Ben Sirac, hijo de Eleazar, un escriba docto, humilde y celoso, que residía en Jerusalén. Por su estudio, laboriosidad y correspondencia a la gracia, desde muy joven consiguió penetrar en los misterios de la Escritura. De mayor, según dice, fue viajero incansable, manteniendo los ojos y el alma bien abiertos «para conocer lo bueno y lo malo de los hombres» (34,12; 39,5). Se estableció finalmente en Jerusalén, donde abrió una escuela para la

5. Sobre la formación del texto, véase *Sagrada Biblia, Antiguo Testamento*, t. 3, pp. 899-900, EUNSA 2001; Profesores de Salamanca, *Biblia comentada*, pp. 1081-1083.

instrucción moral y cívica; allí compuso, por inspiración divina, el libro que lleva su nombre. Su nieto –que es el traductor de la versión al griego– llegó a Egipto el año 38.º de Tolomeo Evergetes, quien reinó entre el 170 y el 116 a.C. Lo cual quiere decir que a partir del año 132 decidió hacer la traducción del original hebreo, escrito con toda probabilidad entre el 190 y el 180 a.C., por carecer de referencias a la persecución de Antíoco IV Epífanes (175-164 a.C.).

Contenido

Los temas que aborda este libro van saliendo en un bello y aun premeditado desorden: canto a la sabiduría, fortaleza en la prueba, piedad filial, elogio de los padres y a las amistades. Temas todos ellos altamente representativos de la sociedad de aquel tiempo, próxima ya a la época heroica de los Macabeos. Ante el lector van desfilando las incidencias del ambiente familiar y profesional; problemas tan variados como los que se refieren a los ancianos y a los enfermos, a los poderosos y a los príncipes, a los padres y a los hijos. Al lado de este mosaico de situaciones, Ben Sirac aborda otros temas típicamente sapienciales. Y lo hace siguiendo una estructura que desarrolla en cinco apartados, tal vez en recuerdo de los cinco libros del Pentateuco. En tono sapiencial habla del origen del mal, de la libertad humana, de la creación, del pecado, de la penitencia... En la respuesta a cada una de estas cuestiones emplea la forma clásica del género sapiencial: el *mâshal*[6], aunque algo ampliado, tanto en su forma numérica (25,7-11), como en la paralela (21,16-19) o anafórica (2,7-9. 15-17).

El libro concluye con unos himnos de acción de gracias a Dios creador, que dispuso todo del mejor modo para bien de los justos y castigo de los impíos. A éstos sigue un himno de alabanza a los Patriarcas, por haber vivido en conformidad con la sabiduría que Dios les concedió, desde Adán hasta Simón (seguramente Simón II), hijo de Onías, sumo sacerdote en tiempos de Ben Sirac.

6. Como ya se dijo en Proverbios, por *mâshal* se entiende el conjunto de dichos o sentencias sapienciales que, debidamente estructurados, fueron dando cuerpo a estas colecciones en forma de máximas, parábolas, proverbios, etc.

Enseñanza

Como es común en la enseñanza sapiencial, el traductor griego del libro pone especial énfasis en señalar su finalidad práctica. En primer lugar, aconseja a todos que vivan de acuerdo con la ley divina, regla suprema y motor principal de la conducta humana. Aunque aconseja y no impone, estimula sin embargo a buscar la verdadera sabiduría. Por esto dice en el prólogo que «se ha propuesto escribir algo que sirviera de enseñanza y sabiduría, a fin de que la posean los amantes del saber y puedan progresar así en su conducta de acuerdo con la Ley» (vv. 12-14).

Junto a los numerosos consejos y enseñanzas que contiene, este libro sirvió para formar en la fe al pueblo judío, preparándole espiritualmente para hacer frente a la amenaza ya inminente que le venía del helenismo, justo cuando se le veía avanzar prepotente y avasallador. Era un peligro real para el monoteísmo del pueblo de la antigua Alianza.

Ben Sirac parte del principio de que todas las cosas han de ser contempladas a la luz de la Sabiduría divina. Ésta arranca del «temor de Dios» (1,16), el cual lleva a reconocer el gobierno divino sobre todas las criaturas (17,16-20). Integra de este modo la sabiduría puramente natural –obtenida por la observación del mundo y del hombre– con esa otra que, como don de Dios, procede de la fidelidad a la Alianza (24,32-33). Hay, por tanto, para el autor «una profunda e inseparable unidad entre el conocimiento por medio de la razón y el de la fe. El mundo y todo lo que sucede en él, como también la historia y las diversas vicisitudes del pueblo, son realidades que se han de analizar y juzgar con los medios propios de la razón, pero sin que la fe sea extraña en este proceso. Ésta no interviene para menospreciar la autonomía de la razón o para limitar su espacio de acción, sino para hacer comprender al hombre que el Dios de Israel se hace visible y actúa en estos acontecimientos» (FR 16). Es lo que desarrolla en las cinco partes de las que se compone el libro.

A la luz de la «Sabiduría divina» y de su principio, el «temor de Dios», reflexiona sobre el pecado, la conversión, la humildad, la vida y la muerte, las relaciones entre los hombres: amigos, padres, esposos, hombres y mujeres, gobernantes y súbditos, ricos y pobres. Se detiene en la veracidad y en la mentira, en el dominio de la lengua y en el libre albedrío. En línea con los libros de Job y Qohélet, el Sirácida aborda el tema de la retribución divina, la realidad de la muerte, el culto y la liturgia del Templo, para acabar dando gracias a la providencia divina que actuó y sigue actuando por el bien de su pueblo.

Avisa, no obstante, de que el mayor enemigo con el que se toparán –aliado del helenismo– no procede de fuera; lo tienen dentro: el aburguesamiento, la relajación de las costumbres, la pereza y la negligencia ante lo que preceptúa la Ley. Por esta razón, Ben Sirac exhorta a la coherencia en la conducta y, en consecuencia, a una observancia más estricta de la justicia y de la misericordia con el prójimo.

La riqueza doctrinal de este libro llega a su cumbre en el capítulo 24, al presentar a la Sabiduría como realidad personal: aquélla que desde el principio tuvo junto a Dios, creador y supremo legislador de los hombres. La misma sabiduría que ahora, en su bondad y misericordia infinitas, habla personalmente al pueblo de Israel.

> «Yo salí de la boca del Altísimo y cubrí la tierra como una niebla... Entonces me ordenó el Creador de todas las cosas, y mi Hacedor fijó el lugar de mi habitación, y me dijo: "pon tu tienda en Jacob, y en Israel ten tu heredad". Desde el principio y antes de los siglos me creó, y para la eternidad viviré» (24,3-9).

Es una Sabiduría que, como ya se advertía en Proverbios, está íntimamente unida a Dios, a la vez que se presenta como distinta de Él. Características que se aplicarán más tarde al Logos divino, que tras su Encarnación hará más fácil de entender lo que aquí permanece aún en el claroscuro del misterio.

Ben Sirac preparó así al pueblo, poco antes de la escisión que dividiría a saduceos y fariseos. Aunque ve la Sabiduría como especialmente destinada a Israel, de modo que sea su apoyo y fortaleza, se proyecta también a través de él a todos los pueblos. Sus enseñanzas son, desde el punto de vista doctrinal, extraordinariamente valiosas. Aunque a mucha distancia aún del Sermón de la Montaña, se barruntan en el libro ciertos rasgos que serán característicos del Nuevo Testamento. Así, por ejemplo, Ben Sirac se dirige a Dios con entera confianza llamándole «Padre». Lo expresa así en su oración:

> «Señor, Padre y Dueño de mi vida, no me abandones al capricho de mis labios, no permitas que por ellos caiga... Señor, Padre y Dios de mi vida, no me des mirada altanera» (23,1-4).

Suponen sus enseñanzas también un avance notable en la doctrina sobre el amor al prójimo. Afirma que Dios no perdonará nuestros pecados si antes no perdonamos de corazón a quien nos ofende. Lo dice con estas palabras:

> «Perdona a tu prójimo la ofensa, y así, por tu oración, te serán perdonados los pecados. Si un hombre alimenta rencor a otro, ¿cómo podrá pedir al Señor perdón? Si no tiene misericordia de su semejante, ¿cómo se atreve a suplicar por sus propios pecados?» (28,2-4).

Se perciben en estos textos la atmósfera ya cercana de la predicación de otro Jesús: el de Nazaret, el Mesías prometido, que haría realidad cuanto se dice de él en el Antiguo Testamento.

5. Sabiduría

Llamado Sabiduría en la Vulgata latina y Sabiduría de Salomón en la versión de los LXX, es uno de los libros canónicos más representativos de la literatura sapiencial. Por su belleza literaria, pero sobre todo por su gran contenido doctrinal, deja ya a las mismas puertas de la revelación neotestamentaria.

Aunque en el texto se atribuye la autoría del mismo a Salomón, es claro que –como vimos en otros libros sapienciales– se trata de un recurso de pseudonimia, simplemente para dar mayor realce al escrito; es decir, que el autor sagrado se ha servido de la fama y prestigio de Salomón por ser, en efecto, el mayor de los sabios de Israel.

El libro fue escrito en griego, incluidos sus cinco primeros capítulos, que algunos pensaron que habían sido escritos originalmente en hebreo. Lo confirma su lenguaje elegante y culto, su unidad temática y la misma uniformidad de estilo. Es probable que el autor sea un judío helenista, que escribiera movido por su fe en Dios (9,1). Abominaba de toda forma de politeísmo y se sentía orgulloso de pertenecer al «pueblo santo», el de «estirpe irreprochable» (10,15). Por sus frecuentes referencias a Egipto, debió escribir el libro en Alejandría, capital del helenismo en la época de los Tolomeos y foco cultural de los judíos de la Diáspora.

Se desconoce la fecha en que lo compuso, aunque parece escrito con posterioridad a la versión griega de los Setenta y con anterioridad a Filón de Alejandría, a quien desconoce. Las referencias a la persecución que sufren los judíos (2,1-20;15,14) parece un dato importante para fijar la redacción del libro hacia los años finales del reinado de Tolomeo Dionisio (80-52 a.C.), época muy próxima ya al cristianismo y a la dominación romana, de la que no se hace mención[7].

Estructura y contenido

En el libro se pueden distinguir tres partes:

La primera (1-5) es de carácter profético y un tanto hebraizante por los conceptos que utiliza. Exhorta a practicar la justicia y a buscar con sinceridad a Dios. Como paso previo insiste en la pureza y rectitud del corazón, así como en la huida de todo pecado. En ese cuadro general contrapone la suerte final de los que son fieles a Dios, que reciben su premio, y el castigo de los impíos, con un final desgraciado en la vida eterna[8].

La segunda (6-9) está dedicada a exponer el origen de la sabiduría y los medios que se requieren para conseguirla. Hablando en nombre de Salomón –el sabio por excelencia– el autor explica lo que entiende por sabiduría:

> «Hay en ella un espíritu inteligente, santo, único, multiforme, sutil, ágil, penetrante, incontaminado, diáfano, impasible, amante de lo bueno, agudo, incoercible, benéfico, amante de los hombres, estable, firme, sin preocupación, todopoderoso; todo lo vigila, penetra en todos los espíritus inteligentes, puros, sutiles. La sabiduría es más movible que todo movimiento, se difunde y penetra en todo por su pureza. Porque es un hálito del poder de Dios y una efusión pura de la gloria del Todopoderoso» (7,22-25).

7. Vid. A. Robert y A. Feuillet, *Introducción a la Biblia*, pp. 695-696.

8. Debe evitarse una interpretación dualista al explicar el origen del mal. De todos modos, aunque el cuerpo en sí mismo no es malo, puede convertirse a causa del pecado en instrumento de maldad y, por tanto, en auténtico tirano del hombre (cf Rom 7,14; Jn 8,34).

En la sabiduría se fundamentan todos los demás bienes. Mas para alcanzarla es preciso pedirla con humildad, porque el hombre no podría con sus solas fuerzas:

> «Dios de los padres y Señor de las misericordias, que con tu palabra hiciste todas las cosas, y con tu sabiduría formaste al hombre para que dominase sobre las criaturas salidas de tus manos..., dame la sabiduría que se asienta junto a tu trono, y no me excluyas del número de tus hijos... Pues aunque alguno fuese perfecto entre los hijos de los hombres, como le falte la sabiduría que de ti procede, será estimado en nada» (9,1-6).

La tercera (10-19), de un estilo literario muy original, pone de relieve la magnificencia de la sabiduría, que enmarca en el desarrollo histórico del pueblo elegido. Por contraste, describe el origen del politeísmo y las secuelas morales de la idolatría:

> «Vanos por naturaleza son todos los hombres que han ignorado a Dios, y por los bienes visibles no lograron conocer al que existe, ni considerando sus obras reconocieron al artífice, sino que juzgaron por dioses rectores del mundo, sea el fuego, sea el viento, sea el aire ligero, sea la bóveda estrellada, el agua impetuosa o los luceros del cielo... Y, además, no les bastó errar en el conocimiento de Dios, sino que, viviendo en una gran guerra de ignorancia, llamaron paz a tan grandes males... Ni las vidas ni los matrimonios guardan limpios, pues unos a otros o matan a traición o se ultrajan con adulterios... Pues el culto de los ídolos abominables es principio, causa y fin de todo mal» (13,1-2; 14,22-27).

Aquellos que se tenían por sabios hubieran podido llegar a comprender, con las solas fuerzas de su razón, que el universo no era fruto del acaso; no podía existir ni conservarse por sí mismo, pues necesitaba –y así lo entendieron filósofos paganos como Platón y Aristóteles– de un principio o causa primera que les diera el ser y los mantuviera en la existencia. Pero aquéllos que presumían de sabios cayeron en la ignorancia por su inmoralidad, que les llevó a todo género de morbosidades y, al final, a la idolatría (Rom 1,24). Y no sólo ellos. También el pueblo escogido se vio involucrado en sus mismos desvaríos.

No obstante, el autor sostiene que la sabiduría revelada es muy superior a la pagana. Lo trata de demostrar en las tres partes en que divide el libro. Aunque en todas habla de la sabiduría, lo hace cada vez desde un ángulo distinto: en la primera la presenta como virtud moral y la identifica en la práctica con la justicia; en la segunda, aparece como madre de todas las virtudes, y la personifica con uno de los atributos divinos; en la tercera pone de relieve su carácter objetivo, fuente de inmensas riquezas para cuantos llegan a participar de ella.

Enseñanza

El trasfondo del libro es eminentemente religioso. Dios quiere poner en guardia a los judíos del siglo I a.C. frente a los atractivos y tentaciones que para ellos podía suponer la cultura egipcia, brillante y llamativa, pero desintegradora en la práctica del verdadero fin del hombre. En lugar de aportarles conocimientos, podría apartarles de la fe y, por tanto, de la verdadera sabiduría. El libro exhorta a la búsqueda de un conocimiento más alto, aquél que es fuente y origen de todos los demás. Esta sabiduría suprema es un «hálito del poder de Dios, una efusión pura de la gloria del Todopoderoso..., resplandor de la luz eterna y espejo inmaculado de su actividad» (7,25-26). Por un acto de su misericordia, Dios la comunica al hombre, al que ha hecho a su imagen y semejanza. De él espera correspondencia de fe para acceder a la verdadera sabiduría; y esto porque «la fe agudiza la mirada interior abriendo la mente para que descubra, en el sucederse de los acontecimientos, la presencia operante de la Providencia» (FR 16).

Junto con el libro de Daniel y el segundo de Macabeos, éste aporta una luz nueva a la cuestión planteada sobre el sufrimiento del inocente y la recompensa del justo. Los dolores y sufrimientos que el hombre experimenta en esta vida alcanzan a la luz de la providencia divina su verdadero sentido, y más cuando explícitamente se habla de la inmortalidad del alma[9]:

9. En ningún momento hace alusión el texto sagrado a la doctrina platónica sobre la preexistencia de las almas. Al contrario, aparece claro el origen del compuesto humano. Así, en Sab 15,1 se afirma que es Dios quien infunde el alma espiritual en el cuerpo humano (cf DS 403).

«Las almas de los justos están en manos de Dios y ningún tormento podrá alcanzarlos. A los ojos de los necios parecían haber muerto y su fin fue juzgado por infortunio. Su salida de entre nosotros un quebranto, pero ellos están en paz. Pues si a la vista de los hombres han sufrido castigo, su esperanza está rebosante de inmortalidad. Por una ligera pena recibirán grandes favores, porque Dios los probó y como un holocausto le fueron aceptos. Al tiempo de su recompensa brillarán y correrán como chispas en los rastrojos. Juzgarán las naciones y dominarán sobre los pueblos y reinará su Señor para siempre» (3,1-8).

Es una respuesta a los interrogantes de Job y Qohélet. No sólo se aclara el sentido del sufrimiento del justo, incomprendido por los amigos de Job, sino que se afirma la incapacidad de los bienes terrenos para hacer plenamente feliz al hombre. De ahí que se insista en este libro en la necesidad de enfocar todo bajo el prisma de la vida eterna, donde el justo vivirá para siempre feliz y el impío sufrirá el castigo que mereció por sus malas obras (3,9-10).

El libro de la Sabiduría deja a las puertas del mensaje evangélico. Los Apóstoles emplearon muchas de sus enseñanzas para describir la actividad del Verbo encarnado. San Pablo se sirve de las enseñanzas de la Sabiduría para fundamentar su argumentación sobre la sabiduría divina que predica (1 Cor 2,7-16); lo mismo hace san Juan en el prólogo de su evangelio (Jn 1,1 ss) para demostrar que Jesús de Nazaret, el Logos eterno de Dios, se ha encarnado. En muchos otros lugares del Nuevo Testamento se emplean pasajes de este libro para referirse a la vida eterna de los justos (Rom 8,18; 1 Cor 6,2) o para afirmar que el hombre con la fuerza natural de su razón, y a partir de las cosas creadas, puede llegar al conocimiento de la existencia de Dios (Rom 1,20; Sab 13,4-9).

El libro abre el camino al gran misterio de la Santísima Trinidad. De ahí que se convierta para el cristiano en un buen apoyo doctrinal y espiritual, tanto que la Iglesia no dudó en emplearlo en su Liturgia como anuncio inequívoco de la era mesiánica.

6. Los Salmos

A semejanza de los otros pueblos de su alrededor (Egipto y Babilonia, principalmente), Israel cultivó desde antiguo la poesía lírica en todas sus formas. La síntesis de este gran tesoro se conserva en el Salterio, colección de 150 salmos que han llegado hasta nosotros en este libro. Semánticamente, la palabra salterio deriva del griego *salterion*. En los LXX, la palabra salmo se corresponde con la hebrea *mizmôr*, una especie de arpa o instrumento de cuerda que servía para acompañar los cantos (salmos). En hebreo recibió esta colección de salmos el nombre de Tehil·lim (Himnos), aunque en realidad no encaja más que con un determinado número de salmos, como es el caso del 145, quizá el más representativo.

Aunque el número total de los salmos es de 150, sin embargo la versión hebrea, seguida por la Neovulgata, se adelanta desde el salmo 10 al 148 en una unidad a la versión griega. De ahí que en las Biblias más recientes aparezcan estos últimos entre paréntesis. El esquema de las variantes de una y otra versión es el siguiente:

Hebreo		Setenta
9-10	=	9,1-21 9,22-39
114-115	=	113, 1-8 113,9-26
116, 1-9 116, 10-19	=	114-115
147, 1-11 147, 12-20	=	146-147

Respecto al autor de estos salmos, desde antiguo se hizo depender del título que encabeza a la mayoría de ellos. Según esto, se atribuían 73 al rey David, 12 a Asaf, 11 a los hijos de Coré, 2 a Salomón y uno a Moisés, así como otros de menor relieve a Hemán y Etán. Pronto se vio que tales títulos no servían más que de mera referencia. La tradición judía y cristiana asignó su paternidad a David, autor de algo más de la mitad de los salmos, aun cuando su redacción definitiva sea de fecha posterior. Que se atribuyan a David no debe extrañar si se tiene en cuenta la preparación musical, poética y organizativa de este rey, gracias a la cual imprimió en el culto una impronta muy personal (2 Sam 1,19-27; 3,33-34).

La composición de los diversos salmos se extiende, por tanto, desde la época monárquica hasta el siglo II a.C., fecha en la que se hace su última recopilación.

Distintos tipos de salmos

Por una tradición ininterrumpida se sabe que en las sinagogas se recitaban salmos, himnos y cánticos. Aunque pueden distinguirse distintos tipos de salmos según su género literario, a veces en un mismo salmo se entremezclan varios géneros, según la inspiración poética de su autor. Por esto se habla de salmos de súplica, de acción de gracias, de alabanza y sapienciales.

Con todo, algunos de ellos tuvieron inicialmente un uso extralitúrgico, como es el caso del salmo *Miserere* (51), compuesto por David para pedir perdón por sus pecados [10]. Con el tiempo, y debido a la gran belleza de su estilo, algunos de estos salmos fueron introducidos en el culto y utilizados como oración por la comunidad de Israel. Otros, en cambio, por su carácter didáctico, se integraron en una especie de catecismo popular; se trataba de trozos narrativos edificantes, a los que acompañaban fórmulas de oración destinadas a conservar en el pueblo el conocimiento y el culto al verdadero Dios. Con el tiempo todos ellos fueron pasando del uso privado al público; tan sólo un pequeño número se reservó para las funciones litúrgicas del Templo.

En su origen, algunos de estos salmos fueron *cantos reales,* compuestos en favor del rey, bien en forma de oración o de acción

10. No sólo confiesa David sus pecados, sino que reconoce algo más profundo en él: la tendencia al mal que le fue dada al nacer. Los Padres de la Iglesia vieron confirmada en estas palabras del salmo 51 (50) la doctrina sobre la existencia del pecado original, contraído por generación (Rom 5,12; Ef 4,22). No obstante, aunque debilitada su naturaleza, el hombre conserva su libertad y, por tanto, su capacidad de obrar el bien natural (CEC 406).

de gracias. Estos últimos se remontan en su redacción a la época monárquica y reflejan el lenguaje y ceremonial propio de la corte. El *ungido* que se menciona en muchos de ellos no es otro que el rey, a quien por estar ungido se le denomina con la palabra hebrea *mâsîah*, en griego *kristós*.

La superposición de planos que puede observarse en ellos no debe inducir a error. Las promesas hechas por Dios a la dinastía davídica abrían ciertamente a la esperanza de un *mesías* descendiente de David, cuyo reino sería eterno (2 Sam 7). La profecía de Natán constituía el primer eslabón de las profecías mesiánicas posteriores, interpretada en los salmos como una promesa de estabilidad para la casa de David (salmos 89 y 132). Si a esto se unen los salmos directamente mesiánicos, como el 16 y el 22, tendremos perfectamente caracterizado al Ungido por excelencia, Cristo. Pero será en la revelación neotestamentaria cuando estos salmos mesiánicos recibirán su significado pleno. Pedro, y lo mismo hace Pablo, utilizan el salmo 16 (15) para referirlo a la muerte y resurrección de Cristo, y a la salvación de cuantos crean en él (Hch 2,25-32; 13,35-37). El mismo Jesús hace suyas en la cruz las palabras de Sal 22 (21), dándoles su auténtico significado redentor (Mt 27,46).

De otra parte, algunos de los antiguos salmos reales, utilizados también tras la caída de la monarquía, se incorporaron con ligeros retoques al Salterio, convirtiéndose en los conocidos salmos mesiánicos. Así sucede, por ejemplo, con los salmos 2, 72 (71) y 110 (109), siendo este último el más citado en el Nuevo Testamento[11]. Algo parecido puede decirse del salmo 45 (44), expresión de la unión del Mesías con su Iglesia, el nuevo Israel, en línea con las alegorías matrimoniales utilizadas por los profetas, y que la Carta a los Hebreos (1,8) aplica directamente a Jesucristo.

11. Tanto la tradición judía como la cristiana consideraron mesiánicos estos salmos. La vinculación entre ellos es muy estrecha, especialmente entre el salmo 2 y el 110. La liturgia de la Iglesia emplea el salmo segundo en la fiesta de la Encarnación del Verbo, así como en la de Navidad. La filiación divina de Cristo queda patente en estos dos salmos, sobre todo cuando se leen a la luz del Nuevo Testamento.

Los Salmos, oración del pueblo creyente

Por todo ello, es evidente que los salmos contienen una riqueza espiritual y religiosa difícil de igualar en la literatura universal. En su conjunto, el Salterio representa una síntesis de la historia de la salvación, a la vez que refleja la conciencia de un pueblo esencialmente creyente. En cada uno de los salmos palpita el alma fina y sincera del hombre que reza cantando, porque hablar le parece poco: estalla en alabanza a su Dios. Las fuertes tentaciones de idolatría y politeísmo que sufre Israel se estrellan en su más estricto y riguroso monoteísmo: la fe en el único Dios, personal y remunerador, creador y señor del universo.

Aunque trascendente e invisible, Dios se manifiesta al hombre por medio de sus obras. A través de ellas contempla el hombre los atributos divinos de santidad, bondad, justicia, misericordia, poder y verdad. No obstante, hay uno en el que los salmos ponen especial énfasis: su misericordia. Se menciona más de cien veces, casi siempre unida a la fidelidad con la que Dios mantiene sus promesas. Misericordia y fidelidad pues de un Padre, que se presenta en la historia de Israel como esposo, rey y pastor de su pueblo; de un pueblo al que ha amado con predilección, al que no sólo ha escogido con preferencia a otros, sino que ha cuidado siempre con amor celoso.

Se comprende así que los salmos nutrieran durante siglos la oración de tantos hombres y mujeres de la antigua Alianza sedientos de Dios. Él mismo quiso enseñarles el abandono y la confianza con que debían tratarle, y que como Dios de misericordia que es, supieran que siempre está dispuesto al consuelo y al perdón.

Los salmos fueron recitados por Jesús, María y José, por los apóstoles y los primeros cristianos. La Iglesia, sin cambiarlos, ha hecho de ellos su oración oficial, incluyéndolos en la Liturgia de las Horas. Y aunque no han cambiado sus palabras, sí su sentido. Todos ellos quedaron enriquecidos desde la venida de Cristo, a quien en ellos se espera y de quien se habla. El cristiano alaba y agradece a Dios que haya enviado a su Hijo, el Mesías; pues con su muerte y resurrección no sólo ha rescatado al hombre de su esclavitud, sino que le ha dado la capacidad de llegar a ser hijo de Dios. Y lo hace por medio del Espíritu anunciado desde antiguo por los profetas. De ahí que la recitación de cada salmo concluya con una *doxología* trinitaria, en la que se alaba al Padre, al Hijo y al Espíritu Santo.

Todo lo cual contribuye a que las viejas súplicas –comenta J. Gelineau– se hagan más ardientes una vez que la Cena, la Cruz y la Resurrección han enseñado al hombre el valor infinito de Dios, la universalidad y gravedad del pecado, la gloria prometida a los justos. Las esperanzas cantadas por los salmistas se realizan: el Mesías ha venido y reina, y todas las naciones son llamadas a alabarle[12].

7. El Cantar de los Cantares

En la Biblia hebrea el libro del Cantar se incluye entre los Escritos, el primero de los cinco *meguillôth* o volúmenes que los judíos utilizan en las grandes fiestas; éste se leía en la fiesta de *Pesah* (= Pascua).

El título con que lo designan tanto los LXX como la Vulgata procede de la traducción literal del término hebreo *sîr hassîrîm,* forma gramatical empleada en hebreo para expresar una cualidad en grado superlativo. Ésta es la razón por la que desde Orígenes este libro se denominó el Cantar de los Cantares, o simplemente el Cantar por excelencia.

En cuanto al autor, el título del libro (1,1) lo atribuye a Salomón. Pero sucede aquí también como venimos diciendo de otros libros sapienciales: es un caso más de pseudonimia que nos impide conocer al autor que, bajo el carisma de la inspiración, escribió páginas tan bellas de un poema entre lírico y dramático.

Por la abundancia de arameísmos y el carácter sereno y optimista de la narración, la composición del libro podría fijarse en la primera parte del siglo IV a.C. Es una época algo posterior a la reforma religiosa llevada a cabo por Nehemías y Esdras, cuando Palestina vivía en paz, libre de guerras; situación que se mantendría inalterada

12. Vid. J. Gelineau, *Biblia de Jerusalén,* Bilbao 1967, p. 660.

hasta la caída del imperio persa, al ser derrotado su ejército por Alejandro Magno en Arbelas (331 a.C.).

ARGUMENTO DEL CANTAR

De la simple lectura del libro se deduce que se trata de un poema de amor conyugal, presentado en cantos alternados y de una estructura literaria difícil de determinar. Los comentaristas coinciden en afirmar que el libro está escrito en sentido figurado, a modo de alegoría, impregnado todo él de un trasfondo religioso en el que se ponen de manifiesto las relaciones de Israel con el Dios de la Alianza.

El Cantar viene a ser por este motivo un canto de alabanza en el que se celebra la teocracia restablecida, y con ella la alianza renovada entre Yahvéh y los «restos» de Israel, con aquellos que habían regresado de la cautividad de Babilonia.

En este contexto histórico se encuadra la acción del libro. Se trata, como dice A. Vaccari [13], de una parábola y de un contraste: una parábola de fondo idílico, y un contraste entre dos vidas, entre dos amores. Una simple pastorcilla ama con tierno amor a su joven esposo y pastor... de quien se siente correspondida con un amor no menos cordial... El mutuo afecto entre estos esposos tiene como base sus afanes comunes, su vida inocente por los campos, el encanto de la naturaleza virgen en la que crecieron juntos. Hasta aquí el idilio.

En contraste con esta vida sencilla, con este puro afecto, está la ciudad con sus agitaciones, la corte con sus seducciones, un rey poderoso –que es personificado en Salomón, el más rico y fastuoso entre los reyes que conoce la historia de Israel– y que quiere para sí el amor de esta pastorcilla; piensa que se llenará de gloria si logra conquistarla como consorte. Pero la generosa pastorcilla rechaza con desdén las ofertas del rico monarca; ella se conforma con su sencillo vivir entre los campos. Ante todo quiere permanecer eternamente fiel a su pastor, el único objeto de su limpio amor.

13. Citado por F. Spadafora en *Diccionario Bíblico*, Barcelona 1968.

En la fidelidad de estos esposos se simbolizan a lo largo de la narración, viva y extraordinariamente rica en imágenes, las relaciones de Dios con su pueblo. El pueblo había sido puesto a prueba en el exilio por los destellos fulgurantes de sus riquezas y el poderío que aquellas gentes atribuían al dios Marduk. Pero a la vez se sentía reclamado por la fidelidad a Yahvéh, el Dios de la Alianza. Aunque muchos apostataron, un «resto» eligió la fidelidad a Yahvéh y le mostró su lealtad hasta el fin. Eran los que habiendo retornado, agradecidos entonaban ahora este canto de alabanza a su Dios.

Relaciones del hombre con Dios

Tal vez en ningún otro libro del Antiguo Testamento se presente tan gran variedad de interpretaciones como en el Cantar. No obstante, desde el principio prevaleció para judíos y cristianos su interpretación alegórica. El autor se sirve en el relato de dos imágenes que superpone: la del amor entre los esposos y la de la viña. La primera simboliza el amor de Yahvéh por su pueblo, enmarcado en el contexto de un amor esponsalicio; es el mismo que, desde Oseas, había sido predicado por los profetas para designar las relaciones de Yahvéh con su esposa, Israel (Os 2; Is 54,6 ss; 62,4 ss; Jer 2,2; Ez 16,1-58). Esta imagen es recogida en el Nuevo Testamento para simbolizar las relaciones de Jesucristo con su esposa, la Iglesia[14].

El autor emplea también la imagen de la viña (2,15), para expresar el amor que Dios reclama a su pueblo. Con gran desconsuelo ve que en medio del campo –su viña– han entrado raposas que le tientan y le llevan a la infidelidad. Una alegoría y una advertencia al pueblo para apartar a sus gentes de las tentaciones de idolatría que, como en Babilonia, podrían volverse a repetir. Dios les pide que luchen por ser fieles, que respondan con un amor limpio, incontaminado, como lo fue al ser puesto a prueba en el exilio.

Cuando se lee el Cantar desde esta óptica espiritual, reconforta y llena de optimismo. Pues junto al drama del pecado y de la miseria

14. San Pablo aplica esta imagen a la Iglesia, esposa de Cristo, a quien él mismo presenta como «gloriosa, sin mancha ni arruga ni cosa parecida, sino santa e inmaculada» (Ef 5,27).

humanas, el hombre descubre por la fe el valor del arrepentimiento. Pues aunque ciertamente el pecado rompe los vínculos del amor, el arrepentimiento, cuando es sincero, restablece las relaciones de amistad con el Amado.

Así entendieron este poema de amor místicos de tanto renombre como san Bernardo, santa Teresa de Jesús, san Juan de la Cruz; éste, como fruto de su oración y de su alta vida contemplativa, dejó trazado en el *Cántico Espiritual* un camino –fiel reflejo de las enseñanzas de este libro– para todos los que aspiren seriamente a ser fieles a Dios y alcanzar la vida eterna.

En resumen, puede decirse que el Cantar expresa el gozo del amor humano, pero que éste a la vez es símbolo del amor de Dios por su pueblo y el de éste por sentirse amado por Dios con amor de predilección.

Segunda Parte

Nuevo Testamento

Introducción

Hasta aquí hemos visto cómo Dios, en la primera Alianza, eligió a un pueblo, el de Israel, para hacerlo instrumento suyo en la realización de su plan salvador para toda la humanidad. Desde Abraham, nuestro padre en la fe, pasando por Moisés como intermediario de la alianza y el rey David como depositario de la promesa mesiánica, hemos seguido el hilo conductor que nos ha llevado a través de los profetas y de los sabios de Israel hasta el Mesías.

Ahora, ya en el Nuevo Testamento, veremos que la expectación se centra en una persona: Jesús de Nazaret, el Mesías prometido. Él viene para salvar a los hombres, no ya de la esclavitud del Faraón como en otro tiempo en Egipto, sino de la más grave de las esclavitudes: la del pecado y la muerte. Y lo hará mediante una alianza nueva, ofreciéndose en holocausto perfecto como sacerdote y víctima a la vez.

Sin sucesión de continuidad, pues, los grandes temas de los anteriores libros sagrados, como la promesa, la elección y la alianza, van a tener ahora su perfecto cumplimiento. Pues Dios, «al llegar la plenitud de los tiempos, envió a su Hijo, nacido de mujer, nacido bajo la Ley, para rescatar a los que estaban bajo la Ley, a fin de que recibiéramos la adopción de hijos» (Gal 4,4-5).

Jesús, el Mesías prometido, y la Iglesia, sucesora del pueblo de la primera alianza, van a ser como los dos ejes vertebradores sobre los que girarán los libros del Nuevo Testamento.

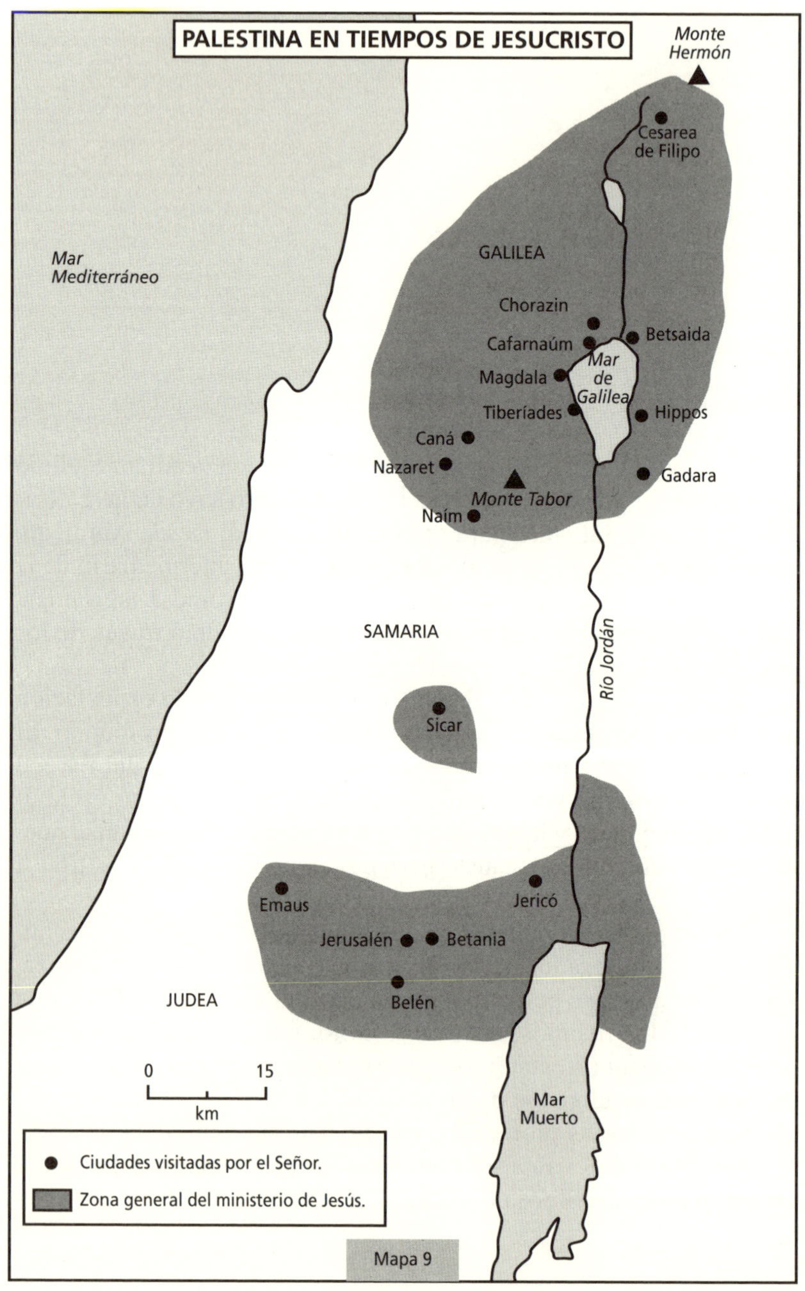
PALESTINA EN TIEMPOS DE JESUCRISTO
Monte Hermón
Cesarea de Filipo
Mar Mediterráneo
GALILEA
Chorazin
Cafarnaúm
Betsaida
Magdala
Mar de Galilea
Tiberíades
Hippos
Caná
Nazaret
Gadara
Monte Tabor
Naím
SAMARIA
Río Jordán
Sicar
Emaus
Jericó
Jerusalén
Betania
Belén
JUDEA
0
15
km
Mar Muerto
Ciudades visitadas por el Señor.
Zona general del ministerio de Jesús.
Mapa 9

JESÚS DE NAZARET, EL MESÍAS PROMETIDO

Mateo, que se dirige principalmente a hebreos en su evangelio, presenta a Jesús como «hijo de David, hijo de Abraham» (Mt 1,1). Quiere hacer notar que el misterio de la salvación anunciado por los profetas tiene su centro en Jesucristo, el Emmanuel profetizado por Isaías (7,14) y el Mesías anunciado por Natán (2 Sam 7,14), aquél que según Miqueas nacería en Belén (Miq 5,1). Con su venida hace realidad la promesa que Dios muchos siglos atrás había hecho a Abraham, por lo que María, en el *Magnificat,* canta agradecida al verla cumplida.

> «Mi alma glorifica al Señor, y mi espíritu se alegra en Dios, mi salvador... Acogió a Israel su siervo, recordando su misericordia, como había prometido a nuestros padres, a Abraham y a su descendencia para siempre» (Lc 1,47.54-55).

Jesús (= Yahvéh salva) es, por tanto, más, mucho más que un profeta. Él viene para salvar a todos. No sólo al pueblo de Israel, como una falsa concepción mesiánica esperaba, sino a cada hombre de la tiranía del pecado. No se limita, por tanto, a proclamar un mensaje de paz, ni a dar unas sabias respuestas a los interrogantes que todo hombre se hace; ante todo viene para liberarnos del yugo de Satanás y darnos la posibilidad de llegar a ser hijos de Dios.

Así lo evidencian las páginas del Nuevo Testamento. Habría que mutilar muchas de ellas, adulterar el significado de sus textos, para presentar a Jesús como un Mesías «revolucionario», más interesado en resolver los problemas sociales y políticos de su tiempo que en solucionar de raíz la verdadera causa de todo mal. Él quiere salvar al hombre, hacerle feliz. Es el misterio que ahora se hace patente y que hace exclamar a Saulo de Tarso, hombre plenamente enraizado en la tradición judía de su pueblo:

> «Bendito sea el Dios y Padre de Nuestro Señor Jesucristo... En él nos eligió antes de la creación del mundo para que fuésemos santos e inmaculados en su presencia, por el amor; y nos predestinó a la adopción de hijos suyos por Jesucristo... Nos agració en el Amado, por quien tenemos la redención, gracias a su sangre, el perdón de los pecados, según la riqueza de su gracia... dándonos a conocer el misterio de su voluntad según el benévolo plan que en él se propuso, para realizar-

lo en la plenitud de los tiempos al recapitular todas las cosas en Cristo, las de los cielos y las de la tierra» (Ef 1,3-10).

El plan salvador alcanza, pues, su plenitud en Jesús de Nazaret. Él es en verdad el «Salvador del mundo» (Jn 4,42); fuera de él, ni hay gracia ni redención. Mas para esto es menester que cada uno se incorpore al torrente vital de su gracia, como ha prometido:

> «Yo soy la vid, vosotros los sarmientos. El que permanece en mí y yo en él, ése da mucho fruto, porque sin mí no podéis hacer nada» (Jn 15,5).

A ningún mortal se le ocurriría hacer tal afirmación. Sólo Jesús, el Mesías, puede decirlo. Y lo hace por su plena identificación con el Padre. Su sacrificio, por el que nos viene el perdón, es la obediencia del nuevo Adán (Rom 5,14. 1955), que satisface y merece la justificación para todos los hombres. De este modo, donde la desobediencia de Adán había sembrado pecado y muerte, Jesús –nuevo Adán– se hace «obediente hasta la muerte y muerte de cruz» (Flp 2,8), gracias a lo cual realiza en su sangre la nueva y definitiva alianza (Mt 26,28).

Y lo hace como cabeza del género humano. Por esto su resurrección, prueba patente de que su sacrificio ha sido aceptado por el Padre, es también nuestra propia resurrección. No es vana, en consecuencia, nuestra fe (Cor 15,17-20). Por la participación en su muerte y resurrección –por el bautismo– el hombre renace a una vida nueva, la vida de los hijos de Dios; no nacen éstos «de la sangre, ni de la voluntad de la carne, ni del querer del hombre, sino de Dios» (Jn 1,13).

La Iglesia, el nuevo Israel

El nuevo pueblo de Dios, la Iglesia, no es la reunión de quienes pertenecen a una misma familia de sangre, ni es tampoco una comunidad circunscrita a un territorio determinado (CEC 781). Cristo, al fundar su Iglesia, quiso convocar a todas las gentes, tanto a judíos como a gentiles para que se reunieran en su Iglesia, no según la carne, sino en el Espíritu (LG 9). La Iglesia fundada por Cristo tiene su

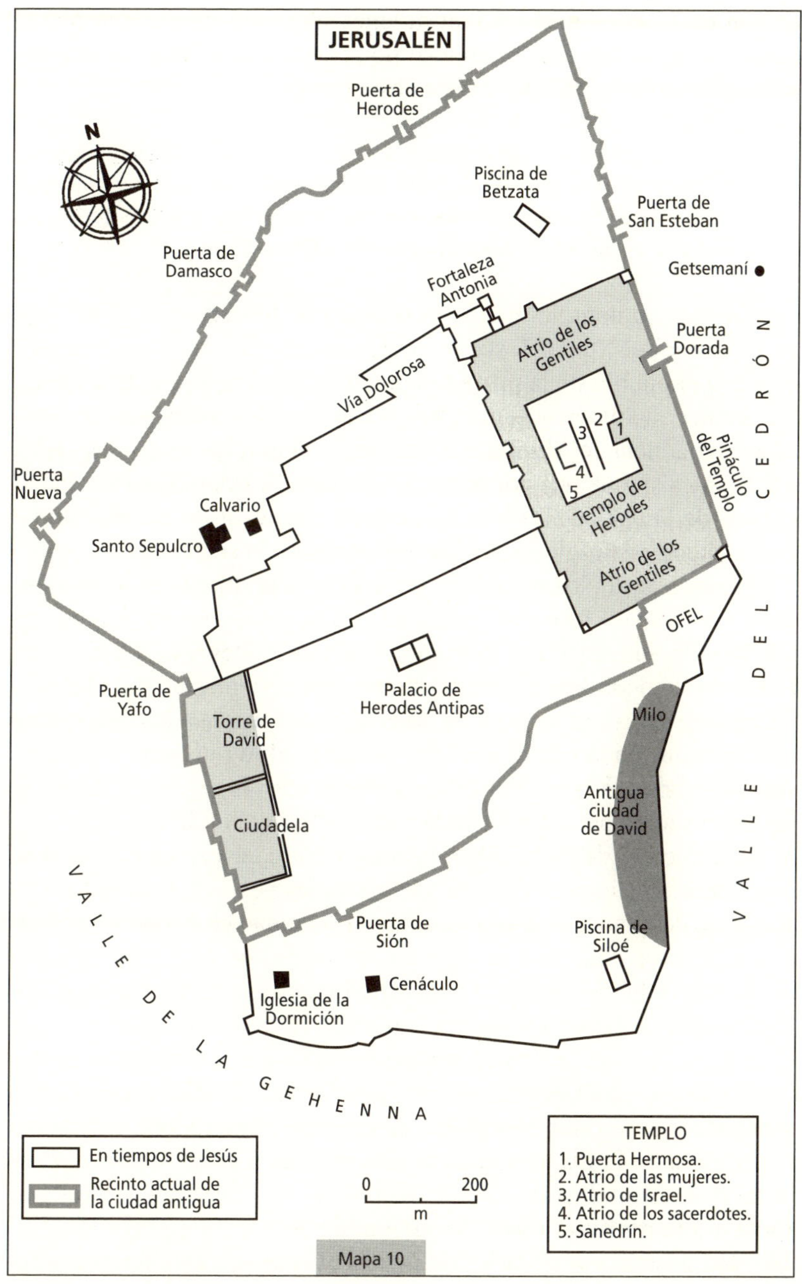
JERUSALÉN
N
Puerta de Herodes
Piscina de Betzata
Puerta de San Esteban
Getsemaní
Puerta de Damasco
Fortaleza Antonia
Atrio de los Gentiles
Puerta Dorada
Vía Dolorosa
Pináculo del Templo
VALLE DEL CEDRÓN
Puerta Nueva
Calvario
Santo Sepulcro
Templo de Herodes
Atrio de los Gentiles
OFEL
Puerta de Yafo
Palacio de Herodes Antipas
Torre de David
Milo
Antigua ciudad de David
Ciudadela
Puerta de Sión
Piscina de Siloé
Cenáculo
Iglesia de la Dormición
VALLE DE LA GEHENNA
En tiempos de Jesús
Recinto actual de la ciudad antigua
0 200
m
TEMPLO
1. Puerta Hermosa.
2. Atrio de las mujeres.
3. Atrio de Israel.
4. Atrio de los sacerdotes.
5. Sanedrín.

Mapa 10

origen en la gracia; la forman quienes han sido bautizados por el agua y el Espíritu, extendiéndose por el mundo en llamada universal, según la voluntad expresa de Jesucristo:

> «Id, pues, y enseñad a todas las gentes, bautizándolas en el nombre del Padre y del Hijo y del Espíritu Santo, enseñándoles a guardar todo lo que os he mandado. Y sabed que yo estoy con vosotros todos los días hasta el fin del mundo» (Mt 28,19-20).

De esta manera, la Iglesia instituida por Jesucristo es el otro eje vertebrador del Nuevo Testamento. Constituye, en perfecta continuidad con el pueblo de la primera alianza (CEC 762), el nuevo Israel. De ahí la conclusión de san Pablo: «Y si sois de Cristo, sois por tanto descendencia de Abraham, y herederos según las promesas» (Gal 3,29). Pues si tenemos por padre a Abraham, formamos en verdad el «Israel de Dios» (Gal 6,16). A la esperanza de siglos del pueblo de Israel, sigue en la Iglesia la posesión plena de la salvación.

De otra parte, los miembros de la Iglesia permanecen unidos entre sí por la fe en Jesucristo y la práctica de unos mismos sacramentos, bajo la autoridad del Romano Pontífice, sucesor de Pedro y cabeza visible de la Iglesia. No basta, por tanto, con estar en la Iglesia. Es preciso ser miembros vivos de ella, en respuesta a los personales carismas que cada uno ha recibido. Gracias al impulso apostólico de sus miembros, la Iglesia se extenderá por nuevas regiones, acogiendo en su seno a personas de toda raza, cultura y condición.

Y como la Iglesia, ha de realizar en su fase terrena una labor principalmente misional, cada uno de sus fieles –especialmente los laicos– han de conocer los entresijos de la sociedad en la que viven, peleando codo a codo con sus colegas de profesión en la consecución de un mayor bienestar, sin el cual difícilmente podrían llevarles al conocimiento de esos otros bienes como son los del espíritu.

Es éste un verdadero compromiso, para que a semejanza de Jesús nadie pasa indiferente ante los problemas materiales que tienen muchos de sus contemporáneos. Jesús, por ejemplo, antes de hacer la promesa de la Eucaristía en la sinagoga de Cafarnaúm, realiza el milagro de la multiplicación de los panes y de los peces con los que sacia a una multitud formada por unos cinco mil hombres (Jn 6,1-14). No se limita a hablarles del más allá. Participa también activamente de sus problemas, así como de sus alegrías. Actuaba con una gran libertad de espíritu. Por esto no tiene inconveniente en comer con publicanos y pecadores; ante el estupor de muchos, resucita al hijo de la viuda de Naím, atiende a la samaritana y comprende a la mujer que ha sido sorprendida en un delito de adulterio... Jesús, el Verbo encarnado, entra en la historia de los hombres para salvarlos, para reunirlos en su Iglesia.

Antes de adentrarnos en los libros del Nuevo Testamento, bueno será que nos detengamos un momento para situar política y socialmente la tierra en la que vivió Jesús y resaltar la centralidad del Templo de Jerusalén en la vida religiosa judía.

Palestina en tiempos de Jesús

En tiempos de Jesús, Palestina estaba sometida a la autoridad romana, que la había dividido en tres distritos controlados por unos gobernadores en dependencia directa de Roma. Arquelao era etnarca de Judea y Samaria; Herodes Antipas tetrarca de Galilea y Perea, y Filipo tetrarca de Gaulanítide, Traconítide e Iturea. Los tres eran hijos de Herodes el Grande, que había sido rey de Judea desde el 37 a.C. hasta su muerte el año 4 a.C. Mediante una serie de maniobras políticas había impuesto de hecho la monarquía absoluta en Judea, y su autoridad, en la época de máximo esplendor, se extendía a la mayor parte del antiguo reino de David.

Herodes Antipas y Filipo gobernaron muchos años, pero Arquelao fue depuesto por el emperador Augusto en el año 6 d.C., pasando Judea a convertirse en provincia romana controlada por procuradores nombrados por Roma. El otro distrito, Abilene, tuvo entidad política propia hasta el año 37 d.C.

El Templo de Jerusalén

El Templo de Jerusalén, donde Jesús oró y enseñó, había sido reconstruido por Herodes el Grande con la esperanza de apaciguar a los judíos. Comenzadas las obras en el año 20 a.C., no se acabaron hasta mucho tiempo después de su muerte.

Aunque el plano básico del Templo seguía siendo el de Salomón, la estructura del de Herodes, levantado en torno al antiguo santuario, era de una imponente riqueza. El edificio, de piedra blanca con incrustaciones de oro en la fachada, se alzaba sobre una serie de atrios escalonados, limitados por columnas y muros. Todo él estaba circundado por una gran muralla defensiva.

Dentro del Templo se encontraba el Atrio de los Gentiles, rodeado de pórticos, el mayor de los cuales era utilizado por los cambistas y mercaderes. En la esquina noroeste del conjunto del Templo levantó Herodes la Torre Antonia, un castillo muy sólido que remplazó a la antigua fortaleza de los Asmoneos.

En el aspecto religioso, al estar la provincia romana de Judea controlada por procuradores que gobernaban desde Cesarea, su administración dejaba mucho que desear, mostrando poca tolerancia para con el pueblo judío. En Cesarea, por ejemplo, los gentiles trataron de privar de sus derechos cívicos a los judíos, hasta el punto de llevar el caso hasta el emperador Nerón, también hostil al pueblo judío. En el año 66 Nerón decretó medidas antijudías, con lo que se acentuó en Palestina la oposición a los romanos. La provincia estalló en abierta rebelión contra los romanos, y el jefe judío, Eleazar ben Ananías, lanzó a sus gentes contra Jerusalén; al ocupar la ciudad exterminó a la guarnición romana que la defendía y declaró la guerra a Roma.

Los judíos consiguen una victoria importante al derrotar al gobernador romano de Siria, cuando acudía a Jerusalén con 30.000 hombres para defenderla. En la primavera del año 67, temiendo que el conflicto se extendiera fuera de Judea, Roma envía a su mejor general, Vespasiano. Comienza éste por atacar Galilea, que conquista en invierno. Mientras tienen lugar estas batallas, Jerusalén se encuentra dividida por conflictos internos: los judíos formaban en ese momento tres partidos opuestos. Esto permite que Vespasiano ocupe una extensa zona en torno a la ciudad.

Entre tanto, se producen disturbios en Roma. Nerón se suicida en junio del 68, y tres rivales se enfrentan por el trono imperial, lo cual hace que se detenga la campaña contra Judea, situación que Vespasiano aprovecha para aguardar el desenlace de la guerra civil. En el 69 Vespasiano es elegido emperador de Roma, y deja a su hijo Tito –entonces en el norte de África– al frente de las tropas de Judea.

Con el fin de acabar pronto con la llamada Guerra Judía, Tito se decide a marchar contra Jerusalén. La víspera de la Pascua del año 70 acampa al nordeste de la ciudad. La aparición del poderoso ejército romano logra unir a las facciones judías hasta ese momento enfrentadas. Después de una primera escaramuza en la Puerta de las Mujeres, los romanos salvan las murallas exteriores y cinco días después abren brecha en la segunda muralla.

Pasados quince días, los defensores se retiran a la ciudad alta, lo cual aprovecha Tito para levantar una muralla en torno a la fortaleza con el fin de impedir la entrada de alimentos y las fugas nocturnas. Pero los judíos resisten algo más de un mes, luchando a la desesperada. Finalmente se refugian en el mismo Templo. Tito deseaba conservarlo intacto, pero en agosto del 70, en el frenesí de la victoria, un legionario romano arroja una tea encendida por una de las ventanas del Templo, y recubierto todo él de madera noble del Líbano, arde y queda destruido. Tito necesitó todavía un mes para limpiar los últimos focos de resistencia. Casi todos los habitantes de Jerusalén murieron. Como muchos habían llegado por la Pascua y no pudieron salir, Flavio Josefo estima en casi un millón los muertos. De los que quedaron vivos, una pequeña parte cae prisionera mientras la ciudad es arrasada. Tito regresa triunfante a Roma, con el tesoro del Templo como botín y muchos de los prisioneros conducidos como esclavos. Así aparece en los bajorrelieves del arco de Tito en Roma.

I
Los libros históricos del Nuevo Testamento

El Nuevo Testamento, objeto de esta segunda parte, lo forman veintisiete libros, escritos todos ellos en la segunda mitad del siglo I de nuestra era. Suelen clasificarse en tres grupos: a) *libros históricos o narrativos*: los cuatro Evangelios y los Hechos de los Apóstoles; b) *libros didácticos o epistolares*: las trece cartas de san Pablo, la Carta a los Hebreos y las siete Cartas católicas; c) *libro profético*: el Apocalipsis. En ellos han quedado plasmadas las antiguas promesas, las que durante tanto tiempo habían constituido la esperanza de Israel. Promesas que se hacen realidad con la llegada del Mesías y su obra redentora.

Antes de adentrarnos en ellos, se ha de tener en cuenta que Jesús no mandó a sus discípulos que escribieran, sino que predicaran. Con el correr del tiempo, sin embargo, lo que había sido objeto de predicación y de catequesis fue puesto por escrito para conocimiento de las sucesivas generaciones. Los evangelistas narran, por tanto, en su propio estilo y protegidos por el carisma de la inspiración, todo lo que recordaban, dando a conocer la «buena nueva», es decir, el mensaje de salvación traído por Jesús, el Hijo de Dios encarnado.

Con su vida y muerte de cruz, Jesús da cumplimiento al plan salvador que desde el principio Dios se propuso realizar: salvar al hombre de la esclavitud del pecado, de la muerte y del poder de Satanás, haciéndolo hijo suyo. Éste es, en definitiva, el sentido último de la Encarnación, lo que explica la vida y obra de Jesús de Nazaret.

A continuación veremos las grandes líneas de su mensaje, tal como aparece en los cuatro evangelios y en los Hechos de los Apóstoles; a éste se le ha llamado «quinto evangelio» –el del Espíritu Santo–, exponente de la expansión de la Iglesia a partir de Pentecostés.

CUADRO CRONOLÓGICO DEL MINISTERIO PÚBLICO DE JESÚS

	Año 28	*Año 29*	*Año 30*
En	Bautismo Ayuno en el desierto (Lc 3,1-22)		
Febr	Tentaciones (Lc 4,1-13) Betania en Transjordania (Jn 1,19-51)	Misión de los Doce (Lc 9,1-6)	Galilea (Lc 17,11) Los 10 leprosos (Lc 17,12-19)
Mar	Boda en Caná (Jn 2, 1-11) Cafarnaúm (Jn 2, 12) día 31: 1ª PASCUA Vendedores del Templo (Jn 2,13-21)	Muere el Bautista (Mc 6,21-29)	Perea (Jn 11,7) Betania: resurrección de Lázaro (Jn 11,1-44) Betania (Jn 12,1) Jericó: Bartimeo (Lc 18,35) 3ª PASCUA (Jn 13,1 ss)
Abr	Nicodemo (Jn 3,1-14) E] Bautista en prisión (Lc 3,19)	1ª multiplicación de los panes (Lc 9,10-17) dia 19: 2ª PASCUA (Jn 6,4)	día 9: RESURRECCIÓN (Jn 20,1) día 16: apariciones (Jn 20,26)
May	Pozo de Sicar (Jn 4, 1-42) Nazaret (Lc 7,16-22) Cafarnaúm (Lc 4,31)		día 18: ASCENSIÓN (Act 1, 3-11) día 28: PENTECOSTÉS (Act 2.1-41)
Jun	Espigas recogidas (Lc 6,1-5) Elección Apóstoles y Sermón de la Montaña (Lc 6,12-26)	día 8-9: PENTECOSTÉS (Jn 5,1) Betzata (Jn 5,2-17) Galilea (Mc 7,1-23) Fenicia (Mc 7,24-30)	
Jul	Centurión de Cafar- naúm (Lc 7,1-10)	Decápolis (Mc 8,27-29) 2ª multiplicación de los panes (Mc 8,1-9)	
Ag		Cesarea (Mc 8,27-29) Transfiguración en el Tabor (Lc 9,28-36)	
Sep	día 23: fiesta de Los TABERNÁCULOS		
Oct		Didracma (Mt 17,24-27) día 13: TABERNÁCULOS (Jn 7,2-13) Ciego de Siloé (Jn 9,1-40)	
Nov	Parábola del Sembra- dor (Lc 8,4-8)	Misión de los 72 discípulos (Lc 10,1-12)	
Dic	Tempestad calmada (Lc 8,22) Nazareth (Lc 4,22-30)	Fiesta de la DEDICACIÓN (Jn 10,22), Fiesta invernal de «las Luces»	

1
LOS EVANGELIOS

El sustantivo griego *evangelion* significa el premio o regalo que se hace al que trae una buena noticia, así como la noticia misma, del todo gozosa, a través de la cual se anuncia un hecho de especial relieve. En el Nuevo Testamento se emplea como la buena noticia de la salvación, el mensaje redentor anunciado y realizado por Jesucristo. De ahí que los libros que contienen este mensaje, con los dichos y hechos más relevantes de su vida, se llamen Evangelios. En ellos no se encuentra una biografía de Jesús, como tampoco una narración exhaustiva de su doctrina. Como hemos dicho, sus discípulos no habían recibido el encargo de escribir, sino de predicar todo lo que habían visto y oído (Mt 28,19-20).

De este modo, las palabras dichas por Jesús, así como sus milagros y los detalles de mayor relieve de su vida, fueron primeramente retenidos en la memoria de los evangelistas, gracias a la asistencia del Espíritu Santo que iluminaba sus mentes y les recordaba cuanto habían escuchado del Maestro. Esta predicación oral fue pasando de boca en boca en los primeros años, hasta que en la segunda mitad del siglo primero adquirió una forma más sistematizada gracias a la labor de catequesis. Es el origen de la Tradición oral que, años más tarde y sólo parcialmente, pondrían por escrito los evangelistas. De este modo, el Evangelio único en sustancia ha llegado hasta nosotros en cuatro redacciones distintas y, en cierto modo, complementarias.

«La Iglesia –afirma el concilio Vaticano II– siempre y en todas partes ha mantenido y mantiene que los cuatro Evangelios son de origen apostólico. Pues lo que los Apóstoles predicaron por mandato de Jesucristo, después ellos mismos con otros de su generación lo escribieron por inspiración del Espíritu Santo y nos lo entregaron como fundamento de la fe: el Evangelio cuádruple, según Mateo, Marcos, Lucas y Juan» (DV 18).

Al escribir, ni intentaron hacer una biografía de Jesucristo ni tampoco un tratado teológico de la fe. Salvo en contadas excepciones, ellos narraban los dichos y hechos de Jesús sin más pretensión que la de ayudar a vivir su fe a aquellos primeros fieles. Por esto narran, con la mayor fidelidad que pueden, las palabras y obras de Jesús, sobre todo sus milagros. No los que ellos imaginaban, sino los que realmente sucedieron. Por esto la «Iglesia ha defendido siempre y en todas partes con firmeza y máxima constancia que los cuatro Evangelios mencionados, cuya historicidad afirma sin dudar, narran fielmente lo que Jesús, el Hijo de Dios, viviendo entre los hombres, hizo y enseñó realmente hasta el día de la Ascensión (cf Hch 1,1-2). Después de este día, los Apóstoles comunicaron a sus oyentes esos dichos y hechos con la mayor comprensión que les daban la Resurrección gloriosa de Cristo y la enseñanza del Espíritu de la verdad» (DV 19).

Pasamos a ver ahora en primer lugar los tres primeros evangelios, los que desde antiguo se han denominado sinópticos*.

San Mateo

Llamado también Leví, Mateo era publicano, es decir, recaudador de impuestos. Gozaba de buena posición económica y social, así como de una bien ganada reputación entre los habitantes de Cafarnaúm, donde contaba, por la información que da Lucas, con buenos amigos (Lc 5,29). Esto si cabe era aún más meritorio, por lo mal vista que estaba su profesión entre los judíos.

Hombre de gran corazón, responde con prontitud y generosidad a la llamada que le dirige el rabí de Nazaret un día que pasaba por delante de su oficina de recaudador (Mt 9, 9). Al instante lo deja todo y le sigue. Elegido después entre los discípulos para ser uno de los Doce (Mt 10,1-4), fue hasta el final fiel a su Señor: testigo de su pasión, muerte y resurrección.

Según testimonio de los Santos Padres, escribió su evangelio en Palestina, seguramente en arameo; se propuso dirigirlo principalmente a gentes de origen hebreo. Su primera redacción es del año 50 aproximadamente. Desaparecido este evangelio poco después de la destrucción de Jerusalén, el año 70, enseguida se comenzó a utilizar la versión griega –la que ahora poseemos–, considerada por la Iglesia como canónica, auténtica y sustancialmente idéntica al original arameo.

El «Evangelio del Reino»

Inspirado por Dios, Mateo trata de demostrar en su evangelio que Jesús de Nazaret es el Mesías anunciado por los profetas, el Hijo de Dios. Quizá por esto se ha llamado a este primer evangelio *«el evangelio del cumplimiento»*. En él reciben luz y claridad nueva las profecías del Antiguo Testamento que anunciaban la llegada del Mesías. Jesús, descendiente de la casa de David (1,5), nace de María, Virgen, para que se cumpliera lo anunciado por Isaías (1, 22-23). Y ahora, cuando se realizan los «signos de los tiempos»*, aparece predicando *«el evangelio del Reino»*.

De este Reino hablan las Bienaventuranzas (5,3-11) promulgadas por Jesús en el Sermón de la Montaña, programa de vida para todo aquél que quiera identificarse con el Maestro. Y es que nadie puede entrar en el Reino si antes no se desprende de lo que pueda atarle y encerrarle en sí mismo, por lo que ha de vender todo para comprar el tesoro oculto que es preciso descubrir (13,44). Tan pequeño es, que se le compara al grano de mostaza (13,11). Y aunque está cargado de fuerza y virtud, su desarrollo en el hombre depende de cada uno personalmente.

Mateo pone un especial énfasis en el desprendimiento. Nadie puede seguir a Cristo si no practica la pobreza, si no confía en la providencia divina. Aunque matiza: las riquezas son contrarias a Dios cuando el hombre las convierte consciente o inconscientemente en su dios, en el fin de su vida. Cristo pide que se usen como medios y, por tanto, que se prescinda de ellas cuando se conviertan en un estorbo o impidan cumplir su voluntad (LG 42).

Este Reino, llamado a crecer en cada uno, ha de ser buscado, pidiéndolo con fe en la oración por excelencia: el Padrenuestro (16,9-13). Para que su sabia vivifique el corazón del hombre y cada una de sus tareas apostólicas, es preciso permanecer unido al Vicario de Cristo, sucesor de Pedro. Cristo mismo nombró a Pedro administrador de los tesoros del Reino y le confirió en plenitud el primado –de magisterio y de jurisdicción– para toda la Iglesia (16,18-19)[1].

1. Por ser cabeza visible de la Iglesia, Pedro está asistido del carisma de la infalibilidad –también sus sucesores– en todo aquello que se refiere a la fe y a las costumbres. De ahí que las definiciones solemnes del Romano Pontífice sean irrefor-

Por último, y desde una perspectiva escatológica, afirma este evangelio que el Reino fundado por Jesucristo en la tierra –su Iglesia– ha de durar hasta el fin de los tiempos; es más, Cristo estará siempre con ella. Así lo promete después de su resurrección, cuando envía a sus discípulos a predicar el Evangelio por el mundo entero. «Y sabed –les dice– que yo estoy con vosotros todos los días hasta el fin del mundo» (28,20).

La Iglesia recibe, por tanto, el encargo –la misma misión que Jesús había recibido de su Padre– de salvar a todos los hombres mediante la predicación y la administración de los sacramentos. El primero de ellos el Bautismo, absolutamente necesario para salvarse.

Predicación y bautismo

Una vez que Cristo ha conferido a sus discípulos el ministerio apostólico, deber suyo –de la Iglesia– es anunciar el Evangelio a todas las gentes, enseñándoles a vivir lo enseñado por el Maestro con su ejemplo y palabra. Así lo afirma el último Concilio: «La predicación apostólica, expresada de modo particular en los libros inspirados, tenía que conservarse por una sucesión continua hasta el fin de los tiempos. Por eso los Apóstoles, al entregar lo que ellos mismos habían recibido, advierten a los fieles que se atengan a las tradiciones que han aprendido de palabra o por escrito (cf 2 Tes 2,15) y que combatan por la fe que se les entregó de una vez para siempre (cf Jdt 3). Lo que transmitieron los Apóstoles abarca todo lo necesario para la conducta santa del Pueblo de Dios, y el aumento de su fe; así la Iglesia, en su doctrina, en su vida y en su culto, perpetúa y transmite a todas las generaciones todo lo que ella es, todo lo que ella cree» (DV 8).

Jesús promete que permanecerá siempre con su Iglesia. Pues bien, aunque la Iglesia como frágil barquilla pueda verse amenazada por los oleajes ateos o materialistas que querrían sepultarla, siempre saldrá victoriosa como aquel día en el lago de Genesaret. También a nosotros nos dice: «Tened confianza. Soy yo, no tengáis miedo»

mables por sí mismas y no dependan del consentimiento de ninguna mayoría (CEC 891; DS 3074).

(14,27). Miedo siempre al acecho: lo tuvieron sus discípulos aun en los momentos de mayor exaltación y gloria de Jesús, como en la Transfiguración (17,6); o el que se apoderó de ellos en Getsemaní, hasta huir y dejar solo al Maestro (26,56). Miedo que desaparece después de Pentecostés; el Espíritu los fortalece para que anuncien sin cobardías el nombre de Jesús.

Con Jesús se inicia por tanto una nueva era. Hay un detalle que no pasa por alto Mateo. Tras su muerte en la cruz, anota que «el velo del Templo se rasgó en dos partes, de arriba abajo; la tierra tembló y las rocas se quebraron» (27,51). La cortina que separaba el Santo del Santo de los Santos (Ex 26,31) queda rasgada como para significar que el antiguo culto mosaico había terminado y comenzaba una nueva era, la de la nueva y definitiva Alianza, sellada con la sangre del Hijo de Dios. Con ella se abría al hombre la posibilidad de renacer a una vida nueva, dejando atrás miedos y pesimismos, pues la Vida había superado con creces a la muerte.

San Marcos

La tradición de la Iglesia es unánime al atribuir el segundo Evangelio a Marcos, discípulo e intérprete del apóstol Pedro. Entre otros lo afirma Papías, discípulo de san Juan, quien hacia el año 125 escribía: «Marcos, habiendo sido el intérprete de Pedro, escribió exactamente, aunque no con orden, cuanto recordaba de las cosas dichas o hechas por el Señor. Él, en efecto, no había oído al Señor ni había andado con él, sino que más tarde, como he dicho, anduvo con Pedro. Este daba las instrucciones según exigían las circunstancias, pero sin intentar hacer un relato ordenado de las sentencias del Señor; así que Marcos no incurrió en defecto alguno escribiendo ciertas cosas tal como las recordaba. Pues sólo una cosa le importaba: no omitir nada de lo que había oído, y no consignar nada que no fuera verdad»[2].

2. Eusebio, *Historia Eclesiástica,* 111, 39, 15.

De la vida del evangelista Marcos sólo sabemos que nació en Jerusalén y que su madre se llamaba María. Su casa sirvió como lugar de reunión a los Apóstoles y a los primeros fieles. Precisamente en ella se refugió Pedro al ser liberado milagrosamente de la cárcel (Hch 12,12). Es probable que también allí bautizara el Apóstol a Marcos, a quien llama su hijo (1 Pe 5,13), y es opinión bastante fundada el identificar esta casa con el Cenáculo.

Hacia el año 45, Marcos acompañó a Pablo en su primer viaje apostólico, aunque no llegó a concluirlo. No se sabe bien la razón, pero el caso es que regresó desde Perge de Panfilia a Jerusalén (Hch 13,13). Luego, con ocasión de su segundo viaje le acompaña también junto con Bernabé, primo suyo, para unirse pocos años después a Pedro. Del príncipe de los Apóstoles oye de viva voz todo lo concerniente a los «dichos y hechos del Señor», de lo que se sirvió el Espíritu Santo para inspirarle el Evangelio que lleva su nombre, escrito probablemente alrededor del año 60.

El «evangelio de los milagros»

Este segundo evangelio se dirige principalmente a los cristianos procedentes de la gentilidad que vivían en Roma, aunque no olvidemos que el Evangelio, por ser anuncio o buena nueva de salvación para todas las gentes, tiene entraña universal. El propósito de Marcos no es tanto demostrar que Jesús era el Mesías prometido –ya lo había hecho Mateo al constatar el cumplimiento en él de las promesas del Antiguo Testamento–, sino narrar los hechos de la vida de Jesús. De ahí que ponga un especial énfasis en relatar los hechos o milagros que mejor podían ilustrar a los cristianos de Roma en todo lo relacionado con la divinidad de Jesús, en quien ya creían.

La insistencia en los milagros de Jesús es tan constante en Marcos, que omite por ejemplo el Sermón de la Montaña y muchas de las parábolas en las que el Maestro quiso enseñar aspectos doctrinales importantes sobre la vida de la Iglesia. Quizá por esto se ha llamado a su evangelio el «evangelio de los milagros». A pesar de la brevedad de su texto (16 capítulos), recoge prácticamente todos los milagros referidos por los otros evangelistas, a los que añade dos que le son propios: el de la curación del sordomudo (7, 32-

37) y el del ciego a quien Jesús cura untando con barro sus ojos (8,22-26).

Pone de manifiesto este evangelio –es parte de la revelación divina– que la realización de los milagros (curación de enfermos, dominio sobre las fuerzas naturales, imperio sobre los espíritus inmundos, etc.) se debe a que Jesucristo es el Hijo de Dios, Señor supremo de todo lo creado. No es de extrañar, por tanto, que ante unas realidades sobrenaturales tan patentes, exclame admirado el centurión al pie de la cruz: «Verdaderamente este hombre era Hijo de Dios» (15,39).

No obstante, por su cerrazón escribas y fariseos razonan de modo bien diferente: «si éste fuera en verdad el Mesías respetaría la Ley de Moisés». No les cabía en la cabeza, por ejemplo, que pudiera curar en sábado. Por esto uno de ellos acaba preguntándole: «¿Cuál es el primero de todos los mandamientos?» (12, 28). A lo que Jesús le responde en el acto, haciendo suya la Ley y dándole su exacta interpretación: «El primero es: "Escucha Israel: el Señor, Dios nuestro, es el único Señor, y amarás al Señor tu Dios con todo tu corazón, con toda tu alma, con toda tu mente y con todas tus fuerzas". El segundo es éste: "Amarás a tu prójimo como a ti mismo". No hay mandamiento alguno mayor que éstos» (12, 29-31)[3].

Jesús devuelve, por tanto, a este primer mandamiento toda su vigencia y pureza, a la vez que lo une inseparablemente al segundo, que cita según Lev 19,18. Pero ahora Jesús no lo circunscribe al limitado ámbito judío, localista o nacional. Como luego dirá Lucas al referir la parábola del Buen Samaritano (Lc 10,29-37), el «prójimo» para Jesús es cualquier hombre necesitado de ayuda. Por esto hace milagros cualquier día, también en sábado cuando está por medio la salud del prójimo. Él venía para salvar a todos, sin excepción alguna.

3. El precepto de amar a Dios con todo el corazón, toda el alma y todas las fuerzas (Dt 6,4) era muy conocido en Israel, ya que formaba parte de la oración llamada *Shemá,* equivalente a una profesión de fe monoteísta que todo buen judío recitaba dos veces al día. Este mandamiento, en su esencia, pudo haber quedado algo oscurecido, porque la oración *Shemá* se completaba con los vv. 10-11 del Deuteronomio en los que Dios promete prosperidad material a su pueblo.

La oración de Jesús

En su evangelio, Marcos refiere un aspecto importante de la vida de Jesús: su oración. Y se fija para ello en tres momentos significativos: al comienzo de su ministerio público (1,35), la que hace tras la multiplicación de los panes (6,46) y la de Getsemaní (14,32), al comienzo de su pasión. En las tres ocasiones Jesús se retira a un lugar apartado para hablar a solas con su Padre Dios. Es la oración propia del Hijo a quien Dios Padre ama y en quien se complace (1,11). Con su ejemplo, Jesús quiere enseñar cómo debe ser la oración de un hijo de Dios: un diálogo filial, confiado, en cualquier momento del día. Además de alabar a Dios y pedirle gracias, la oración del cristiano, a semejanza de la de Cristo, le lleva a identificar su voluntad con la del Padre.

Lo expresa así la oración de Getsemaní (14,32 ss). Jesús se ha quedado solo. Se dirige a su Padre llamándole *Abbá,* apelativo que denota la profundidad de su infancia espiritual y la confianza por saberse escuchado. Pero también experimenta el dolor que produce la obediencia: toda su humanidad se estremece ante lo que se le avecina. Sin embargo, se identifica plenamente con la voluntad de su Padre Dios.

Desde esta cumbre de la filiación divina ha querido Marcos poner de manifiesto lo que es central en la vida de Jesucristo: su Redención. Y, junto a esto, constata otra realidad: que a pesar de los milagros que realizaba, a plena luz del día y en presencia de multitudes, es rechazado con obstinación precisamente por aquéllos a quienes venía a salvar. Es más, no sólo se resisten a reconocerle como Hijo de Dios, sino que pondrán todos los medios posibles para condenarle a muerte.

Flagelación y muerte de Jesús

Jesús es prendido en Getsemaní. Entregado a Pilato, éste no descubre nada malo en él (15,14), pero por cobardía lo entrega para que los judíos hagan con él lo que quieran. El Sanedrín* ha trastocado calumniosamente los hechos, convirtiendo un asunto religioso en político. Al final, tal como querían, lo condenan a muerte. Mas como no les era lícito aplicar la pena capital, lo entregan a la justicia romana. Jesús experimenta de este modo la muerte más brutal y humillante de todas: la de la cruz, como un vulgar criminal.

Antes de su ejecución le someten a la pena de la flagelación. Una forma de aplicarla era usando el látigo o el flagelo. Consistía éste en unas correas finas de cuero rematadas por trocitos de hueso, aunque también solían usarse unas cadenas ligeras con bolitas de plomo en sus extremos. En ambos casos, tras atar al reo a una columna y a espalda descubierta, se le azotaba. A Jesús, por orden de Pilato, le flagelaron brutalmente, ya que la ley romana no limitaba el número de azotes y del texto se desprende que los soldados se ensañaron con él (15,15 ss). El suplicio de la flagelación llegaba primero a amoratar la piel, luego rasgaba la carne, en ocasiones rompía los huesos y a muchos les producía la muerte; todo lo cual dejó a Jesús hecho un guiñapo. A pesar de esto, y no contentos, los soldados seguían injuriándole sin compasión. El vestido de púrpura, la corona de espinas, la caña por cetro, los insultos y salivazos hablan bien a las claras del dolor real de Jesús, de su amor por quienes venía a salvar.

Finalmente carga con la cruz camino del Gólgota. «Al llegar la hora sexta toda la tierra se oscureció. Y a la hora nona exclamó Jesús: "*Eloí, Eloí, lemá sabacthaní! ¡Dios mío, Dios mío, por qué me has desamparado!*"» (15,34). Podría considerarse este final como el gran fracaso de Jesús. Pero Marcos explica que era necesario que Cristo padeciera estas ignominias, porque había venido para «dar su vida en redención por muchos» (10,45)[4]. Equivocado andaba, por tanto, el pueblo judío al esperar a un Mesías guerrero y victorioso, liberador del yugo romano, como si de un rey a lo humano se tratara. No supieron descubrir en Jesús al Siervo manso y humilde profetizado por Isaías. Él venía para servir y no para ser servido, hasta entregar su vida como Cordero inmaculado.

El aparente fracaso de Jesús se torna a los ojos admirados del pueblo que asistía aquella tarde al sacrificio del Calvario en su triunfo sobre el príncipe de este mundo, sobre el pecado y la muerte. Lo confirma con su resurrección (16,1 ss), el milagro por excelencia,

4. Cualquier intento de explicar la muerte de Cristo marginando este sentido redentor –verdadero sacrificio–, a la vez que su aceptación del todo voluntaria, sería trastocar el Evangelio y el sentir unánime de la Iglesia (cf CPD 12).

por el que se pone de manifiesto su divinidad y la aceptación por parte del Padre de su sacrificio redentor.

San Lucas

Lucas era natural de Antioquía de Siria, gentil de origen. Según la tradición de la Iglesia es el autor sagrado del tercer evangelio. Médico de profesión, hombre culto y perfecto conocedor del griego, fue discípulo de san Pablo tras su conversión al cristianismo. Esto sucedía hacia el año 40. Poco tiempo después acompaña al Apóstol en su segundo viaje (49-53), desde Troade a Filipos (Hch 16,10-37); en esta ciudad permanece unos años, para unirse a san Pablo a finales de su tercer viaje (53-58). También lo acompaña en su reclusión de Cesarea (Hch 24,23) y posteriormente en su accidentado viaje a Roma, donde le hace compañía en su primer cautiverio romano (Col 4,14).

El evangelio de Lucas es posterior al evangelio arameo de Mateo y también al de Marcos, sin que se haya fijado con exactitud la fecha de su composición. Según la respuesta de la Pontificia Comisión Bíblica (26-VI-1912) debió de escribirlo con anterioridad a la caída de Jerusalén, en el año 70. Además, al ser anterior a los Hechos y acabar éstos con una descripción de la actividad de Pablo a finales de su primera cautividad romana (año 63), su evangelio habría que datarlo como fecha tardía hacia finales del 62 o comienzos del 63. La misma Comisión sancionó de modo indiscutible la inspiración y canonicidad del tercer evangelio, así como su autenticidad. Por lo que se refiere a algunos aspectos particulares, dijo también que no es «lícito dudar de la inspiración y canonicidad de las narraciones de Lucas acerca de la infancia de Cristo (Lc 1 y 2), ni de la aparición del ángel confortándole, ni del sudor de sangre (Lc 22,43-44), así como tampoco puede demostrarse con razones sólidas –según opinaron algunos antiguos herejes con la aprobación de ciertos críticos modernos– que dichas narraciones no pertenecen al genuino evangelio de Lucas».

Lucas no fue testigo presencial de la vida de Jesús. Por esto, al citar en el prólogo las fuentes de su evangelio a través de las cuales hace ver la fuerza de la tradición oral, se excluye de los que fueron testigos (1,2); entre éstos destaca de manera muy singular María, la Madre de Jesús. Seguramente fue ella misma quien le facilitó la mayor parte de la información que contienen los primeros capítulos de su evangelio. Celoso del orden y de la cronología, Lucas investiga cuidadosamente todo desde los orígenes (1,3), no para satisfacer una curiosidad personal, sino para enseñar a otros con rigor y profundidad lo que el Señor quería que escribiera, esto es, «la firmeza de las enseñanzas que has recibido» (1,4), la verdadera historia de nuestra salvación. Este es el propósito que le mueve a escribir su evangelio, así como los Hechos, su continuación; libros que, aunque separados, constituyen una perfecta unidad literaria y doctrinal.

Respecto a su estilo literario, se observa –ya lo advirtió san Jerónimo– que Lucas domina la lengua griega con mayor perfección gramatical que los otros evangelistas. Y como su evangelio lo dirige a un público de procedencia gentil, evita de ordinario expresiones que pudieran chocarles, así como términos arameos que sustituye siempre que puede por sus equivalentes griegos. Esta es la razón por la que silencia ciertos detalles que podrían herir por su crudeza la sensibilidad de sus lectores.

Continuidad de la obra salvífica

En lo doctrinal, Lucas subraya aspectos que le son muy característicos. Comienza, por ejemplo, poniendo de relieve la continuidad de la obra salvífica, iniciada por Dios en el Antiguo Testamento y llevada a su plenitud en el Nuevo. Para ello se sirve de una serie de hechos concatenados que resultan altamente ilustrativos.

- Es el ángel Gabriel quien anuncia el nacimiento del Bautista (1,5 ss). Y lo hace a Zacarías, un sacerdote de la antigua Ley, del turno de Abías, que oficiaba en ese momento en el Templo, a la hora del sacrificio. Significativos son también en esta escena los nombres de los protagonistas: Zacarías (= se acordó Yahvéh); Isabel (= Dios es plenitud); Juan (= Yahvéh es misericordioso). Como si quisiera decir que Dios, en la plenitud de los tiempos, se acordó de sus promesas porque es misericordioso.

- En la realización del plan divino destaca la misión encomendada al Bautista como Precursor del Mesías, tal como había sido anunciada por el profeta Malaquías (4,5-6) y que el ángel presenta ahora como un hecho consumado (1,16-17).
- Significativo es también el anuncio hecho por el mismo ángel Gabriel a una muchacha de Nazaret llamada María (1,26-38). A la «llena de gracia» le anuncia su concepción virginal, pues por obra del Espíritu Santo concebirá a Jesús, el Salvador del mundo [5]. Hecho éste que pone el ángel en conexión con la concepción del Bautista, su Precursor (1,36).

Todos y cada uno de estos hechos hablan de continuidad; sucesos que vinculan el pasado con el presente, la promesa con la realización. El Mesías prometido, el que durante tantos siglos había alimentado la esperanza de patriarcas y profetas, la de todo el pueblo de Israel, es el que entra ahora en la historia de los hombres para salvarlos. De ahí que la Virgen María exulte de gozo en el Dios su Salvador, tras saludar a su pariente Isabel (1,47) [6]; o que Zacarías entone agradecido el *Benedictus* (1,67), o que los ángeles anuncien a los pastores «una gran alegría, que lo será para todo el pueblo: hoy os ha nacido un Salvador, que es el Cristo Señor, en la ciudad de David» (2,10-11); o que Simeón, ya anciano, bendiga a Dios cuando a la entrada del Templo reconoce en Jesús al Mesías. «Ahora, Señor, puedes dejar que tu siervo se vaya en paz, según tu palabra, porque mis ojos han visto tu salvación, la que has preparado ante la faz de todos los pueblos» (2,29-30). Jesús, en efecto, viene para traer la alegría de la salvación a todos: gentiles y judíos, pobres y ricos, sanos y enfermos: su redención es universal.

5. Bastó el *fiat* de María, su sí pleno a la voluntad divina, para que en ese mismo instante el Verbo se hiciera hombre; Dios, en ese momento, formó un cuerpo de la Virgen María por obra del Espíritu Santo, y también un alma, que creó de la nada. A ese cuerpo y a esa alma se unió el Hijo de Dios, asumiendo así nuestra naturaleza humana. Lo definió el concilio de Éfeso (año 431) como dogma de fe para toda la Iglesia (DS 250).

6. El alma de María se desborda de alegría y agradecimiento en el *Magnificat;* reconoce humildemente que cuanto se ha realizado en ella es obra de Dios. Sus palabras son un eco del cántico de Ana (2 Sam 2,1-11) y del Salmo 103,17, conocidos sin duda por la Virgen.

Había sido profetizado por Isaías que el Mesías vendría a redimir a su pueblo de sus aflicciones, pues vendría «a evangelizar a los pobres, a curar los corazones oprimidos, a anunciar la libertad a los cautivos...» (Is 61,1-2). Jesús dirá en la sinagoga de Nazaret: «Hoy se ha cumplido esta Escritura» (4,21). Había venido, en efecto, para redimir al hombre del pecado, para librarle de la esclavitud del demonio y de la muerte eterna. Sin embargo, aunque cura a muchos de sus enfermedades y remedia el hambre de muchedumbres enteras, no quiso suprimir el dolor ni la enfermedad, ya que éstos tienen en los planes de Dios un valor redentor. Por esto los pobres y enfermos son los predilectos de Dios, en cuyos rostros se ha de reconocer la imagen misma del Señor (LG 8).

Universalidad de la Redención

Lucas destaca en su evangelio el carácter universal de la redención. Y lo hace tomando como punto de partida Jerusalén, ciudad en la que centra toda la actividad de Jesús. En Jerusalén comienza y acaba su evangelio. La infancia de Jesús, por ejemplo, concluye con la escena del Templo en la que éste, aún adolescente, conversa con los doctores de la Ley, dejándoles admirados por sus preguntas y respuestas llenas de sabiduría (2,46-47). Luego, su misma vida pública, su predicación por tierras de Galilea, Samaria y Judea es para Lucas un continuo aproximarse a Jerusalén.

En la Ciudad Santa tiene lugar la Última Cena, momento de especial trascendencia en la vida de Jesús. Fue en ella donde realiza el milagro de la transustanciación, al convertir el pan y el vino en su Cuerpo y en su Sangre, que serán entregado y derramada por los hombres. La institución de la Eucaristía anticipaba así su muerte en la Cruz. En Jerusalén, en el Gólgota, concluía la misión que le había traído a la tierra. Luego, tras su ascensión a los cielos, los discípulos «regresan a Jerusalén llenos de inmensa alegría» (24,52).

Lucas deja para su segundo libro –los Hechos de los Apóstoles– la expansión de la Iglesia bajo la acción poderosa del Espíritu Santo. También entonces pondrá de relieve cómo desde Jerusalén, y a partir de esta ciudad, la Iglesia se extendería por el mundo entonces conocido: primero Roma, donde germinará con la sangre de Pedro y Pablo y la de otros muchos mártires cristianos. Después por otros muchos lugares previamente abonados por la predicación de los Apóstoles. Se cumplía así lo profetizado por Isaías: «De Sión saldrá la Ley, y de Jerusalén la palabra de Yahvéh» (Is 2,3).

Seguir a Cristo

La larga espera del tiempo mesiánico había terminado. Realizada la redención por Cristo, el cristiano debe imitarle y seguir sus pasos. De ahí que Lucas insista en que nadie puede ser discípulo suyo si no le sigue de cerca, es decir, si no se niega a sí mismo y toma su cruz cada día (9,23). Y como sabe que muchos podrían cansarse, recomienda la virtud de la paciencia, compañera inseparable de la perseverancia (21,19); y también la fortaleza, imprescindible para apartar cuanto pueda separarnos de él (18,22-25). Lo cual obliga a poner en ejercicio otras virtudes, como la justicia y la templanza, la castidad y el amor al prójimo; éstas se adquieren mediante la práctica de la oración, el sacrificio y la misericordia (6,27-38). Termina sintetizándolo en lo que es clave para el cristiano: la unión entre la vida activa y la contemplativa, sin contraponerlas, como se desprende del diálogo de Jesús con Marta (10,41-42).

María, Madre del Hijo de Dios

María es la criatura que mejor ha realizado esta síntesis, la que más profundamente ha vivido la unión con Dios en sus tareas diarias. San Lucas dedica casi una tercera parte de su evangelio a narrar la infancia de Jesús, en la que María tiene un papel relevante. Ella es, como hemos visto, la llena de gracia (1,28), la que por su humildad se atrae la benevolencia divina y se convierte por obra del Espíritu Santo en Madre del Hijo de Dios. A su exquisita ternura unía una extraordinaria fortaleza para hacer siempre y en todo cuanto el Señor le pedía. Su oración era intensa y confiada. Esto se pone especialmente de manifiesto con ocasión de las bodas de Caná (Jn 2,1 ss). La fe humilde de María, en súplica confiada, adelanta «la hora» del Hijo.

Juan Pablo II ha dicho: «María está siempre en el mismo centro de nuestra oración. Ella es la primera entre los que piden. Y es la *Omnipotentia suplex:* la Omnipotencia suplicante. Así era en su casa de Nazaret, cuando conversaba con Gabriel. La sorprendemos allí en lo profundo de su oración. En lo profundo de la oración le habla Dios Padre. En lo profundo de la oración, el Verbo eterno se hace su Hijo. En lo profundo de la oración desciende sobre Ella el Espíritu Santo. Y luego Ella traslada esa profundidad de la oración de Nazaret al Cenáculo de Pentecostés, donde la acompañan, constantes y concordes en la oración, todos los Apóstoles» (21-X-1979).

Ya el concilio Vaticano II, al exponer la doctrina mariana, había dicho: «La Virgen María, que al anuncio del ángel recibió al Verbo de Dios en su alma y en su cuerpo y dio la Vida al mundo, es reconocida y venerada como verdadera Madre de Dios y del Redentor. Está enriquecida con la suma prerrogativa y dignidad de ser la Madre de Dios Hijo, y por eso hija predilecta del Padre y sagrario del Espíritu Santo» (LG 53).

Tales prerrogativas ocupan lugar preferente en la devoción que hacia la Madre de Dios tuvieron y tienen los cristianos. Se manifiesta en el culto litúrgico, así como en la extensa y variada iconografía mariana. Ya en el primer siglo aparece su imagen representada en las catacumbas romanas, aunque no es hasta los siglos V al X cuando fija sus características plásticas el arte bizantino. Más tarde, en el período gótico, alcanza su mayor auge la iconografía mariana, destacando el tema de la «Virgen dolorosa» y el de la «Virgen de la misericordia». A principios del siglo XVII se perfila y concreta la conocida imagen de la «Inmaculada Concepción», a partir de la descripción del Apocalipsis. Lo mismo sucede con otras muchas advocaciones marianas que a través del tiempo y en diversos lugares han dado muestras de la constante devoción a María como Madre de Dios, y de su influencia en la vida de la Iglesia.

San Juan

El apóstol Juan, hijo de Zebedeo y de Salomé, hermano de Santiago el Mayor, era natural de Betsaida, ciudad situada en Galilea, junto al lago de Genesaret. Allí ejercía con su familia, de buena posición, el oficio de pescador. Desde muy joven fue discípulo del Bautista y después de Jesús. Le siguió cuando oyó a Juan: «He aquí el Cordero de Dios» (1,36). Esa tarde, tal como él mismo relata, después de preguntarle dónde vivía, se quedó con él un rato largo (1,38-39). Tras aquel diálogo, del que ya nunca se olvidará, deja a su padre en la barca con los jornaleros y se entrega por entero a la misión que Jesús le encomendaba. Tendría entonces unos veinte años.

La vida de Juan desde entonces está presidida por una continua fidelidad a su Maestro y Señor. Su amor joven y enterizo, apasionado por las cosas de Dios, le vale tanto a él como a su hermano el apelativo de *boanerges*[7]. Lleno de fortaleza, nunca repara en obstáculos. Es el único de los apóstoles que permanece en la cruz, junto con María, la Madre de Jesús y las santas mujeres que la acompañaban (Mc 15,40-41). Por la confianza de Jesús en su amor fiel, le entrega a su Madre como Madre suya poco antes de morir (19,26-27) .

Por la tradición de la Iglesia sabemos –lo atestigua san Policarpo– que Juan va de Palestina a Éfeso. Perseguido y condenado por el emperador Domiciano, acaba desterrado en la isla de Patmos, donde escribe el Apocalipsis. Muerto el emperador, regresa en el año 96 a Éfeso. Allí escribe sus tres Cartas y el Evangelio, al comienzo del imperio de Trajano (98-117).

Desde muy temprano la tradición de la Iglesia atribuyó el cuarto evangelio al apóstol Juan. Así, entre otros, Papías, san Ireneo, el Canon de Muratori, Clemente de Alejandría, Tertuliano y Orígenes. El examen interno del texto también lo confirma, aunque es probable que alguno de sus discípulos introdujera ciertos añadidos, por lo que se deduce de los versículos finales (21,24). De otra parte se aprecia

7. Según Mc 3,17, Jesús llamó a Santiago y Juan con el sobrenombre de *boanerges*, hijos del trueno, tal vez por su carácter vehemente (Lc 9,49.54). La etimología de *boanerges* podría proceder del arameo «*bnê rigzá*» (hijos de la inquietud), aunque también cabe la posibilidad de que sea una deformación popular de *bnê rehem* (= mellizos).

su autoría por la familiaridad que tiene con las costumbres judías y su interés por resaltar que las profecías del Antiguo Testamento se han cumplido: así el testimonio del Bautista, la expulsión de los mercaderes del Templo, la entrada de Jesús en Jerusalén, la incredulidad de los judíos, la partición de los vestidos de Jesús y el sorteo de su túnica, la lanzada en su costado, etc. Y también por la descripción en primera persona, viva y muy real de muchos de los relatos. Cabe destacar el conocimiento de la topografía de Jerusalén: sabe, por ejemplo, que el pórtico de Salomón formaba parte del Templo; que en el pretorio existía un lugar llamado Gabbata; que la piscina de Betzeta tenía cinco pórticos y se encontraba junto a la puerta de las ovejas. Por último, su recurso a ciertos detalles que dan a la narración el frescor y sabor de un escrito de primera mano, lo cual sólo puede proceder de alguien que ha sido testigo ocular de lo que narra.

A esto se ha de añadir que, mientras los evangelios sinópticos mencionan por su nombre al apóstol Juan (tres veces lo hace Mateo, siete Lucas y nueve Marcos), el cuarto evangelio lo silencia por completo, así como toda referencia a su familia, salvo una vez que habla de los hijos de Zebedeo (21,2). Si se tiene en cuenta de otra parte que el autor parece esconder su verdadera personalidad bajo la forma literaria de «aquél a quien Jesús amaba» (13,23), y esto sólo podía decirlo de Pedro, Santiago y Juan (Mt 17,1-2; Mc 14,33), los tres apóstoles más íntimos del Señor, se colige que el discípulo amado sólo podía ser Juan, ya que Santiago había muerto el año 44 bajo el reinado de Agripa y Pedro era el que preguntaba (13,24), martirizado en Roma, a consecuencia de la persecución de Nerón contra los cristianos el año 64.

Juan, por su condición de discípulo joven, había memorizado los largos discursos de Jesús. Después de reflexionar sobre ellos, expone en su evangelio el sentido profundo de las palabras y hechos del Maestro, en especial lo que es su fundamento: su divinidad.

Jesús, el Hijo de Dios

Se sirve para ello de una serie de milagros, a los que llama «signos», en la medida en que le sirven como punto de partida de lo que quiere enseñar. Por esto dirá al final del evangelio que «éstos –los signos o milagros– se han escrito para que creáis que Jesús es el Cristo, el Hijo de Dios, y para que, creyendo, tengáis vida en su nombre» (20,31). Su intención es la de robustecer la fe de los primeros cristianos desparramados por las nacientes iglesias de Asia, expuestos al peligro de ciertas desviaciones y aun errores doctrinales sobre la Persona y obra de Jesucristo. Escribe lo que es punto central de la fe cristiana: «que Jesús es el Cristo o Mesías, el Hijo de Dios encarnado». En su exposición utiliza un esquema parecido al que seguían los demás apóstoles en su predicación oral (Hch 10,36-43). No obstante, completa lo dicho en los evangelios sinópticos, que conocía. Su propósito no es escribir una biografía de Jesús, por lo que selecciona (21,25) solamente aquello que le ayuda a explicar mejor esa verdad central: que Jesús es el Hijo Dios hecho hombre. En conexión con él muestra temas profundos como el de la vida, la luz, la verdad, el amor, en los que expresa su acción salvadora.

Con este fin articula su evangelio en un prólogo y dos partes principales:

El prólogo (1,1-18).– Desde el punto de vista doctrinal, contiene una importante revelación. Presenta al Logos –la Palabra o Verbo de Dios– como eterno, distinto del Padre y a la vez idéntico a Él por participar de su misma naturaleza divina. Recuerda lo dicho al comienzo del Génesis: «En el principio Dios creó...» (Gen 1,1). El mismo principio absoluto al que ahora se refiere san Juan: «En el principio existía el Logos...» (1,1). Del Logos dice Pablo VI: es «el Verbo eterno, nacido del Padre antes de todos los siglos y consustancial al Padre, esto es, *homoousios to Patri*, por quien han sido hechas todas las cosas. Se encarnó por obra del Espíritu Santo, de María la Virgen, y se hizo hombre: por tanto, igual al Padre según la divinidad, menor que el Padre según la humanidad, completamente uno no por confusión de la sustancia (que no puede hacerse), sino por la unidad de la persona» (CPD 11).

El Verbo, segunda Persona de la Santísima Trinidad, además de ser eterno y consustancial con el Padre, es el creador del mundo, pues «todo fue hecho por él y sin él nada se hizo» (1,3)[8]. Él es la luz que

8. Todo lo creado por Dios lo ha sido por el Verbo; no como si se tratase de un instrumento en manos del Padre, ya que en ese caso el Verbo sería una criatura y no

ilumina a todo hombre (1,4), «pero las tinieblas no le acogieron» (1,5). Vino a los suyos (a Israel, su pueblo), pero éstos tampoco quisieron recibirle (1,11). Mas a todos cuantos le reciban mediante la fe les dará el poder (la gracia) de llegar a ser hijos de Dios (1,12). Y «el Verbo se hizo carne y habitó entre nosotros» (1,14)[9]. Es decir, llegada la plenitud de los tiempos planta su tienda entre los hombres, y se hace hombre para salvarlos a todos. «De su plenitud todos hemos recibido gracia sobre gracia» (1,16), la gracia de la nueva economía salvífica. La antigua Alianza dejaba paso así a la Nueva, realizándose la salvación en plenitud por medio del Hijo de Dios hecho hombre.

Primera parte (1-13).– Presenta Juan ahora a Jesús como el Mesías prometido, el que durante siglos había alimentado las esperanzas del pueblo de Israel. Para probarlo, se sirve de una serie de signos o milagros que desarrolla en detalle. El primero de ellos es el de Caná de Galilea, donde con motivo de unas bodas Jesús convierte el agua en vino (2,1 ss). Su Madre adelanta por medio de su fe la hora del Hijo[10]. Sigue a éste el de la curación del hijo de un oficial real en Cafarnaúm (4,46-54), que se realiza también por la fe que despertaba Jesús en quienes se acercaban a él con buena intención. A éstos siguen siete milagros más: la curación del paralítico en la piscina de Betzata (5,1-18), la multiplicación de los panes (6,5-13), el caminar de Jesús sobre las aguas (6,19), la curación del ciego de nacimiento (9,1-8), la resurrección de Lázaro (11,1-45) y, finalmente, su propia

Dios, como erróneamente afirmó Arrio. El Verbo –segunda persona de la Santísima Trinidad- no es instrumento, sino causa eficiente de la creación, ya que todo lo que Dios obra fuera de Él es común a las tres divinas Personas (cf DS 790).

9. Con el nombre de *shekiná* se denominaba el habitar de Dios en medio de su pueblo (Dt 12,11;14,23). Posteriormente, en el lenguaje rabínico, se convirtió en una de las muchas denominaciones empleadas para referirse a Dios, como el «santo», el «altísimo», etc., utilizadas para evitar la pronunciación de Yahvéh. Al escribir san Juan «y habitó entre nosotros» (1,14), tal vez se referiese a la *shekiná* para subrayar la divinidad de Jesucristo.

10. Entre los invitados a la boda se encontraba María. Sólo dos veces la menciona san Juan: aquí, en Caná, y al pie de la Cruz (Jn 19,25), es decir, al comienzo y al final de su vida pública. En ambos casos quiere resaltar su misión de corredentora. Mediante su oración humilde y llena de fe, anticipa el primer milagro de Jesús; y por su fe, se convierte también junto al Hijo al pie de la Cruz en Madre de todos los creyentes (cf LG 58).

resurrección (20,1-18). Después de ella, uno más: el de la pesca milagrosa, en el que tras una noche de brega infructuosa dice a sus discípulos que echen las redes a la derecha de la barca: pescaron 153 peces grandes (21,4-11).

A través de estos milagros Juan quiere mostrar a Jesús como el verdadero Mesías, el Salvador del mundo. Por esto dice que si cura en sábado es porque es Señor del sábado; si devuelve la vista a los ciegos, es para manifestar que es la luz del mundo; si resucita a Lázaro, es para afirmar que es la resurrección y la vida. Todos podían comprobar por estos signos que su predicación no se quedaba en palabras. De ahí que muerto, resucite por su propia virtud, para alejar de todos –también de sus apóstoles– cualquier sombra de duda acerca de su divinidad.

Segunda parte (13-21).– Contiene los hechos más entrañables y decisivos de la vida de Jesús. Los desarrolla en tres actos: a) última cena, b) pasión y muerte, c) resurrección. En cada uno de ellos va mostrando la realización del plan salvador que Dios Padre encomendó a su Hijo.

a) *La Última Cena*.– La abre san Juan con una frase solemne cargada de intencionalidad teológica:

> «Antes de la fiesta de la Pascua, sabiendo Jesús que había llegado la hora de pasar de este mundo al Padre, habiendo amado a los suyos que estaban en el mundo, los amó hasta el fin» (13,1).

Este amor sin límites de Jesús es la clave que permite entender su entrega incondicional. Es la conclusión lógica de la frase que el Apóstol había consignado al comienzo de su evangelio: «Tanto amó Dios al mundo que le entregó a su Hijo Unigénito, para que todo el que crea en él no muera» (3,16). Un amor que le llevará a la entrega completa, hasta el holocausto en oblación generosa de sí mismo. Pues como dirá, «nadie tiene amor mayor que el que da la vida por sus amigos» (15,13), aunque éstos no le correspondan o incluso le condenen vilmente.

Es en la oración sacerdotal de Cristo donde se pone especialmente de manifiesto la intensidad del amor por sus discípulos (17,6-19) y por los que vendrían después (17,20). Para llegar al fundamento último de ese amor, es preciso rastrear en el interior de las tres Personas divinas, en la unión entre ellas. Jesús pide en su oración: «Que todos sean uno, como tú, Padre, en mí y yo en ti, que también ellos sean uno en nosotros» (17,21). De ese amor arranca el mandamiento nuevo como signo de la pertenencia a Cristo: «En esto conocerán todos que sois mis discípulos: si os tenéis amor entre vosotros» (13,35) [11]. Viene a decirles que si rompen la unidad con él y entre ellos, perderán toda su eficacia, como se seca el sarmiento que no está unido a la vid (15,1-10).

Y al contrario, al ser Jesús la manifestación del amor del Padre, se entiende que diga: «el que permanece en mí y yo en él, ése da mucho fruto, porque sin mí no podéis hacer nada» (15,5) [12]. Razón por la cual instituye el sacramento de la Eucaristía –que Juan da por conocido– y se queda con nosotros para facilitarnos el camino. Así lo había prometido en la sinagoga de Cafarnaúm: «Mi carne es verdadera comida y mi sangre es verdadera bebida. Quien come mi carne y bebe mi sangre permanece en mí y yo en él» (6,55-56). Esta realidad permite al cristiano permanecer unido a su Señor y vivir en plenitud la filiación divina (1,12-13).

b) *Pasión y Muerte*.– Juan inicia en el capítulo 18 el relato de la pasión de Jesús. Lo hace en un estilo muy personal, completando o matizando lo que ya habían narrado los sinópticos, aunque lo hace desde una perspectiva distinta. Ellos habían destacado circunstancias que consideraban importantes en la muerte de Jesús. Por ejemplo, se fijan en que las tinieblas ensombrecieron la tierra desde el mediodía; el velo del Templo se rasgó de arriba abajo; los judíos contemplaban todo esto aterrorizados; los muertos se levantaron de los sepulcros, etc. Con esto querían poner de relieve el tránsito de

11. Aunque el mandamiento del amor fraterno estaba ya promulgado (Lev 19,18), Jesucristo quiere darle un sentido y contenido más profundo, del todo nuevo, al decir que los discípulos deben amar a todos «como yo os he amado». No se trata sólo de amar aun a los enemigos (Ex 23,4-5), sino de amarlos de un modo eficaz, como lo hace el Señor.

12. Sin unión con Cristo no puede haber vida sobrenatural. «El mismo Cristo Jesús comunica su virtud sobre los justificados mismos, virtud que antecede siempre a sus buenas obras, las acompaña y sigue, y sin la cual en modo alguno pudieran ser gratas a Dios ni meritorias» (DS 1546).

una era a otra, el paso de la antigua a la nueva Alianza. San Juan, en cambio, se fija en un hecho para él fundamental: con su muerte en la cruz, Cristo funda su Iglesia. Para él es lo definitivo, como la clave para entender la Redención. De ahí que resalte en primer lugar la herida abierta en su costado por la lanzada (19,35). En ella ve prefigurado el nacer de los sacramentos y de la misma Iglesia. Pues «la sangre y el agua que brotaron del costado traspasado de Jesús crucificado son figuras del Bautismo y de la Eucaristía, sacramentos de la vida nueva» (CEC 1225). De manera que «la Iglesia o reino de Cristo, presente ya de modo misterioso, crece visiblemente en el mundo por el poder de Dios. Inicio y crecimiento que son significados por la sangre y el agua que salieron del costado abierto de Jesús crucificado» (LG 3).

Un significado igualmente eclesiológico se aprecia en los detalles que relata Juan referentes al sorteo y reparto de la túnica inconsútil de Jesús, figura de la unidad de la Iglesia (19,23-24); como lo es asimismo su despedida en la Cruz, al entregar al discípulo a quien amaba lo último y más preciado que aún le quedaba, su Madre Santísima (19,25-27). En Juan estaban representados todos los cristianos, es decir, la Iglesia. De ahí que María, por expresa voluntad divina, se convierta por este último acto de su Hijo en medianera de todas las gracias, en Madre de la Iglesia. La razón es ésta: «Padeció profundamente junto con su unigénito, y se asoció a su sacrificio con corazón materno, dando su consentimiento amoroso a la inmolación de la víctima nacida de ella» (LG 58).

c) *La resurrección de Jesús*.– Contiene este apartado los hechos mejor testificados del evangelio de san Juan. Su relato es de gran valor. Fue testigo presencial de la muerte de Jesús en la cruz y de su posterior entierro; permaneció en el sepulcro hasta que sellaron la piedra que cerraba la entrada. Los detalles que relata son concluyentes para fundar la fe en Cristo resucitado. Por esto los anota, «para que creáis que Jesús es el Cristo, el Hijo de Dios, y para que creyendo tengáis vida en su nombre» (21,31).

La resurrección de Jesús es la prueba y el fundamento más firme de la fe cristiana. De ahí que a Juan le importe garantizar la historicidad de lo que dice. Comienza por poner el acento en el descubrimiento del sepulcro vacío (20,1-10), constatado tanto por él como por Pedro y las mujeres que les acompañaban. Insiste después en subrayar la realidad física del cuerpo de Jesús tras haber resucitado: por tres veces se deja ver y tocar por sus discípulos, por aquellos que habrían de ser sus testigos.

Tan contundentes son para él estos hechos, que relata admirado lo que vio al entrar en el sepulcro el primer día de la semana. Sus palabras son «vio y creyó» (20,8), pues hasta entonces no habían entendido la Escritura (20,9). Y explica lo que vio. En primer lugar, dice que todo estaba en el sepulcro tal como lo habían dejado al depositar allí el cuerpo de Jesús. Es decir, que el sudario que envolvía su cabeza no estaba extendido con los lienzos, sino en el mismo lugar y disposición que antes tenía; lo mismo que la sábana con la que habían cubierto su cuerpo, que permanecía enrollada (20,7). Pero ahora –y ésta es su admiración– ya no tenía nada que envolver: yacía como si el cuerpo de Cristo se hubiera volatilizado; de la misma manera que entraría después en el Cenáculo sin que le abrieran las puertas. Todo lo cual explica la fe de Juan en la resurrección de Jesús, una de las pruebas físicas más importantes, que excluye el robo o la ocultación de su cuerpo, aunque no la fe por parte del creyente.

La Resurrección, al igual que la Pasión y Muerte de Jesús, está en íntima relación con la fundación de la Iglesia y del poder del que está dotada por expreso querer de su Fundador. Fue tras su resurrección cuando Jesús transmite a los Apóstoles el poder de perdonar los pecados (20,23), confirmando a Simón Pedro como pastor supremo de la Iglesia (21,15-17).

Antes, sin embargo, Jesús exige a Pedro una triple confesión como prueba de amor y de reparación por sus tres negaciones anteriores (21,15-17). Pedro comprende la lección y hondamente arrepentido confiesa su fragilidad y su amor sincero por su Maestro y Señor. Es entonces cuando Jesús le hace entrega efectiva de los poderes y autoridad que le había prometido (Mt 16,16-19) para que en su nombre gobierne la Iglesia (LG 18). «Porque sólo a Simón Pedro confirió Jesús después de su resurrección la jurisdicción de pastor y rector supremo sobre todo su rebaño, diciendo: "Apacienta mis corderos, apacienta mis ovejas"» (DS 3053).

De la unión de los cristianos con el sucesor de Pedro procede la cohesión de la Iglesia, Cuerpo místico de Cristo, su vigor y continuo crecimiento. En la pesca que realizaron los apóstoles en el lago Tiberíades tras la resurrección del Señor, vieron los Santos Padres reflejados una serie de simbolismos: en el mar, el mundo; en la barca, la Iglesia; en los pescadores, los apóstoles; en la red, la unidad doctrinal en la predicación evangélica; en los peces, los elegidos. En la misma calidad de la pesca realizada –capturaron 153 peces grandes– vieron simbolizada la selecta y abundante floración de fieles que con el correr del tiempo llegaría a la Iglesia. Con esta perspectiva optimista y esperanzada, al igual que los sinópticos, cierra san Juan su evangelio, convencido de que Cristo siempre sostendrá a su Iglesia.

2
LOS HECHOS DE LOS APÓSTOLES

La tradición más antigua de la Iglesia atribuye este libro canónico del Nuevo Testamento a Lucas, autor del tercer evangelio. Así, entre otros, san Ireneo, Tertuliano, Clemente de Alejandría, Orígenes, el Canon de Muratori, san Jerónimo y Eusebio de Cesarea.

Tanto el tercer evangelio como los Hechos –su continuación– forman parte de una misma obra. El estilo, el vocabulario y hasta los temas doctrinales coinciden con bastante frecuencia. Pero más convincente aún es el argumento de que la segunda parte de los Hechos, en la que se describen los viajes de san Pablo, contiene una especie de «diario de viaje» relatado en primera persona del plural por uno de sus acompañantes. El diario queda interrumpido y la primera persona desaparece, cuando su autor no está presente. Por las Cartas de san Pablo sabemos quiénes fueron sus compañeros de viaje, y que sólo Lucas pudo escribir el «nosotros» cuando era testigo presencial de lo que relataba.

La fecha y lugar de composición de este libro pueden deducirse de los siguientes datos: los Hechos terminan relatando el cautiverio de Pablo en Roma (61-63). Como Lucas había escrito antes su evangelio, quizá a finales del 62, los Hechos debieron ser escritos entre el 62 y el 64. Este último año comienza la persecución de Nerón, de la que no se hace referencia en los Hechos; más aún, el autor en su relato final presenta al Apóstol en su prisión de Roma predicando el Evangelio con entera libertad. Y aunque alguna vez predice sus padecimientos, no aparece alusión alguna a su martirio. De donde se puede concluir que este libro fue escrito en Roma, poco antes del incendio de julio del 64, que desencadenó la persecución de Nerón contra los cristianos. Quizá esto explique la conclusión tan apresurada que se observa en el relato final.

FINALIDAD DEL LIBRO

Como ya hemos dicho, Lucas era un hombre culto, médico de profesión, meticuloso y ordenado. En los Hechos se propone probar –bajo el carisma de la inspiración– la verdad de la doctrina predicada por los Apóstoles, en especial por Pedro y Pablo, así como su gran fuerza expansiva. Y lo hace sirviéndose de una parte de los milagros que la acompañaban; de otra, del desarrollo tan extraordinario que tuvo la Iglesia entre los gentiles. Es la historia de los orígenes del cristianismo, en la que se cumplía al pie de la letra lo profetizado por Jesús (Hch 1,8). El Evangelio se irradiaría por el mundo entero a partir de Jerusalén.

Un primer paso en este sentido lo representa Pentecostés, día en el que unas tres mil personas son bautizadas (2,41). Desde ese momento, y con la asistencia del Espíritu Santo, se inicia la expansión que ya no se detendría hasta abarcar la tierra entonces conocida. Muchos de aquellos primeros cristianos eran judíos helenistas antes de su conversión (6, 1).

Un segundo paso se da tras el martirio de Esteban. Muchos de aquellos fieles son perseguidos y expulsados de Israel (8,3-4). Su cultura helénica y su mentalidad abierta a otras gentes les permitía echar raíces en los lugares más alejados, comenzando por Samaria y regiones limítrofes. Así, tras la conversión de Saulo se sabe que habían llegado a Damasco, donde entre los discípulos se encontraba Ananías (9,10). Llegarán después a Fenicia, Chipre y Antioquía (11, 19), predicando por todas partes el Evangelio. En Antioquía es «donde los discípulos reciben por primera vez el nombre de cristianos» (11, 26). Desde ese momento Antioquía se convertiría en el segundo foco de irradiación de la fe cristiana, después de Jerusalén.

Los contactos entre ambas ciudades serán ya muy frecuentes (11,27 ss), aun cuando Lucas deja constancia de la preeminencia de Jerusalén.

Un tercer paso en la expansión de la Iglesia viene dado por la conducción de Pablo a Roma, la capital del Imperio. Allí permanece mucho tiempo bajo arresto en espera de que las autoridades le juzguen. Y aun estando «encadenado por amor a Jesucristo», predica sin desmayo, de tal modo que la fe cristiana se extendería desde Roma hasta los confines de la tierra.

El libro de los Hechos es por esta razón, más que una historia detallada e íntegra de los orígenes de la Iglesia, la prueba palpable de su extraordinaria vitalidad, gracias a la fuerza del Espíritu Santo que la asistía.

Enseñanza

Así como los Evangelios relatan la Encarnación del Verbo y, en consecuencia, la obra salvífica de Jesús de Nazaret, el libro de los Hechos viene a ser como una prolongación del Evangelio, en el que se nos da a conocer la historia –única que poseemos– sobre la venida del Espíritu Santo y su actividad en favor de la Iglesia en sus primeros treinta años. La enseñanza de los Hechos podría sintetizarse en cuatro grandes apartados.

a) *Jesucristo*.– Después de recibir el Espíritu Santo en Pentecostés, los discípulos predican abiertamente que Jesús es el Mesías. Pedro, por ejemplo, concluye su discurso esa misma mañana con esta afirmación: «Sepa, pues, con certeza toda la casa de Israel que Dios hizo Señor y Cristo a este Jesús a quien vosotros crucificasteis» (2,36). El carácter mesiánico de la obra de Jesús quedaba patente, tanto por las profecías que la habían precedido como por los milagros que la acompañaron. Entre ellos, el mayor y definitivo, su propia resurrección (2,24-32), la prueba decisiva de su divinidad. De ahí que el mismo Saulo tras su conversión predique sin ambages que Jesús es el Hijo de Dios (9, 20; 13,33). Y por ser Dios, y como autor de la vida (3,15), envía el Espíritu Santo y perdona los pecados. Había venido para eso: para salvar a todos, como «siervo doliente», por medio de su pasión y muerte como cordero inmaculado (8,32-33). Y porque es Dios, su nombre está revestido de virtud (4,10-12), razón por la cual los discípulos deben obedecerle a él antes que a los hombres (4,19). Pues así como en el Antiguo Testamento se invocaba el nombre de Dios, se invoca ahora con la misma fe el nombre de Jesús (3,6), en quien reside todo poder. A él deben acudir sus discípulos en las pruebas y dificultades, y en su nombre predicarán y bautizarán a quienes crean en él. Es el caso del etíope bautizado por Felipe (8,38). Finalmente será un privilegio para ellos si por confesar su nombre son perseguidos, encarcelados y martirizados.

b) *El Espíritu Santo*.– El Espíritu anunciado por el profeta Joel (2, 28-32) es el mismo que el día de Pentecostés desciende sobre los Apóstoles y los llena de gracia; en medio de ellos estaba la Virgen María, madre de Jesús (2,3-4). Los Apóstoles vieron en el Espíritu Santo a una persona distinta al Padre y al Hijo, partícipe no obstante de su misma naturaleza divina. De ahí que mentir al Espíritu Santo, como hicieron Ananías y Safira, sea mentir al mismo Dios (5,3)[13]. La misma predicación de los Apóstoles se presenta como obra del Espíritu Santo, que es quien en realidad hablaba por boca de los discípulos (4,8; 11,28). Así, el Espíritu da órdenes a Felipe (8,29) y a Pedro (10,19). Es más, las grandes decisiones de la Iglesia, como las que tuvieron lugar en el concilio de Jerusalén, son tomadas por Él junto con los Apóstoles (15,28)[14]. La actividad apostólica se inicia por un mandato suyo (13,2-4). Es Él quien orienta y guía a los discípulos o los detiene (16,6); nombra a los obispos (20,28) y obra los milagros (10-46; 19,6). Puede decirse por esto que quienes ignoran su existencia, aunque crean en el Padre y en el Hijo, no pueden considerarse verdaderos discípulos suyos (19,2-6). Los Hechos hablan de una presencia real del Espíritu Santo, permanente y no transitoria, en el alma del

13. El castigo de este matrimonio fue ejemplar para aquellos primeros cristianos, y toda una lección también para nosotros. Quedaba patente que mentir a Pedro –a la Iglesia– era mentir en definitiva al Espíritu Santo, que es quien la gobierna.

14. Los Apóstoles tomaron la decisión bajo el influjo del Espíritu Santo, que les hacía infalibles en todo lo relacionado con la fe y la moral. La frase de Hch 15,28, en su comienzo, es la empleada todavía hoy por la Iglesia en sus decisiones conciliares de carácter dogmático, por saberse asistida por el Espíritu Santo (cf LG 18 y 25).

cristiano tras recibir el Bautismo (2,38; 5,32). Él transforma y santifica a todo aquel en quien inhabita. Esta presencia interior, vital y profunda, se desarrolla a través de los sacramentos que la Iglesia administra, entre ellos el de la Confirmación (8,15-17).

c) *La Iglesia.*– Gracias a la vida nueva infundida por el Espíritu Santo en Pentecostés, se forma y adquiere cohesión la primera comunidad cristiana: la Iglesia. Desde el principio queda claro que es el instrumento de Dios para dar cumplimiento a lo que había prometido en el Antiguo Testamento. La Iglesia se convierte así en el verdadero Israel, nuevo pueblo de Dios, misionero y universal. Sólo en la Iglesia, cuerpo místico de Cristo, se encuentra la salvación, porque sólo en ella se encuentran los medios necesarios para alcanzarla: los sacramentos, las gracias y los dones del Espíritu. Por ser universal, la Iglesia está abierta a todos; no sólo a los judíos, herederos de las promesas, sino también a los gentiles, en la medida en que unos y otros crean que Jesucristo es el Hijo de Dios, el Mesías prometido. Jesús quiso que llegara su salvación a todos los hombres por medio de su Iglesia. Así lo afirmaba el pasado concilio: «no pueden salvarse los hombres que –no ignorando que Dios fundó, por medio de Jesucristo, la Iglesia católica como necesaria– no quisieron entrar o perseverar en ella. Aunque Dios puede llevar a la fe por caminos que Él conoce a los hombres que sin culpa ignoran el Evangelio, ya que sin fe es imposible agradarle (Heb 11,6)» (AG 7).

Tan pronto como los apóstoles admitieron en la Iglesia a los gentiles, a quienes según lo dispuesto por el concilio de Jerusalén (15,1 ss) dispensaron de la circuncisión y de la ley mosaica –les bastaba con la fe en Jesucristo–, se produjo la ruptura explícita de la Iglesia con la Sinagoga. A partir de entonces quedaba patente que la Iglesia acogía a todos, no sólo a los restos de Israel, sino también a los gentiles, formando con todos un nuevo pueblo (15,14-17). No era la Iglesia, por tanto, como algunos pensaban una simple secta del judaísmo. En el concilio de Jerusalén se había dicho explícitamente que la ley mosaica no obligaba a ningún cristiano, ni siquiera a los procedentes del judaísmo; así lo había defendido el protomártir Esteban y, por orden del Espíritu Santo, lo predicaron también Pedro y Pablo desde el principio.

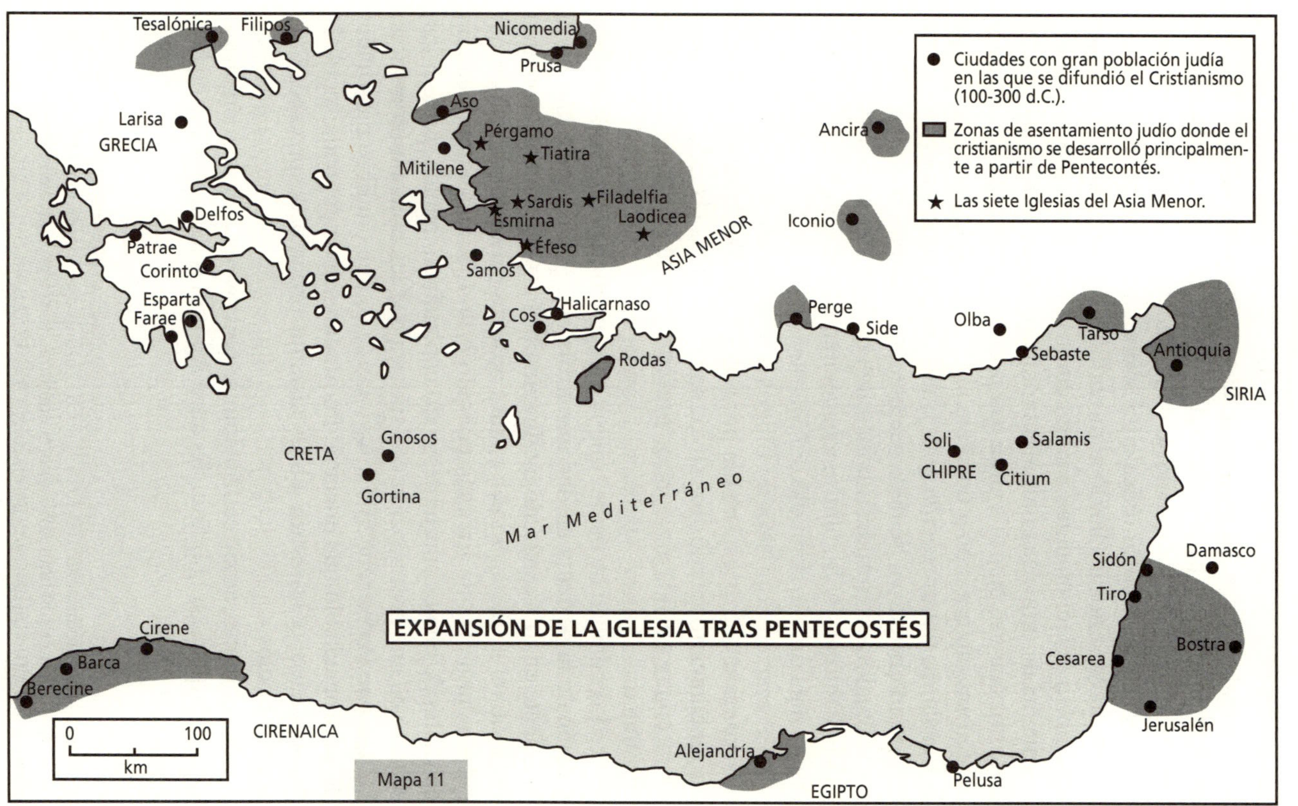
Ciudades con gran población judía en las que se difundió el Cristianismo (100-300 d.C.).
Zonas de asentamiento judío donde el cristianismo se desarrolló principalmente a partir de Pentecostés.
Las siete Iglesias del Asia Menor.
EXPANSIÓN DE LA IGLESIA TRAS PENTECOSTÉS
Mapa 11
Mar Mediterráneo
ASIA MENOR
SIRIA
GRECIA
CRETA
CHIPRE
EGIPTO
CIRENAICA
Tesalónica
Filipos
Larisa
Delfos
Patrae
Corinto
Esparta
Farae
Nicomedia
Prusa
Aso
Mitilene
Pérgamo
Tiatira
Sardis
Esmirna
Filadelfia
Laodicea
Éfeso
Samos
Halicarnaso
Cos
Rodas
Gnosos
Gortina
Ancira
Iconio
Perge
Side
Olba
Sebaste
Tarso
Antioquía
Soli
Salamis
Citium
Damasco
Sidón
Tiro
Bostra
Cesarea
Jerusalén
Pelusa
Alejandría
Cirene
Barca
Berecine
0 100 km

d) *La vida de los primeros fieles*.– Por los Hechos conocemos infinidad de detalles de la vida de la primera comunidad de Jerusalén. Lucas anota un hecho relevante: «perseveraban en la doctrina de los Apóstoles y en la comunión, en la fracción del pan y en las oraciones» (2,42). Medios todos ellos sobrenaturales para el fin sobrenatural al que Dios les llamó al infundirles la fe cristiana. De ahí que basaran su perseverancia en estos cuatro pilares, los mismos sobre los que ha de fundarla cualquier cristiano: la *fidelidad a* la doctrina de los Apóstoles, la *unión* entre todos los que participan de una misma fe (un solo corazón y una sola alma) (4,32), la *participación* en la Eucaristía y una *oración* constante. Porque todos, en efecto, oraban sin interrupción. Se hace patente, por ejemplo, cuando Pedro es encarcelado por Herodes: todos ellos oraban a Dios por él (12,5). Era lo habitual. Pedro también hace oración para implorar la gracia divina, tal como lo aprendió del Maestro (9,40; 28,8); también Pablo y Silas oran en la prisión de Filipos a medianoche tras ser flagelados, oración que es escuchada por todos (16,25). Como consecuencia, el carcelero y todos los suyos son bautizados (16,33)[15]. La oración, como música de fondo, precede y sigue toda la actividad apostólica.

La comunidad de bienes que vivían aquellos fieles no es sino expresión de la perfecta unidad que había entre ellos. Cada uno vivía pendiente de los demás, de modo que libre y gustosamente ponían a disposición de los apóstoles cuanto poseían para remediar las necesidades urgentes de los más pobres (2,44-45). Esta comunicación cristiana de bienes surgió de modo espontáneo. Nunca, ni de lejos, se trató de una prescripción eclesiástica que les obligara en justicia. De ahí que Pedro recuerde a Ananías (5,4) que era libre para hacer de su propiedad lo que quisiera. En ningún momento, pues, incide la organización eclesiástica en el sistema privado de propiedad de aquellos fieles.

No obstante, desde el principio se observa una mínima organización jerárquica en la Iglesia. Es a los Apóstoles a quienes entregaban

15. La práctica de bautizar a los niños es tradición antiquísima en la Iglesia, atestiguada explícitamente desde el siglo II. Pero incluso desde el comienzo es probable que al recibir el bautismo «casas enteras», como en este caso, también lo recibieran los niños que hubiera en ellas (cf CEC 1252).

los fieles cuanto tenían, viendo en ellos al mismo Dios (4,35). Eran conscientes también desde que se bautizaban de que se sometían a la autoridad de Pedro, a quien veían como vicario de Cristo (10,44-48).

No se ha de pensar por lo dicho que los primeros cristianos formaban como una especie de grupo cerrado, aislado de los demás o ajeno a los intereses de la sociedad en la que vivían. Todo lo contrario. Por impulso del Espíritu Santo fueron testigos del Señor «en Jerusalén, en toda Judea, en Samaria y hasta los confines de la tierra» (1,8). El celo apostólico de aquellos primeros fue extraordinario. Fueron auténtico fermento en medio del mundo hostil que les tocó vivir. Fieles a Jesucristo y al Evangelio, en pocos años le darían la vuelta a todo un Imperio, como era el romano, para convertirlo de pagano en cristiano gracias a su docilidad al Espíritu Santo, que era quien les dirigía.

II
Los libros didácticos del Nuevo Testamento

1
LAS CARTAS DE SAN PABLO

Tras los libros de carácter histórico o narrativo –Evangelios y Hechos–, aparece en el canon del Nuevo Testamento un segundo grupo: son los llamados libros didácticos, en los que se aplica la doctrina a las diversas circunstancias de la vida cristiana. Entre éstos ocupan un primer lugar las cartas de san Pablo, catorce en total. Todas ellas salieron de la pluma del Apóstol como complementos de su vasta predicación: unas veces para exhortar e instruir y otras para amonestar o aclarar puntos de especial dificultad doctrinal a los fieles de aquellas primeras comunidades.

Pablo apóstol es, sin duda, el escritor mejor conocido de todo el Nuevo Testamento. Los Hechos dedican dos terceras partes de su texto a relatarnos su vida, lo cual nos permite, junto con la información que suministran sus cartas, conocer con detalle el ambiente que vivió en su juventud, su conversión y, finalmente, su extraordinario apostolado entre los gentiles.

Por lo que sabemos, nació en Tarso de Cilicia, de padres judíos, celosos y fieles cumplidores de la Ley (Hch 23,6). Su primera educación fue hebrea, aunque aprendió también en Tarso el griego y se inició en la cultura helénica. El hecho de usar indistintamente dos nombres, Saulo y Pablo, refleja este doble ambiente cultural, así como la doble faceta de su personalidad. Ya en Jerusalén completó su formación religiosa y practicó la doctrina farisaica (Hch 23,6) bajo la dirección de Gamaliel (Hch 22,3), hombre piadoso y de gran rectitud moral.

EL APOSTOLADO DE SAN PABLO
«Cuantos en Cristo habéis sido bautizados, os habéis revestido de Cristo. Ya no hay judío ni griego; no hay esclavo ni libre; no hay varón ni mujer; porque todos vosotros sois uno en Cristo Jesús». (Gal 3, 27-28).
Pablo fue aquí expulsado por los judíos
Lugar de nacimiento de Saulo. Romano de nacionalidad y hebreo por su origen: de la tribu de Benjamín. (Rom 11, 1).
«Y discutía en la sinagoga todos los sábados, y persuadía a judíos y griegos». (Hech 18, 4).
«Y entrando Pablo en la sinagoga, habló con libertad por espacio de tres meses, discutiendo y persuadiendo acerca del reino de Dios». (Hech 19, 8).
Pablo es encarcelado por dos años. Luego es enviado a Roma, donde se le confina en su casa por otros dos años. (Hech 28, 30).
Sinagogas donde Saulo de Tarso, conocido como Pablo, predicó el Evangelio ante los judíos.
Otras localidades donde Pablo predicó durante sus tres viajes misioneros.
0
100
km
Beroea
MACEDONIA
Filipos
Neápolis
Tesalónica
TRACIA
Samotracia
MISIA
Troade
Aso
GALACIA
Dorilea
Mitilene
LIDIA
ACAYA
Atenas
Corinto
Éfeso
Mileto
Antioquía de Pisidia
FRIGIA
Iconio
Listra
Derbe
Tarso
Farae
Panfilia
Perge
LICIA
Pátara
Atalia
Mira
CILICIA
Antioquía
Seleucia
SIRIA
CRETA
Gnosos
Gortina
Mar Mediterráneo
Salamis
CHIPRE
Patos
Sidón
Damasco
Tiro
Tolemaida
Cesarea
Jerusalén
Lida
Joppe
Mapa 12

A su gran cultura unía Pablo un carácter apasionado por las cosas de Dios. Su entrega en este sentido fue total. Dios lo era todo para él y por eso le sirve incondicionalmente y con entera lealtad. La visión que tuvo de Jesús en el camino de Damasco (Hch 9,1 ss) transformó radicalmente su vida. Su conversión no fue consecuencia de un simple proceso natural, psíquico o emotivo; se debió más bien a una gracia especial de Dios que, como él mismo confiesa (Flp 3,12), le «apresó» por entero. A partir de ese momento, su celo por Dios y por el prójimo se traducirá en una vida de completa entrega. Ni trabajos, ni renuncias, ni sufrimientos o privaciones, ni aun los mismos peligros de muerte a los que se vio expuesto, podrán separarle ya «del amor de Dios que está en Cristo Jesús» (Rom 8,35-39). Al contrario, todo eso le llevará a una identificación mayor con su Maestro (2 Cor 4,10-11; Flp 3,10), hasta el punto de que puede decir: «Con Cristo estoy crucificado; y vivo, pero no yo, sino que es Cristo quien vive en mí» (Gal 2,19-20). De esta identificación arranca su celo por evangelizar, por llevar a todos la doctrina de Cristo, su abnegación y solicitud por todas las Iglesias (2 Cor 11,28).

Tres fueron sus viajes apostólicos. El primero (años 45-49) tuvo lugar después de haber sido elegido para esta misión por el Espíritu Santo, junto con Bernabé (Hch 13,2). Se dirige a predicar a los gentiles, para lo cual recorre la isla de Chipre, Atalia, Perge de Panfilia, Antioquía de Pisidia y tres ciudades de Licaonia: Iconio, Listra y Derbe. A pesar de las muchas dificultades que ha de afrontar, casi todas procedentes de la intransigencia de ciertos judíos, pudo dejar asentada entre los gentiles la primera comunidad cristiana en aquellas tierras.

A la vuelta del primer viaje, tiene lugar el concilio de Jerusalén (Hch 15,1 ss), que dirimió la cuestión planteada por los cristianos judaizantes sobre la obligatoriedad de la ley mosaica para los cristianos procedentes de la gentilidad. El acuerdo al que llegan, ratificado por Pedro, Santiago y Juan, confirma en su apostolado a Pablo y Bernabé. Desde este momento queda claro que no es necesaria la práctica de la ley antigua para entrar en la Iglesia.

El segundo viaje (años 50-52) lo emprende el Apóstol en compañía de Silas. Desde Antioquía cruza Cilicia y visita en Licaonia la iglesia que había fundado en su primer viaje. En Listra se le une Timoteo. Atraviesa Frigia y Galacia y, a pesar de encontrarse enfermo, predica sin descanso. El Espíritu Santo le conduce a Troade y de allí a Europa, pasando por Macedonia, donde funda las iglesias de Filipos, Tesalónica y Berea. Debido a la fuerte oposición que encuentra entre los judíos, ha de marchar a Corinto. En esta ciudad predica durante año y medio; aquí coincide con Aquila y Priscila, matrimonio judío que había sido expulsado de Roma por la persecución de Claudio. En el tiempo que permanece en Corinto, y antes de regresar a Antioquía, escribe las dos cartas a los Tesalonicenses, consideradas cronológicamente sus primeras cartas y tal vez los primeros libros canónicos del Nuevo Testamento.

El tercer viaje (años 53-58) lo inicia en Antioquía. Cruza por Frigia y Galacia hasta llegar a Éfeso. En esta ciudad permanece del 54 al 57 y escribe la carta a los Gálatas junto con la primera a los Corintios y probablemente también la de Filipenses. Tras su marcha precipitada de la ciudad (Hch 19,23 ss), se encuentra en Macedonia con Tito, que le da noticias inquietantes de la iglesia de Corinto, razón por la cual escribe la segunda carta a los Corintios. Acabando ya el invierno del 57 llega a Corinto, meta final de su tercer viaje. Desde aquí escribe la carta a los Romanos.

De regreso en Jerusalén es acusado por los judíos, encarcelado y conducido bajo arresto a Cesarea. Tras dos años de prisión y después de someterse a los interrogatorios de los procuradores Félix y Festo, apela al César por su condición de ciudadano romano. A finales del 60 sale camino de Roma, y bajo custodia permanece en esta ciudad por espacio de otros dos años. A pesar de todo, predica el Evangelio con entera libertad, con la fuerza y el vigor con que lo había hecho hasta entonces. Durante esta primera cautividad romana (años 61-63) escribe las cartas a Efesios, Colosenses y Filemón, dentro del grupo de cartas conocidas como de la cautividad.

Por lo que cuenta san Lucas en los Hechos, es probable que al cabo de estos dos años quedara en libertad. Tal vez entonces –año 63– realizara su deseado viaje a España. A su regreso, realiza su último viaje por Oriente, según el testimonio de la primera carta a Timoteo y la de Tito, escritas ambas en Macedonia. De la segunda carta a Timoteo se desprende que le aguardaba una segunda cautividad en Roma. Según tradición unánime, fue precisamente en esta ciudad donde recibió martirio entre los años 64 y 67.

A. Las primeras cartas

Tesalonicenses (1 y 2)

Tesalónica –hoy Salónica– era una de las ciudades más importantes de la provincia romana de Macedonia, fundada por Casandro en el año 315 a.C. La extraordinaria actividad comercial de su puerto, su situación privilegiada en la vía Egnatia –calzada principal que unía Roma con sus provincias orientales– y el hecho de ser lugar de tránsito entre Tracia y Acadia, había atraído a una numerosa población en busca de trabajo, en su mayoría griegos. Entre ellos había una importante colonia judía que, como de costumbre, tenía su propia sinagoga.

Pablo había llegado por primera vez a Tesalónica hacia el año 50, al comienzo de su segundo viaje apostólico (Hch 17,1-10). Con su celo apostólico habitual predica y expone durante tres sábados en la sinagoga todo lo referente a Jesús, el Mesías, en quien se habían realizado las profecías del Antiguo Testamento. De los judíos presentes, algunos aceptaron el Evangelio y «se unieron a Pablo y Silas, así como un gran número de griegos y no pocas mujeres nobles» (Hch 17,4).

En seguida se desencadenó contra el Apóstol una despiadada persecución, obligándole a huir de la ciudad por la noche sin acabar la catequesis que había comenzado con los recién bautizados. Ya en Atenas, preocupado por estos acontecimientos, envía a Timoteo, que regresa con muy buenas noticias. El informe lo recibe Pablo en Corinto, y feliz por la firmeza en la fe de los tesalonicenses y el enorme cariño que guardaban hacia su persona –y eso a pesar de las calumnias y difamaciones que habían hecho circular sus detractores– les escribe la primera carta para consolarles y aclarar algunos puntos doctrinales. Dos eran los que más les inquietaban: qué suerte correrán los fieles que, muriendo en la fe del Señor, lo hagan antes de la Parusía; y de otra parte, se había difuminado entre ellos la necesidad de trabajar, situación provocada por los que rehuían el trabajo al considerarlo una carga insoportable.

PRIMERA CARTA

Después de dar gracias a Dios por la fe y fortaleza de los recién bautizados, el Apóstol defiende con energía el carácter sobrenatural de su misión. El Evangelio –contra lo que algunos afirmaban– no lo ha «transmitido sólo con palabras, sino también con portentos y bajo la acción del Espíritu Santo» (1,5). Y es que algunos falsos maestros le acusaban de ser anunciador de falsedades, movido por la avaricia y la vanidad. Pero él dirá que con su predicación no ha buscado «agradar a los hombres sino a Dios, que sondea los corazones» (2,4)[1]. La prueba es que mientras estuvo entre ellos trabajó con sus propias manos para no serles gravoso (2, 9-10). De ahí que les insista en abundar en el amor mutuo (3,12), en vivir con sosiego y en ocuparse cada uno de sus propios asuntos, trabajando (4,11) y obedeciendo a quienes ejercen en nombre de Dios la autoridad. Se detiene, por último, en el tema de la Parusía del Señor y en la suerte reservada a los fieles difuntos cuando llegue ese día. No dudaban los fieles de Tesalónica de la resurrección, ni plantean la Parusía como si ésta fuera inminente; sólo les importaba saber qué ocurriría con los fieles difuntos, pensando que los que vivieran en la Parusía ocuparían un lugar preeminente. San Pablo los tranquiliza asegurándoles que todos –vivos y difuntos– participarán en el cortejo triunfal del Señor, porque «nosotros, los que vivimos, los que quedemos hasta la venida del Señor, no nos adelantaremos a los que murieron» (4,15). Ellos resucitarán, sí, y los primeros, pero ¿en qué situación se encontraban entretanto? El alma subsiste –escatología intermedia– hasta que vuelva a unirse de nuevo a su cuerpo. Pues «la pervivencia del alma consciente, previa a la resurrección, salva la continuidad y la identidad de subsistencia entre el hombre que vivió y el hombre que resucitará, en cuanto que, gracias a ella, el hombre concreto nunca deja totalmente de existir» (TAE p. 62).

1. San Pablo no buscaba con su predicación utilidad o provecho personal alguno, ni basaba su doctrina en error o engaño, y mucho menos trataba de imponerla con coacción. «Desde los comienzos mismos de la Iglesia, los discípulos de Cristo se afanaron por convertir a los hombres para que confesaran a Cristo Señor, no con actos coactivos ni con artificios indignos del Evangelio sino, ante todo, con la fuerza de la palabra de Dios» (DH 11).

SEGUNDA CARTA

Acogida con inmensa alegría por los tesalonicenses la primera carta, animados y confortados en su fe, y una vez aclarados los dos temas que les inquietaban, seguían dándose motivos de desasosiego e inquietud. Se originaron éstos por no haberles quedado claro en qué momento tendría lugar la Parusía. Algunos habían propalado falsamente –quizá por una especial aprehensión– que la segunda venida del Señor era inminente. Esto había dado lugar a un clima que favorecía la ociosidad, el desorden y, en definitiva, la falta de ilusión por vivir.

Es el nuevo tema que aborda el Apóstol en esta segunda carta, escrita pocos meses después de la primera. Hay que tener en cuenta que una ciudad marítima importante como era Tesalónica, con un número considerable de vagabundos y holgazanes, reunía todas las condiciones para que corriese el bulo, la intriga y las falsas alarmas. Nada tiene de extraño que aun entre los mismos cristianos recién convertidos hubiera algunos que rehuyeran el trabajo, más amigos de comentarios banales y predicciones sobre el futuro, que de tomarse en serio cuanto el Apóstol les había enseñado.

Después de animarles a que perseveren en la fe, san Pablo pasa a puntualizar la doctrina sobre el «día del Señor»[2]. Lo primero que dice es que su venida no es inminente, ya que antes han de tener lugar dos grandes acontecimientos: la apostasía y la aparición del Anticristo. Y si éstos aún no se han dado, ¿cómo pensar en la inminencia de la Parusía? De qué Anticristo se trate y cuál sea la fuerza que le retiene, nada sabemos; el Apóstol lo deja en el misterio. Sólo les advierte que no se dejen impresionar, ni que se alarmen por vana palabrería, como si tal afirmación proviniera de él: sería peligroso para la perseverancia en la fe. En consecuencia, dice que «el que no quiera trabajar, que no coma» (3,10), tal como lo aprendieron de él mismo.

2. Al hablar del «día del Señor» o de la Parusía, lo hace para referirse a la segunda venida de Cristo; ese día, el Señor se manifestará triunfante sobre la muerte, será glorificado en sus santos, resucitará a los difuntos y los presentará al Padre. Ese día se clausurará definitivamente la fase terrestre del reino de Dios (1 Tes 4,14-17; 1 Cor 15,22-28).

Es falsa, por tanto, la afirmación de que san Pablo creyese inminente la segunda venida del Señor y con ella el fin del mundo, o que con su error hubiera contagiado a aquellos fieles. En estas cartas lo que se aprecia en todo caso es un eco de la profecía de Jesús sobre el fin de Jerusalén (Lc 17,20-21; Mt 24,15-28) y las persecuciones que sufriría la Iglesia hasta el fin de los tiempos, como aparece profetizado en el Apocalipsis.

B. Las grandes cartas

Corintios (1 y 2)

Corinto era en tiempos de san Pablo capital de la provincia romana de Acaya. Había sido levantada por Julio César en el año 44 a.C. sobre las ruinas de la antigua ciudad griega del mismo nombre. Tenía dos puertos en el istmo sobre el que estaba asentada: Cencrea, en el mar Egeo, y Lequeo, en el Adriático. Por su magnífica situación geográfica se hizo pronto muy famosa, destacando por su comercio, el cual permitió a sus ciudadanos gozar de un bienestar económico superior al de las otras ciudades limítrofes. Pero a esto, de por sí bueno, se unió una cierta relajación de las costumbres facilitada por el culto a Venus en su templo de Acrocorinto. Esto suponía una seria amenaza para cuantos querían dar culto al Dios verdadero, tanto judíos como cristianos.

San Pablo había fundado la comunidad cristiana de Corinto durante su segundo viaje apostólico (50-52). Predicó el Evangelio por espacio de año y medio, acompañado casi siempre por Silas y Timoteo. Gracias a su celo apostólico, un buen grupo de corintios, gentes sencillas en su mayoría, se convirtió a la fe cristiana. Un pequeño grupo de judíos mostró en seguida su hostilidad a la predicación del Apóstol. Por fortuna su postura no tuvo apenas repercusión, ya que era escasa su influencia social. Se explica así que recibieran una respuesta negativa a la apelación que habían hecho ante el procónsul Galión (Hch 18,12 ss).

Una vez que Pablo se marcha de Corinto, se suceden las visitas de unos cuantos cristianos de prestigio. Un año más tarde los visita

Apolo, brillante retórico alejandrino (Hch 18,27), que aprovecha para predicarles el Evangelio con elegancia y vibración[3]. Muchos de los que le oyen se convierten, de paso que logra mantener encendida la fe de los ya bautizados. Otra de las visitas que reciben por aquellas fechas los corintios es casi con seguridad la del apóstol Pedro. Era un tiempo en que la comunidad de Corinto, aun incipiente, vivía en paz y sin el menor indicio de problemas doctrinales. No obstante, no se veían libres de una tentación: la de identificar el Evangelio con la filosofía que proponían sus filósofos. De tal manera que, casi sin darse cuenta, interpretaban el Evangelio a la luz de la sabiduría humana, hasta el punto de valorar su eficacia por la elocuencia del predicador que lo proponía: Pablo, Apolo, etc. El Apóstol les escribe para dejar claro que la salvación no procede de esa sabiduría, sino de la cruz de Cristo (1 Cor 1,22-23).

A esto se ha de añadir que dos años después, procedentes de Palestina, habían llegado unos judeo-cristianos, antes celosos en la fe pero ahora con ciertas desviaciones doctrinales. San Pablo no duda en llamarlos «falsos apóstoles» (2 Cor 11,13), aun cuando se vanaglorien de haber convivido con los Doce. En realidad se proponían desprestigiar a Pablo, su doctrina y apostolado. Además, por su excesiva tolerancia permitían la relación con los paganos, sin advertir el peligro que entrañaba para aquella incipiente comunidad. La influencia de estos falsos apóstoles repercutió muy pronto en el resquebrajamiento espiritual y en la falta de celo apostólico de un gran número de fieles.

Pablo se hallaba en Éfeso (año 57) cuando se entera de lo ocurrido. Unos emisarios –tres corintios influyentes (1 Cor 16,17)– eran portadores de una misiva en la que con otros cristianos leales al Apóstol pedían consejo sobre los asuntos que les inquietaban. Entre éstos estaba el caso del incestuoso (1 Cor 5,1-13), el recurso a los tribunales paganos (6,1-11), las relaciones entre matrimonio y virginidad (7,1-40), la carne inmolada a los ídolos (8,1-10,33), las llamadas eucaristías domésticas, los carismas (11,1-14,40) y la resurrección de los

3. Apolo, judío alejandrino, fue preparado para la fe por el apostolado de Aquila y su mujer Priscila (Hch 18,24-26). Por ser hombre de gran elocuencia y muy popular en aquellas tierras, es fácil que en torno a él se agruparan los cristianos de Corinto más cultos y mejor preparados intelectualmente.

muertos (15,1-58). Los propios emisarios al relatarle de palabra todo esto, le pedían que se dirigiera pronto a Corinto para poner orden y aclarar las cosas.

PRIMERA CARTA

Pablo prefiere retrasar el viaje. Quiere dar tiempo a la reflexión y al arrepentimiento de los que se habían desviado de la fe y de las enseñanzas que les había dado. De otra parte, abrigaba la esperanza de poder ganar a los indecisos con cordialidad y paciencia. Así que con este fin se decide a escribirles la primera carta, poco antes de la Pascua del 57. Más que un tratado doctrinal, como puede ser la carta a los Romanos, es más bien un acuse de recibo a sus saludos, al tiempo que aprovecha para dar respuesta a sus preguntas. Sin temblarle el pulso, comienza reprendiendo con fortaleza las infidelidades de algunos de ellos, sobre todo la del incestuoso. Pero lo hace con enorme ternura, para ganarse a los que aún permanecían confundidos o en rebeldía.

La enseñanza de esta primera carta se resumen en estos puntos:

- El cristiano ha de huir de la falsa filosofía y de la vana ostentación; ha de abrazar la cruz de Cristo, en la que reside la verdadera sabiduría, toda la fuerza y la virtud (1,18). Dios ha querido confundir la sabiduría del sabio –necia y vana ante sus ojos– eligiendo para su servicio a hombres sin fortuna ni especiales dotes de talento o virtud. Su eficacia les viene de Dios, que obra en ellos y por ellos. Por tanto, a nadie se le ha de dar ocasión alguna de escándalo. Los problemas y pleitos se deben arreglar entre hermanos sin necesidad de recurrir a tribunales paganos (6,1-11).
- El cristiano está llamado a ser limpio y a huir de toda tendencia desordenada. Lo suyo es la continencia, que recomienda, a la vez que hace un canto de la virginidad. Da instrucciones sobre la castidad matrimonial, las obligaciones de los casados (7,1-7), de los solteros y de las viudas (7,8-9). No es que el Apóstol desprecie el cuerpo, al que considera nada menos que templo del Espíritu Santo (3,16; 6,19). Es ésta una doctrina enseñada siempre por la Iglesia. Pues no es «lícito al hombre menospre-

ciar la vida corporal; al contrario, tiene que considerar su cuerpo como algo bueno y digno de respeto, puesto que ha sido creado por Dios y ha de resucitar en el último día. No obstante, herido por el pecado siente las rebeldías de la carne. La dignidad humana, por consiguiente, reclama que le dé gloria a Dios en su cuerpo, sin dejarle someterse a las malas inclinaciones de su corazón» (GS 14). De ahí la excelencia de la virginidad. Pues aunque cada uno ha de seguir la vocación recibida del Señor, «la continencia perfecta, guardada por razón del Reino de los cielos, siempre ha sido considerada por la Iglesia con un honor especial, como signo y estímulo de caridad y como una peculiar fuente de fecundidad espiritual en el mundo» (LG 42).

- Da criterio también sobre el uso de las carnes inmoladas a los ídolos (8,1 ss) y la participación en los banquetes paganos (10,14-22). Igualmente da instrucciones sobre la celebración de los ágapes (convites de caridad), de paso que condena las divisiones y partidismos que pueden darse entre los participantes (11,17-22).
- Expone la fe en la presencia real de Jesucristo en la Eucaristía, a la que deben acercarse los cristianos con conciencia limpia, ya que es el mismo Cuerpo y sangre de Cristo el que reciben (11,23-34). Esta confesión en la presencia real de Cristo en la Eucaristía es fiel reflejo de la fe que profesaban los cristianos desde el principio. No habla san Pablo de una simple conmemoración o recuerdo; es el mismo sacrificio del Calvario, que de modo incruento se ofrece en el altar por ministerio de los sacerdotes. Ellos, «actuando en la persona de Cristo y proclamando su misterio, unen la plegaria de los fieles al sacrificio de su Cabeza, y en el sacrificio de la Misa vuelven a hacer presente y aplican hasta la venida del Señor el único sacrificio del Nuevo Testamento, es decir, el de Cristo ofreciéndose a sí mismo al Padre una vez para siempre, hostia inmaculada (cfr. Heb 9, 11-28)» (LG 28).
- Entre los diversos dones, recomienda como el más excelente de todos el de la caridad (13,1 ss). Pues la fe y la esperanza, como virtudes teologales, hacen relación a la vida presente, por medio de las cuales se prepara el cristiano para el encuentro definitivo con Dios. Pero en el cielo, ante la visión y pose-

sión de Dios, la fe y la esperanza desaparecerán y sólo permanecerá la caridad, la más excelente de las virtudes. Ésta llegará entonces a su perfección, en el abrazo ininterrumpido con que el alma se unirá para siempre con su Padre Dios.

- En el capítulo 15 trata el último y más importante de los temas controvertidos entre los corintios: la resurrección de los cuerpos. Es éste un artículo fundamental de la fe católica, unido inseparablemente al de la resurrección de Jesucristo. Así lo afirma la Iglesia: «Creemos que las almas de cuantos mueren en la gracia de Cristo –las que todavía deben ser purificadas en el Purgatorio[4] y las que desde el instante en que dejan los cuerpos son llevadas por Jesús al Paraíso como hizo con el Buen Ladrón– constituyen el Pueblo de Dios más allá de la muerte, la cual será definitivamente vencida el día de la Resurrección cuando esas almas se unan de nuevo a sus cuerpos» (CPD 6).

La carta fue muy bien recibida en Corinto, por lo que muchos de los indecisos volvieron a unirse al Apóstol, así como otros muchos que permanecían rebeldes o extraviados. Sin embargo, aún quedaba una minoría hostil aliada de los judaizantes. Esta información le fue transmitida por Tito, seguramente en Filipos. Su alegría fue inmensa (2 Cor 7), ya que le devolvía la esperanza de poder contar con su fidelidad. Ahora debía recuperar a los que aún permanecían rebeldes.

Entre tanto, los falsos apóstoles habían retorcido el contenido de su primera carta. Echaban en cara a Pablo que era voluble e irresponsable, inconstante y ambicioso; la visita que les había prometido no la había realizado. El peligro de involución doctrinal aún estaba latente, ya que las intrigas de los judaizantes no habían cesado.

Segunda carta

Con el fin de corregir estos errores y preparar su prometido viaje, el Apóstol había escrito ya una carta poco después de la primera,

4. La creencia en el *Purgatorio* como lugar de purificación para los que la necesitan se apoya en la tradición de la Iglesia y en algunos textos de la Sagrada Escritura (cf 1 Cor 3,15; 1 Pe 1,7). En ellos se habla de un fuego purificador para el que lo necesite, antes de disfrutar de la visión de Dios (CEC 1030-1031).

que se ha perdido. Algunos piensan que es la mencionada en 2,4 escrita en Éfeso. Esta segunda, canónica, fue escrita en Macedonia, probablemente a finales del 57 o principios del 58. Se excusa en ella en primer lugar por no haber podido ir a verles tal como les prometió, aunque estaba sereno por haber procedido en esto con rectitud.

La desilusión de los corintios, en efecto, había sido grande al enterarse de que Pablo aplazaba su viaje y se dirigía a Macedonia (1 Cor 16,5-7). Ahora les da la razón de por qué lo hizo. En primer lugar les dice que no obró con «ligereza» o caprichosamente, ni según el dictado de la «carne», es decir, por capricho o comodidad, sino porque era lo que convenía. Por esto su «sí» permanece invariable a semejanza de Jesucristo a quien imita, en quien no hay «sí» y «no» (1,17-18). Apela, por tanto, a su propia conciencia, en la seguridad de que no se ha comportado en ningún momento al modo humano, sino buscando en todo la gloria de Dios (1,12). Les hace ver que no vive para sí, pues se siente «de continuo entregado a la muerte por causa de Jesús» (4,11). De tal modo es así que, por identificarse con Cristo, ha de sufrir la incomprensión de los que aún se mostraban rebeldes a sus enseñanzas. Sin embargo, todo le parece poco comparado con lo que Cristo tuvo que sufrir por nosotros. Su amor por aquellos corintios es tan grande, que deja para el final la dura reprensión que debía hacerles.

Al Apóstol le gustaría desaparecer en Cristo. De ahí que sienta una profunda repugnancia a alabarse a sí mismo, sabedor de que «llevamos este tesoro en vasos de barro, para que la excelencia sea del poder de Dios y no parezca nuestra» (4,7). Si aparece y da la cara, es para desenmascarar a los falsos apóstoles, aunque para ello deba hacerse violencia. Así que con fortaleza, sale en defensa de la fe y del ministerio apostólico que Dios le había confiado. No puede tolerar que nadie ataque la fe o trate de mermar su contenido. De ahí que les recuerde las exigencias de su compromiso cristiano y les exhorte a «no recibir en vano la gracia de Dios» (6,1).

Resulta difícil encontrar en ningún otro escrito del Apóstol de las gentes una síntesis tan perfecta de su personalidad. A un corazón grande y en extremo comprensivo y cariñoso, unía una fortaleza de carácter decidida y pronta. Lo cual explica que fuera prudente y paciente cuando le atacaban en su persona, y respondiera en cambio con toda la fuerza de su autoridad de apóstol cuando estaba por medio el honor de Dios y el bien del prójimo. Es el principio que sienta en estas dos cartas a los corintios: la unidad de la Iglesia y la comunión de los santos, fundamentos de la santidad del cristiano.

Gálatas

Situada en el interior de Asia Menor, Galacia era en tiempos de san Pablo una provincia romana. La región comprendía tanto la parte norte como la sur, abarcando esta última los territorios de Licaonia, donde se encontraban las ciudades de Antioquía de Pisidia, Iconio, Listra y Derbe. Ya en su primer viaje apostólico (45-49) san Pablo había evangelizado el sur de Galacia, pero fue en su segundo viaje (50-53) cuando se quedó más tiempo entre ellos. Los gálatas tuvieron para con el Apóstol todo tipo de atenciones (4,14 ss) y, gracias a sus buenas disposiciones, el fruto apostólico fue abundante (5,7). Más tarde, al comienzo de su tercer viaje, hacia el año 53 (Hch 18,23), el Apóstol pasa de nuevo por Galacia.

Es en este último viaje cuando el Apóstol comprueba con sorpresa que los fieles de esta región –en su mayoría procedentes de la gentilidad– se habían dejado seducir por unos «falsos hermanos», judaizantes, que trataban de imponerles una doctrina ajena al Evangelio. Según éstos, debían someterse a las prácticas de la ley mosaica y, por tanto, a la circuncisión.

Tal vez por falta de tiempo no pudo aclararles estos puntos doctrinales de tanta importancia. Pero al llegar a Éfeso, entre el año 53 y el 54, les escribe para enseñarles a refutar los errores de los judaizantes. La carta presenta al vivo el primer problema grave que tuvo que solucionar el cristianismo apenas nacido: la relación entre el Evangelio y la ley mosaica, o lo que es lo mismo, entre la antigua y la nueva Alianza.

San Pablo no sólo rebate los errores, sino que instruye a los gálatas sobre lo que es punto central en la doctrina cristiana: la justificación por la fe en Cristo. Por tanto, aceptar la ley mosaica significaría en la práctica negar todo valor a la Redención de Cristo, o lo que es igual: renunciar a la libertad para caer de nuevo en el yugo de la esclavitud. Esto supondría rechazar la redención realizada por Jesucristo, de paso que llevaría a negar la universalidad de la Iglesia.

Los judaizantes argumentaban que la ley de Moisés había sido instituida por el mismo Dios y que Cristo no había venido «a abolir la Ley ni los Profetas sino a darle cumplimiento» (Mt 5,17). Es más, llegaban a invocar en su favor la autoridad de los Doce contra la de san Pablo, sin recordar –porque ni las reconocían ni aceptaban– las decisiones del Concilio de Jerusalén que ya había zanjado la cuestión en línea con la doctrina predicada por san Pablo (Hch 15,28-29).

De otra parte, con el celo e ímpetu que le caracterizaban, el Apóstol hace toda una defensa de su autoridad apostólica, a la par que denuncia el error de los judaizantes y en el que ellos mismos podrían incurrir. Termina diciéndoles con toda fuerza: «Si os circuncidáis, Cristo de nada os aprovechará» (5,2).

A partir de aquí expone en síntesis la doctrina, parecida a la de Romanos. Ésta podría resumirse en los siguientes puntos:

- Junto al reconocimiento del puesto preeminente que correspondía a Pedro como cabeza visible de la Iglesia, subraya la existencia de una única Iglesia, universal, a la que se accede por el Bautismo, con unidad de doctrina y de gobierno, bajo la autoridad infalible y absoluta de los Apóstoles (1,9; 2,9).
- Por la fe en Cristo, y no por la observancia de la Ley, se alcanza la salvación; lo cual supone el tránsito del estado de enemistad con Dios al de gracia. Cristo con su muerte nos ha redimido de todo pecado, tanto del original como de los personales. Él ha devuelto al hombre la libertad y lo ha hecho hijo de Dios y heredero del cielo.
- Todos los bautizados, tanto los procedentes del judaísmo como de la gentilidad, son verdaderos hijos de Abraham, según el espíritu. Por la fe en Cristo han sido justificados y por el Bautismo incorporados definitivamente a su Iglesia, el nuevo Pueblo de Dios.
- Jesucristo, Dios y hombre verdadero, murió en la cruz como representante del género humano. Con su sacrificio satisface por los pecados de todos los hombres, no sólo por aquellos que se oponían a la ley mosaica, sino también por los que van contra la ley natural.

- Siguiendo las huellas de Cristo, el cristiano ha de morir al hombre viejo si quiere vivir para Dios (2,19). Muerte que se realiza en el Bautismo, por el que se nace a una vida nueva, la de la gracia, para «vivir en el Espíritu» (5,24) y no «bajo el dominio de la Ley» (5,18).
- De este nacimiento procede la verdadera libertad de los hijos de Dios; realidad que exige morir a los vicios y concupiscencias de la carne, como conviene a la nueva criatura (6,15), hasta reproducir en uno mismo la vida de Cristo, de quien cada bautizado es miembro y templo a la vez.
- De esta vida nueva proceden para el cristiano los frutos del Espíritu (5,22-23), contra los cuales nada vale la Ley, sino la fe en Cristo Jesús que obra por la caridad (5,6).

Romanos

Escrita por san Pablo en Corinto, hacia el año 58, esta carta es sin duda la más didáctica de todas y la de mayor profundidad doctrinal, como quizá también la más depurada por su belleza y estilo. Representa una síntesis –no completa– de la doctrina cristiana. Aborda el mismo tema de la escrita a los gálatas. No obstante, es más serena en su exposición.

Los destinatarios de la carta son los cristianos de Roma, a quienes el Apóstol se proponía visitar en su proyectado viaje a España (15,25). Atento a la salud espiritual de aquella comunidad, les instruye para prevenirles sobre ciertas doctrinas que circulaban ajenas al Evangelio y que ponían en peligro su fe. Procedían éstas de algunos judíos residentes en Roma que defendían a ultranza que la salvación procedía de la ley mosaica; ellos, en cambio, habían recibido una catequesis que se fundamentaba en la fe en Jesucristo, sin necesidad de las obras de la Ley. San Pablo considera que es el momento de ampliar y precisar teológicamente la incipiente doctrina que tiempo atrás habían recibido.

El contenido de la carta puede dividirse en dos partes: una dogmática, centrada en la justificación por la fe (1,18-11,34), y otra moral (12-15), en la que se precisan los deberes y obligaciones del cristiano.

Respecto a la primera, la *justificación por la fe*, el Apóstol parte de un hecho: todos los hombres, y no sólo los gentiles, son pecadores (3,23) y en cuanto tales están privados de la gracia de Dios. Los paganos, por su culpable idolatría, cayeron en pecados muy graves, hasta el punto de llegar a cambiar el uso natural por el que es *contra natura*. Situación a la que llegaron por ahogar la voz de su conciencia, desoyendo de modo insensato lo que les dictaba la ley grabada por Dios en sus corazones (1,18-32). Por esto quedaron atrapados en su vanidad y no supieron remontarse de las criaturas a su Creador. Por su parte, también los judíos permanecían alejados de Dios (2,17 ss), a pesar de los dones y privilegios que habían recibido. Entre otros, la ley de Moisés, que les preparaba el camino para reconocer y recibir al Mesías, su Salvador. Por la Ley conocían la voluntad divina, que como tal enseñaban a los demás; pero ellos, en su mayoría, aun cuando la conocían no la practicaban, lo cual lejos de librarles del juicio divino les hacía más culpables ante su propia conciencia[5].

Para salir de semejante situación, tanto a gentiles como a judíos se les había abierto el camino por medio de la fe en Jesucristo, «que fue entregado por nuestros pecados y resucitó para nuestra justificación» (4,25); de este modo, mediante la fe en él (4,5), todos pueden salvarse. Para ilustrar mejor su enseñanza, el Apóstol recurre al ejemplo de Abraham. Él fue justificado, no por la Ley sino por la fe sin necesidad de las obras (aún no existía la circuncisión), y «esperó contra toda esperanza» (4,18). Creyó en la promesa divina, según la cual sería padre de una numerosa descendencia. La herencia no se la concedió el Señor para premiar su fidelidad a las cláusulas de un contrato (la ley aún no existía), sino por la fe con que aceptó que las promesas se cumplirían. El Apóstol quería subrayar con esto que la

5. «Lo que nos enseña la Revelación divina coincide con la misma experiencia. Pues el hombre, al observar su corazón, echa de ver que también está inclinado hacia el mal y sumergido en una multitud de maldades que no pueden venir de su Creador, que es bueno. Al negarse con frecuencia a reconocer a Dios como su principio, quiebra también el orden hacia su fin último y, al mismo tiempo, toda su orientación hacia sí mismo o hacia los otros hombres y hacia todas las cosas creadas» (GS 13).

Ley o antigua alianza se orientaba a otra superior y más perfecta, la que instauraría Jesucristo, el Mesías, con su muerte redentora.

En esta carta, aparecen de continuo los conceptos *justicia y justificación*. Hacen referencia a la cancelación de un estado de pecado o de injusticia para pasar a otro de gracia y salvación. Y esto porque la justificación de Cristo equivale no sólo al perdón genérico de los pecados, y menos a su olvido, sino a la eliminación del pecado en su misma raíz por la sobrebundancia de su gracia (5,15). Es lo que en teología se denomina *redención objetiva,* realizada por Cristo de una vez y para siempre por todos los hombres. Cada uno, no obstante, debe hacerla suya, es lo que se llama *redención subjetiva* o personal, al aplicarse cada persona los méritos de Jesucristo por medio de la recepción de los sacramentos. Por el Bautismo, se muere al «hombre viejo» y se renace en Jesucristo a una vida nueva. Es éste el simbolismo del agua bautismal: «por el bautismo los hombres son efectivamente injertados en el misterio pascual de Cristo: mueren con él, son sepultados con él y resucitan con él; reciben el espíritu de adopción de hijos por el que clamamos: Abbá, Padre (Rom 8,15)» (SC 6).

Esta vida nueva en el orden de la gracia permite al bautizado participar en la vida íntima de las tres Personas divinas (8,11). Realidad y no simple apariencia, porque «el Espíritu mismo da testimonio junto con nuestro espíritu de que somos hijos de Dios. Y si somos hijos también herederos: herederos de Dios y coherederos de Cristo; con tal de que padezcamos con él, para ser también con él glorificados» (8,16-17).

La filiación divina abre al bautizado a la plenitud en Cristo. De ahí que su vida gire en torno a dos conceptos inseparables: *santidad y santificación,* equivalentes en su aplicación personal a los de *justicia* y *justificación*[6]. La santidad supone un esfuerzo por identificarse con Jesucristo y por reconducir a él todo cuanto permanecía sometido a la ley del pecado y, por tanto, alejado de Dios (6,19; 8,20-21). Expresión de esta situación es el gemido de la misma cria-

6. «La justificación –enseña el concilio de Trento– no es sólo la remisión de los pecados, sino también la santificación y renovación del hombre interior por la voluntaria recepción de la gracia y los dones, de donde el hombre se convierte de injusto en justo, y de enemigo en amigo, para ser heredero, conforme a la esperanza, de la vida eterna» (DS 1529).

tura irracional, sometida por la fuerza a la esclavitud mientras aguarda expectante la manifestación de los hijos de Dios.

San Pablo, a pesar de lo dicho, es realista. Sabe que la Iglesia, en su fase terrena, está formada por toda clase de personas. Junto a hombres fieles los hay también infieles. Es decir, de una misma masa (9,21), unos son santos, o al menos están en camino de serlo, y otros no, por impedir la acción de la gracia en sus almas. Rechaza el Apóstol con esto el error de quienes piensan que en la Iglesia sólo tienen cabida los santos e impecables, y se escandalizan cuando detectan las miserias humanas, propias del hombre mientras camina en la tierra hacia la casa del cielo.

Por último, dentro del plan de Dios, el Apóstol habla de la conversión del pueblo judío (11,25-26). Lo expone como un misterio de fe y de esperanza. Pues Dios, que siempre es fiel a sus promesas, hará que la reprobación de Israel no sea total ni perpetua. Por lo que concluye: «No quiero, hermanos, que ignoréis este misterio, para que no presumáis de sabios: el endurecimiento ha venido a una parte de Israel, hasta que entre la plenitud de los gentiles, y así todo Israel se salvará, como está escrito (Is 40,13)» (11,25-26).

En la segunda parte de la carta (12-15), el Apóstol extrae las consecuencias de los principios que ha expuesto. En medio del mundo en el que vive y del que forma parte, el cristiano ha de *brillar por las virtudes* de la humildad y la sencillez, como conviene a quien sabe que todo lo que tiene lo ha recibido de Dios (12,3). Lo cual le obliga también a dar ejemplo de caridad, sin hipocresías, comprendiendo y perdonando a todos, devolviendo siempre bien por mal (12,9). Ha de obedecer gustosamente a la autoridad legítimamente constituida, según el querer de Dios (13,1); y se ha de guardar de juzgar al prójimo, a menos que deba hacerlo por una especial obligación (14,10), sin resistirse a sufrir con paciencia las flaquezas y deficiencias de los más débiles (15,1), imitando también en esto el ejemplo de Nuestro Señor. Acaba expresando un deseo: que «el Dios de la paciencia y del consuelo os dé un mismo sentir entre vosotros, según Cristo Jesús, para que unánimes, a una sola voz, glorifiquéis al Dios y Padre de nuestro Señor Jesucristo» (15, 5-6).

C. Cartas de la cautividad

Bajo este título se incluyen las cuatro cartas que san Pablo dirigió desde su cautividad en Éfeso primero y luego en Roma a las iglesias de Filipos (Macedonia), Éfeso y Colosas (Asia Menor) y a Filemón (cristiano de Colosas). Todas ellas forman un grupo homogéneo, tanto por su afinidad doctrinal y narrativa como por la época y situación personal del Apóstol al escribirlas. La mayoría de los críticos acatólicos niegan la autenticidad de estas cartas, especialmente la de Efesios y Colosenses, no así los católicos que, salvo excepciones, las admiten.

La paternidad paulina de estas cartas está confirmada por la tradición más antigua de la Iglesia; de otra parte, se deduce del análisis interno del texto. Sobre el lugar en que fueron escritas, aun cuando no haya unanimidad, puede colegirse de la lectura de las cartas. Datos tan expresivos como el de la expansión de la fe cristiana por todo el pretorio, incluida la misma casa del César (Flp 1,13; 4,22), o la esperanza de Pablo, y aun la certeza, de su próxima liberación (Flp 1,25; 2,23; Flm 22), junto con la relativa libertad de que gozaba al escribirlas, indican que, salvo Filipenses, en las otras tres el Apóstol se encontraba en Roma, prisionero por Cristo, como lo hace constar en la despedida a Colosenses, que firma personalmente (Col 4,18).

En cuanto a la enseñanza de estas cartas, además de lo doctrinal su finalidad es principalmente práctica, al tratar de dar solución a los problemas que iban surgiendo en aquellas jóvenes comunidades. Entre otros, el peligro para la fe que suponían ciertas doctrinas sincretistas, las cuales exageraban de intento las prácticas del judaísmo en relación con la preeminencia de los ángeles, así como otros problemas más caseros que se planteaban y que hacían necesaria una mínima organización pastoral.

El Apóstol centra su argumentación en torno a Jesucristo, único mediador, a quien están sometidas todas las cosas, también los ángeles. Tras una breve exposición cristológica, pone de relieve lo que es derivación de ella: la eclesiología. La Iglesia es el cuerpo místico de Cristo. Por ser Cristo su cabeza, da vida y coherencia a todos y cada uno de sus miembros. Este es el misterio de Dios o de Cristo –como le gusta llamarlo– revelado en el Hijo, a través del cual nos llega la gracia de la Redención. Cualquier planteamiento organizativo en el seno de aquellas jóvenes iglesias debía asentarse en los principios de esta eclesiología.

Efesios

A finales de su segundo viaje apostólico (año 52), san Pablo se detuvo en Éfeso (Hch 18,19 ss), una de las ciudades más florecientes de Asia Menor. Allí fundó la iglesia a la que dirige esta carta. No mucho después apareció en Éfeso un personaje ilustre llamado Apolo, de cuya instrucción cristiana, como quedó dicho, se encargaron Áquila y su mujer Priscila (Hch 18,24-26). Una vez instruido, Apolo preparó el terreno para la predicación que llevaría a cabo el Apostol en su tercer viaje, entre los años 54-56. Tampoco en esta ocasión le faltaron todo tipo de pruebas y tribulaciones (Hch 19-20). A causa del tumulto provocado por el platero Demetrio, Pablo se vio obligado a abandonar la ciudad y a todos aquellos fieles por los que tanto había trabajado.

Ya en Roma, durante su primera cautividad, aprovecha para escribirles esta carta. No todos los críticos concuerdan, porque algunos piensan que se trata más bien de una carta circular dirigida a todas las iglesias. Lo dicen por no encontrarse en ella referencias personales, como tampoco el saludo y la conclusión tan característicos del Apóstol. Bastaría –afirman– con suprimir el encabezamiento, que por otra parte falta en algunos códices antiguos, para que resultara fiable esta hipótesis. Sin embargo, la mayoría de los autores antiguos y modernos sostienen que la carta fue dirigida desde un principio a los fieles de Éfeso, no sólo por el título, sino por afirmarlo, entre otros, san Ireneo, el Fragmento de Muratori, Clemente de Alejandría, Tertuliano, etc.

La intención que lleva a san Pablo a escribir esta carta parece que es la de darles a conocer el gran misterio de la Redención, en el cual Cristo es la piedra angular (2,20). Por ser cabeza suprema de la Iglesia y «plenitud» de su Cuerpo[7], es el fundamento de todo edifi-

7. Se dice que la Iglesia es «plenitud» o complemento de Cristo, como el cuerpo humano es complemento de la cabeza. Sin el cuerpo, la cabeza no puede

cio espiritual. De ahí la división de la carta en dos partes, una dogmática y otra moral.

Dogmática (1,3-3,21). Expone en ella un principio nuclear: los beneficios derivados de la Redención se dirigen a todos los hombres sin distinción, predestinados antes de la creación del mundo para ser hijos de Dios. Por esto, tanto judíos como paganos están llamados a ser uno en Cristo Jesús, con un fin: formar un solo cuerpo, el nuevo Pueblo de Dios, la Iglesia. Esta unión de todos en Cristo, querida expresamente por Dios Padre, es merecida por la redención del Hijo y realizada en cada uno por la acción del Espíritu Santo. Para anunciar este misterio, escondido desde siglos, ha sido elegido Pablo y destinado como apóstol a predicar entre los gentiles la salvación por la fe en Jesucristo. Su conclusión es ésta: el cristiano –y la Iglesia misma– ha de saberse universal, católico, actuando en todo momento con la misma apertura de mente y espíritu que su Señor. Pues «la Iglesia –enseña el concilio Vaticano II– para poder ofrecer a todos el misterio de la salvación y la vida traída por Dios, debe introducirse en todos los grupos (pueblos que aún no conocen el Evangelio) con el mismo afán con que Cristo, al encarnarse, se adaptó a las condiciones sociales y culturales concretas de los hombres con quienes convivió» (AG 10).

Moral (4,1-6,9). En esta segunda parte, el Apóstol exhorta a los cristianos a vivir una misma fe y a ser consecuentes con ella; o lo que es lo mismo, a vivir la unidad, buscando en todo lo que une y evitando lo que divide, cuanto suponga un obstáculo contra la paz y el amor que debe reinar entre ellos; es éste un rasgo distintivo del verdadero discípulo de Cristo. Y, para concretarlo, recuerda los deberes que lleva consigo la vida doméstica, de modo particular lo que se refiere a las relaciones entre padres e hijos, siervos y amos, y los deberes recíprocos entre los esposos. Doctrina ésta hoy de gran actualidad. Pues «en virtud del sacramento del matrimonio, por medio del que significan el misterio de la unidad y del amor fecundo entre

obrar. Por la Iglesia, que es su cuerpo, Cristo obra, ruega, enseña, sufre y salva a las almas. Jesucristo sostiene así «a su Iglesia Santa, que es una comunidad de fe, esperanza y caridad, por medio de la cual comunica a todos la verdad y la gracia» (LG 8).

Cristo y la Iglesia y del que participan, se ayudan mutuamente para ser santos en la vida conyugal y en la aceptación y educación de la prole, teniendo su propio don en el Pueblo de Dios, dentro de su estado de vida y condición» (LG 11).

Filipenses

La ciudad de Filipos, situada en Macedonia junto a la frontera con Tracia, fue denominada así por Filipo, padre de Alejandro Magno (360 a.C.). En ella se estableció la primera comunidad cristiana fundada por san Pablo, cuando pasó a Europa en su segundo viaje apostólico, alrededor del año 51.

Tras varios años de permanencia entre ellos, los filipenses –la mayoría procedían de la gentilidad– fueron objeto de especial predilección por parte del Apóstol, en justa correspondencia al amor y generosidad que ellos le habían mostrado. No le importó a Pablo sufrir por los filipenses azotes y hasta la misma prisión (Hch 16,11-40). En pago de gratitud, los filipenses le corresponden enviando a Epafrodito para que cuide de él, prisionero entonces por el Señor. Este detalle produce en el Apóstol, tan sensible a los detalles de afecto y gratitud, una alegría inmensa. Pero Epafrodito, de gran ayuda en un principio, se siente muy pronto aquejado de una grave enfermedad. Una vez curado, aunque quizá no repuesto del todo, san Pablo decide que regrese a Filipos.

Al marcharse, Epafrodito es portador de una misiva del Apóstol. No se sabe con exactitud si la escribe durante la cautividad de Éfeso. Lo más probable es que sea así, en cuyo caso la carta habría que datarla entre los años 54-57. Más que doctrinal, la carta es exhortativa; no hace en ella el Apóstol un planteamiento propiamente dogmático ni aborda temas apologéticos; simplemente quiere expresar su agradecimiento al Padre de toda consolación, así como a los filipenses por la solicitud que le habían mostrado. Gracias a su buen corazón, nunca le habían hecho sufrir, todo lo contrario: siempre le dieron satisfacciones y consuelos, por contraste con lo sucedido en Corinto o Galacia.

De ahí que la carta rebose de alegría y venga a ser como un desahogo personal del Apóstol en conversación íntima y confiada con sus hijos. Lleno de ternura, los consuela y anima, a la vez que les exhorta a que corran cada vez más, como buenos atletas de Cristo, hasta alcanzar la meta: la santidad.

Utiliza el símil de las competiciones atléticas, entonces muy populares, para referirse al ejercicio de las virtudes que debe vivir el cristiano. Como el atleta, no deben mirar atrás, sino que, con los ojos fijos en la meta, han de correr confiando en que Dios les dará los medios. Por esto nunca, como el verdadero atleta, deben sentirse satisfechos hasta que no hayan llegado a la meta final.

A pesar del carácter eminentemente familiar de la carta, san Pablo aporta uno de los capítulos más profundos de su cristología, al mostrar a Cristo como modelo de humildad y abnegación. Se sirve para ello de un himno, seguramente utilizado desde el principio en las reuniones litúrgicas. Refiriéndose a Cristo, dice:

> «El cual, siendo de condición divina, no consideró como presa codiciable el ser igual a Dios. Por el contrario, se anonadó a sí mismo tomando la forma de siervo, haciéndose semejante a los hombres; y, en su condición de hombre, se humilló a sí mismo haciéndose obediente hasta la muerte y muerte de cruz. Por lo cual Dios lo exaltó y le otorgó el nombre que está sobre todo nombre; para que al nombre de Jesús toda rodilla se doble en los cielos, en la tierra y en los infiernos, y toda lengua confiese: ¡Cristo Jesús es el Señor!, para gloria de Dios Padre» (2,6-11).

Es un canto a la humillación y exaltación de Cristo. Pues siendo Dios verdadero, imagen viva del Padre (Col 1,15; Heb 1,3), consustancial y coeterno con Él, se anonadó muriendo en la cruz, siendo para todos ejemplo de obediencia. Es ésta la *kénosis* del Verbo, de su rebajamiento al asumir la naturaleza humana: hecho en todo semejante a nosotros, excepto en el pecado (Heb 2,7). Pero por su obediencia y muerte de cruz, Dios Padre le exaltó por medio de su resurrección, otorgándole «el nombre que está sobre todo nombre», es decir, el nombre de Señor. Que Cristo sea humillado o exaltado hace referencia a su dimensión humana, pues sólo su naturaleza humana es pasible, no la divina, que es impasible.

Colosenses

Desde la relativa libertad de la que gozaba en su prisión de Roma, san Pablo escribe su carta a los colosenses entre los años 61-63. Colosas, ciudad de Frigia, estaba situada a unos 200 km de Éfeso, próxima a Laodicea. Esta iglesia, formada por fieles procedentes en su mayoría de la gentilidad, no la fundó directamente el Apóstol, sino que se sirvió de un discípulo llamado Epafras (1,7). Sin embargo, en todo momento se mantenía al tanto de lo que sucedía en aquella pequeña comunidad.

La ocasión que dio lugar a la carta fue una visita realizada por Epafras a Roma, donde informa al Apóstol ampliamente de las doctrinas erróneas que se habían introducido últimamente entre los colosenses; pensaba él que si no se atajaban con prontitud, amenazarían seriamente la fe y la moral de aquellos fieles. Y es que unos falsos maestros les insistían en la obligación de atenerse a las prácticas mosaicas; entre ellas, a la observancia de la ley sabática, a la distinción entre alimentos puros e impuros, además de la doctrina sobre los ángeles como intermediarios entre Dios y los hombres. Esto suponía ciertamente un peligro para la doctrina sobre la mediación única de Jesucristo y su redención infinita. Nadie, en consecuencia, puede añadirle nada.

El Apóstol no espera. Aprovecha la ocasión para instruir a los colosenses y reafirmarles en la doctrina sobre la supremacía absoluta de Jesucristo, principio y fin de todo lo creado. Por ser el Hijo de Dios encarnado, es el Creador de todas las cosas, su conservador y redentor. Lo expresa con estas palabras:

> «Él es la imagen del Dios invisible, el primogénito de toda criatura, porque en él fueron creadas todas las cosas, en los cielos y en la tierra, las visibles y las invisibles, ya sean los tronos o las dominaciones, los principados o las potestades. Todo ha sido creado por él y para él. Él es antes que todas las cosas y todas subsisten en él. Él es también la cabeza del cuerpo, que es la Iglesia. Él es el principio, el primogénito de entre los muertos, para que sea él quien tenga la supremacía en todo» (1,15-18).

Este himno constituye un canto al señorío de Jesucristo sobre toda la creación: nada hay que escape al influjo de su acción redentora: su domino abarca el cosmos entero. San Pablo pone especial énfasis en la preexistencia del Verbo y en su acción creadora. En esa preexistencia funda la razón de su divinidad, eternidad que comparte con el Padre. Al «hijo amado» de 1,13 le llama ahora «primogénito de toda criatura», expresión que ha de entenderse en sentido comparativo: es decir, *antes* de toda creación; o lo que es lo mismo, el que existe desde toda la eternidad. Una clara evocación de lo que se dice al comienzo de la Biblia (Gen 1,1), o como hará después san Juan en el prólogo de su evangelio (Jn 1,1).

Lejos, pues, del pensamiento paulino presentar al Hijo de Dios como la primera de las criaturas, error en el que incurrió Arrio por hacer una mala interpretación de este texto sagrado. San Pablo no designa a Jesucristo como criatura, sino como Creador, en su sentido más universal y pleno, propio y exclusivo de Dios. Por esto le llama «imagen del Dios invisible», para subrayar la identidad de naturaleza y la relación de correspondencia entre el Padre y el Hijo. Su consecuencia es ésta: «en él (en Cristo) reside corporalmente toda la plenitud de la divinidad» (2,9)[8]. Por medio de su sacrificio ha sido constituido mediador universal, reconciliando a los hombres con Dios. Porque ha borrado «todo lo que estaba contra nosotros, el pliego de cargos que nos era contrario, el cual quitó de enmedio y lo enclavó en la cruz» (2,14).

De aquí se sigue una conclusión: los que han resucitado con Cristo, han de «gustar las cosas de arriba, no las de la tierra» (3,2), lo que obliga a rechazar la vida mundana, propia de quienes no conocen a Cristo. No es, por tanto, en los alimentos o en las cosas meramente externas al hombre en lo que se han de fijar, sino en la rectitud de su corazón, en el amor a Dios y al prójimo. De ahí que el Apóstol les exhorte:

> «Desechad la ira, la indignación, la malicia, la blasfemia y la obscena conversación. No os engañéis unos a otros, puesto que os despojasteis del hombre viejo con sus obras y os revestisteis del nuevo, que

8. La plenitud de la naturaleza divina habita permanentemente en Cristo, aun corporalmente. El texto de Col 2,9 enseña que la divinidad y la humanidad están unidas en Cristo, en su única persona –que es divina–, al modo como el alma es forma del cuerpo y constituye con él un solo principio (cf CEC 484, 815).

se renueva para adquirir el pleno conocimiento, según la imagen de su Creador... Revestíos, por tanto, como elegidos de Dios, santos y amados, de entrañas de misericordia, de bondad, humildad, mansedumbre, paciencia, soportándoos unos a otros, perdonándoos mutuamente si alguno tiene queja contra otro» (3,8-13).

Y puntualiza cómo debe ser ese trato mutuo. La conversación, termómetro de la verdadera caridad –dirá–, ha de estar sazonada de gracia y de sal; es decir, de prudencia y discreción, de suavidad y delicadeza, sabiendo hablar con cada uno lo que más le convenga y le aproveche en ese momento (4,6).

Filemón

Este breve opúsculo está dirigido a Filemón, un rico propietario de Colosas a quien Pablo, amigo personal suyo, había ganado para la fe. Tenía éste un esclavo llamado Onésimo, quien después de haberle robado, escapó de su casa para librarse del castigo. En su huida, Onésimo llega hasta Roma, donde en ese momento se encontraba el Apóstol privado de libertad. En contacto con el Evangelio y como fruto de su trato personal con el Apóstol, Onésimo se convierte y es bautizado.

Tras una breve permanencia en Roma, Pablo pide a Onésimo que regrese a Colosas, con su amo, para lo cual le hace entrega de esta misiva que ha de servirle de presentación. Con Onésimo va Tíquico, portador de la carta a los Colosenses (Col 4,7-9), de lo que se deduce que a ambas cartas se les ha de asignar la misma fecha.

En su brevedad, este opúsculo a Filemón es toda una obra maestra en el arte epistolar, llena de exquisita sensibilidad y de fina caridad. El tono que emplea el Apóstol no es de mandato, y podía haberlo hecho, sino de súplica humilde y confiada hacia Filemón, ante el que se presenta en su condición de «anciano y además prisionero de Cristo Jesús» (v. 9). El Apóstol juega con el significado de la palabra Onésimo (= útil) para interceder por él, ahora bautizado, ante Filemón.

Desde antiguo fue denominado este escrito como la *carta magna* de la libertad cristiana. El Apóstol aborda en ella de modo indirecto un tema de especial importancia en aquel tiempo: el de la esclavitud. Sobre ella se fundaban entonces las relaciones laborales. San Pablo no la denuncia, pero sienta las bases y establece los principios para su abolición. Y lo hace poniendo en el primer plano de toda relación interpersonal la dignidad de la persona humana. Las relaciones de dependencia de los esclavos respecto de su señor debían pasar necesariamente por la relación de aquéllos con Cristo, a quien en realidad servían. Y lo hacen sirviendo a sus amos o señores. De ahí que el mismo Apóstol recuerde que no trabajan para «agradar a los hombres, sino como siervos de Cristo, haciendo de corazón la voluntad del Señor» (Ef 6,6). Es la consecuencia inmediata de la libertad que Cristo nos ha ganado. Pablo enseña que al participar de la misma fe, el cristiano entra en comunión con Cristo y con sus hermanos. Por tanto, si somos hijos de Dios, somos también hermanos de quienes participan de nuestra misma fe, sin distinción alguna por razón de raza, color, clase o condición. Siglos más tarde, cuando esta doctrina impregne con su espíritu las leyes civiles de los pueblos, quedará definitivamente abolida la esclavitud.

D. Cartas pastorales

Con el título de «Cartas pastorales» se denominan desde el siglo XVIII las tres cartas dirigidas por san Pablo a sus discípulos y colaboradores Timoteo (dos) y Tito (una), en su condición de pastores de las iglesias de Éfeso y Creta, respectivamente. En ellas se contienen una serie de normas y consejos para el buen gobierno de aquellas jóvenes comunidades, formadas por cristianos procedentes en su mayoría de la gentilidad, junto con algunos conversos del judaísmo.

Timoteo (1 y 2)

Timoteo, natural de Listra, era hijo de padre gentil y de madre judía (Hch 16,1). Una vez convertido a la fe cristiana, como antes lo hicieron su madre Eunice y su abuela Loida (2 Tim 1,5), se unió a Pablo en su segundo viaje a su paso por Listra. Después de que el Apóstol mandase circuncidarle, participa con él en la fundación de las iglesias de Filipos y Tesalónica (Hch 16,12; 17,14). Discípulo predilecto del Apóstol, Timoteo comparte con él su cautiverio romano. En sus cartas lo menciona como «mi leal colaborador». Después de encomendarle importantes misiones, lo pone al frente de la iglesia de Éfeso. Antes de morir, lo llama nuevamente a Roma, para regresar definitivamente a Éfeso tras su muerte.

La primera carta a Timoteo la escribe san Pablo hacia el año 66, seguramente desde Macedonia. Preocupado como estaba por la situación que habían creado en Éfeso unos falsos maestros, altamente peligrosa para la fe de aquellos cristianos, quiere aliviar y descargar en parte con sus consejos la responsabilidad que recaía sobre Timoteo.

Poco tiempo después, y cuando se encontraba preso en Roma, le escribe la segunda carta. El Apóstol presiente que su fin está muy próximo y pide a Timoteo que se dé prisa en llegar, pues está solo y tiene necesidad apremiante de su ayuda. No se trata, por tanto, de la primera cautividad romana (61-63), pues de aquélla salió Pablo en libertad, y es probable que pudiera realizar su deseado viaje a España (Rom 15,24-28), hacia el año 65. El segundo y último cautiverio romano, desde el que ahora escribe, debe fijarse poco antes de su martirio, alrededor del año 67. Esta segunda carta, por la fecha, es seguramente el último de sus escritos, por lo que se la considera como su testamento espiritual.

Algunos críticos, no obstante, pusieron en duda la autenticidad paulina de estas cartas pastorales, confirmada sin embargo por la Tradición de la Iglesia. Sus dudas proceden, principalmente, de las diferencias literarias o de estilo que aprecian en ellas, así como por la doctrina y la organización eclesiástica tan avanzada que presentan, si se compara con la de otras cartas del Apóstol. Tampoco les parecen propias del estilo paulino las alusiones tan frecuentes a la «sana doctrina» (1 Tim 1,10; 2 Tim 1,13), a la que Timoteo debía atenerse, o la recomendación de que guarde el «depósito de la fe» (1 Tim 6,20; 2 Tim 1,14).

La mayoría de estas objeciones desaparecen si se tiene en cuenta que el estilo –más sencillo y aun menos rico que en otras cartas–

responde a la situación personal del Apóstol, en ese momento ya anciano y preso. Por lo que se refiere a la doctrina que pretenden ver como nueva, sobre todo la de la necesidad de las buenas obras, es explicable por el carácter pastoral de estas cartas. Si apela, por ejemplo, a la «buena doctrina», o al «depósito de la fe» es porque ve ya muy próximo su fin y quiere poner en guardia a Timoteo, como hará también con Tito, contra los innovadores de doctrinas erróneas y altamente peligrosas, por las que algunos «naufragaron en la fe» (1Tim 1,19). No aparece aún en estas cartas en todo su vigor el influjo de las doctrinas gnósticas que tanta confusión crearían a finales del siglo I y comienzos del II. Las de ahora son «disputas y palabras vanas» (1 Tim 6,4) defendidas por algunos judaizantes como fruto de las influencias del judaísmo helenizado y sincretista contra el que san Pablo tuvo que luchar años atrás, como él mismo dice en Col 2, 4-8.

La doctrina de estas cartas es rica y abundante, aun cuando predominen en ellas los aspectos prácticos o pastorales. Por lo que se deduce, a san Pablo le preocupaba dejar bien asentada la organización en el interior de aquellas comunidades de reciente formación. Para esto, uno de los puntos básicos era el establecimiento de la Jerarquía. Lejos, pues, de suponer un gran desarrollo de la organización eclesiástica –como algunos trataron de ver– propio más bien de una época posterior, lo que reflejan estas cartas es una organización aún incipiente, en la que los títulos de obispo y presbítero no estaban aún bien definidos e incluso en ocasiones se consideraban sinónimos (Tit 1,5-7). Nada extraño, pues así venía sucediendo desde años atrás (Hch 20,17-18). Sin embargo, la falta de distinción nominal no implicaba confusión en la misión o en los grados de la jerarquía, ya que Timoteo y Tito ejercían un ministerio episcopal en el seno de sus respectivas iglesias, por lo que ellos mismos conferían la ordenación de presbíteros (1 Tim 5,19-22; Tit 1,5-7). Por tanto, lo que al principio dependió exclusivamente de los Apóstoles como misión específica suya, poco a poco fue pasando a quienes ellos elegían como sus sucesores. Por la consagración episcopal les transmitían su misma misión, como se colige de las palabras de san Pablo a Timoteo: «Las cosas que oíste de mí ante muchos testigos, confíalas a hombres fieles» (2 Tim 2,2). La misión recibida por Timoteo –probablemente el día de su consagración episcopal– era la de velar y transmitir fielmente el depósito de la fe que se le había confiado, tal como el mismo Pablo lo había recibido del Señor. De este pasaje se colige la importancia de la tradición oral en la instrucción de los fieles, propia y específica del magisterio episcopal.

Como resumen, y con independencia de la autoría de estas cartas, se puede decir que reflejan el tránsito pacífico de la autoridad apostólica –el episcopado, tal corno el Señor lo quiso– a los sucesores de los Apóstoles, próxima ya su desaparición. Será en el siglo II cuando se fije definitivamente el término «obispo» para designar al que rige el colegio de los presbíteros. A estos presbíteros les ayudaban los diáconos, instituidos probablemente a partir de la elección de los siete hombres que ayudarían a los Apóstoles en la «diaconía» o servicio de las mesas (Hch 6,1-7). Con esto quedaban diferenciados los tres grados que constituyen la Jerarquía de la Iglesia: episcopado, presbiterado y diaconado (CEC 1593).

Junto a esta mínima organización eclesiástica, se pone de relieve en estas cartas lo que es punto central del dogma cristiano: la fe en Cristo. Pues como «uno es Dios, uno también el mediador entre Dios y los hombres, el hombre Cristo Jesús» (1 Tim 2,5), que «vino al mundo para salvar a los pecadores» (1 Tim 1,15). Por medio de él –y ésta es la voluntad salvífica universal– «Dios quiere que todos los hombres se salven» (2 Tim 2,4), en la Iglesia de Cristo, que es «la casa de Dios, la Iglesia del Dios vivo, columna y fundamento de la verdad» (1 Tim 3,15). A ella, por ser santa y universal, están llamados todos los hombres, sin exclusión por raza, lengua o nación.

De esta realidad surgen varios compromisos: la necesidad de orar unos por otros, el dar buen ejemplo y huir del activismo, y el progreso en las virtudes. Todo ello como un eco fiel de las enseñanzas del Maestro a sus discípulos.

Tito

Tito era hijo de padres paganos; se convirtió a la fe cristiana por el trato con el Apóstol de las gentes. Más tarde lo acompañó, junto con Bernabé, al concilio de Jerusalén (Gal 2,1-5). Ya casi al final de su tercer viaje, y cuando se encontraba en Éfeso, san Pablo lo envía a Corinto con la denominada «carta de las lágrimas» (2 Cor 2,13). Ciudad a la que vuelve de nuevo para hacer la colecta y entregarles la 2.ª Carta a los Corintios. Gracias a su prudencia y exquisito tacto supo ganarse a los fieles de aquella comunidad, a la que el Apóstol daba por perdida.

Como obispo de Creta, no fue nada fácil su labor. Se topó con el carácter un tanto anárquico y díscolo de los habitantes de aquella isla. Para ayudarle en su labor pastoral, el Apóstol le escribe la carta que lleva su nombre.

Comienza dándole una serie de instrucciones pastorales sobre los presbíteros (1,5-9), los falsos doctores (1,10-16) la organización de la Iglesia (2,1-3,11), en especial sobre el modo en que debía tratar a las mujeres, a los hombres y a los esclavos. Le orienta igualmente sobre el modo de conducirse con las autoridades y los falsos maestros.

En su aspecto doctrinal, esta carta recuerda la 1.ª a Timoteo, escrita como aquélla alrededor del año 65. Después de encomendarle la misión de organizar la comunidad de Creta, le da unas pautas sobre las que debe basar sus enseñanzas y deshacer los errores que habían comenzado a difundirse.

Comienza por recordarle que la Iglesia es el pueblo redimido por Cristo, por cuanto prolonga y actualiza en el tiempo su acción salvadora para todas las gentes (2,14). Los fieles cristianos son aquellos que han sido salvados «por medio del baño regeneración y renovación del Espíritu Santo» (3,5), llamados por tanto a destacar por sus buenas obras (3,8). Sobre estos dos ejes doctrinales, Iglesia de Cristo y fieles cristianos, debe organizar toda su acción pastoral.

2
LA CARTA A LOS HEBREOS

Después de las trece cartas paulinas precedentes y antes de las siete *católicas* que le siguen, aparece entre los escritos canónicos del Nuevo Testamento la carta a los Hebreos. La tradición más antigua atribuyó este escrito a san Pablo, aunque sin unanimidad, ya que la

Iglesia en Occidente no aceptó la paternidad paulina de Hebreos hasta el siglo IV. La Iglesia oriental sí la reconoció, pero con ciertas reservas, debido a su especial forma literaria. Así Clemente de Alejandría y Orígenes, entre otros. Y es que, en realidad, si nos atenemos al examen interno del texto, se notan en esta carta grandes diferencias con los demás escritos del Apóstol. Por ejemplo, su lenguaje y estilo son de una gran elegancia y de un griego muy correcto. De otra parte, carece de saludo y preámbulo, tan habituales en las cartas del Apóstol. Además, la manera de citar la Sagrada Escritura tampoco parece suya. Sin embargo, la doctrina sí lo parece, aunque expuesta con tal originalidad que resulta difícil atribuirle su paternidad literaria.

Fuera de dudas la canonicidad de la carta, incluida por el concilio de Trento (8-IV-1546) entre los demás libros sagrados, no se dirimió del todo el asunto de la autenticidad paulina. El hecho es que la Comisión Bíblica, en decreto del 24-IV-1914, tuvo que salir al paso de quienes se oponían a ella. Después de afirmar su canonicidad, contesta a la siguiente cuestión: «Si el apóstol Pablo ha de ser de tal modo considerado como autor de esta carta que deba necesariamente afirmarse, no sólo haberla concebido y expresado toda ella por inspiración del Espíritu Santo, sino que le dio también la forma en que se conserva». La respuesta fue negativa, «salvo ulterior juicio de la Iglesia» (DS 3592-3593).

No zanjada aún la cuestión sobre la paternidad de la carta, el caso es que la Iglesia, en la edición de los libros litúrgicos, ha suprimido toda referencia expresa a san Pablo como autor de la carta a los Hebreos. Hay que decir, no obstante, que la doctrina de Hebreos es claramente paulina. La pregunta, pues, sigue en pie: ¿quién escribió realmente la carta a los Hebreos? Tal vez siguiendo sugerencias del Apóstol, se ha pensado que pudieron hacerlo Bernabé o Silas, discípulos de san Pablo; otros se inclinan por Apolo, hombre de gran elocuencia (Hch 18,24-28) y muy original en el modo de citar la Sagrada Escritura, de quien procederían asimismo los giros literarios de muchas de las expresiones de esta carta, de gran estilo y belleza. En realidad, nada sabemos con certeza. En cualquier caso, parece ésta una cuestión secundaria que en nada afecta a la fe, una vez que ha sido declarada por la Iglesia la inspiración y canonicidad de este escrito.

Lugar, fecha y destinatarios

Respecto al lugar, lo más probable es que el autor se encontrara en Italia cuando escribió la carta, como se deduce de la despedida (13,24). Aunque también pudo escribirla en otro lugar donde hubiera cristianos de esa procedencia.

La fecha de su composición puede colegirse con cierta probabilidad de las referencias que hace al Templo de Jerusalén y su culto, que presenta como una realidad viva en ese momento. De otra parte, al poner en guardia frente a la tentación de volver al esplendor del antiguo culto levítico, se piensa que la carta debió escribirse antes del año 70, fecha a partir de la cual desapareció el Templo y con él su culto. Como, de otra parte, el autor conoce las cartas de la cautividad, que utiliza, es también probable que la carta sea posterior al 63 y, casi con toda seguridad, muy cercano ya el 67, por las llamadas apremiantes que hace a una fe perfecta, «tanto más cuanto veis que se acerca el día» (10,25).

Por lo que se refiere a los destinatarios, se deducen del uso casi continuo que hace el autor del Antiguo Testamento, en el que se supone expertos a sus lectores. Se ha pensado que éstos podrían ser conversos del judaísmo, sin descartar que hubieran sido sacerdotes o levitas en otro tiempo. Al abrazar la fe cristiana, y debido a las dificultades del momento, tal vez abandonaran apresuradamente Jerusalén, la ciudad santa, para ir a refugiarse en alguna ciudad costera, que bien pudo ser Cesarea o Antioquía. La situación de desterrados en que ahora se encontraban debía resultarles especialmente dura. Incluso es posible que añorasen el esplendor del culto en el que habían participado antes de su conversión. Nada tendría de extraño que, en una situación así, pudieran pensar que habían sido engañados, sufriendo continuas tentaciones de abandono o de rechazo de su nueva fe. A esto se unía el desconcierto que había creado en ellos la persecución a la que se veían sometidos.

Es evidente que se hacía urgente ayudarles, sobre todo para clarificar sus ideas y fortalecer su fe.

DOCTRINA DE LA CARTA

La enseñanza principal se centra en demostrar la superioridad de la religión cristiana frente a la judía. En el fondo, trata de poner en guardia a estos fieles vacilantes en la fe contra las tentaciones de apostasía, para lo cual presenta en tres puntos la verdad de su argumentación:

1. Jesucristo, el Hijo de Dios encarnado, es el rey del universo, «resplandor de la gloria de Dios e impronta de su sustancia» (1,3), superior a todas las criaturas, incluidos los mismos ángeles (1,4-2).
2. Cristo es también superior a Moisés, en la medida en que «es mayor la dignidad del constructor de la casa que la casa misma» (3,3).
3. Cristo, el Hijo de Dios, como Sumo Sacerdote que es penetró en los cielos (4,14); su sacerdocio le viene del orden de Melquisedec, superior al de Aarón, del que procedía el sacerdocio levítico.

A estos principios cristológicos siguen unas conclusiones soteriológicas derivadas de haber asumido el Verbo la naturaleza humana para salvarla[9]. En síntesis, son éstas:

- Por la redención de Cristo, el pecado ha sido destruido y también la muerte a la que el diablo nos tenía esclavizados (2,14-15).
- Lo que hace meritoria la muerte de Cristo es su obediencia (5, 8; 10,9), de modo que por su sangre se realiza la redención de cuantos vivían bajo el poder del pecado (9,12.15). En labios de Cristo tienen por tanto su pleno sentido las palabras del salmo 40,7-9: «Sacrificio y oblación no quisiste, pero me has formado un cuerpo... ¡He aquí que vengo... para hacer, oh Dios, tu voluntad! (10,5-7).
- Supuesta la resurrección de Cristo como principio de su glorificación, se pone ahora de relieve la entrada en el santuario celestial (9,11-12), donde permanece sentado a la diestra de Dios

9. «Los Santos Padres proclaman sin cesar que no se ha salvado lo que Cristo no asumió. Pero asumió toda la naturaleza humana como se encuentra en nosotros, miserables y pobres, a excepción del pecado» (AG 3).

Padre. El sacrificio de Cristo –de una sola vez para siempre– es distinto por tanto del que ofrecían los sacerdotes de la antigua alianza, que cada año necesitaban entrar en el santuario terreno (9,7).

- Cuando el hombre se incorpora por la fe a Cristo, en realidad se acerca al mediador de la nueva y definitiva Alianza. De la unión con él procede la salvación o santificación individual, gracia que se ha de conservar (12,28) como principio de vida y salvación del alma.

La carta viene a subrayar lo que es punto central de la doctrina paulina: que al estado de amistad con Dios, al que conduce la gracia, sólo se accede por el acto de fe [10], ya que «sin fe es imposible agradarle, pues es preciso que quien se acerca a Dios crea que existe y que es remunerador de aquellos que le buscan» (11,6). Palabras que toma el concilio de Trento para definir que «la fe es el principio de la salvación humana, el fundamento y la raíz de toda justificación».

Y con la fe teologal está íntimamente relacionada la esperanza. Por esto dice la carta que «la fe es una convicción de las cosas que se esperan, argumento de las que no se ven» (11,1). Más que de una definición teológica o esencial sobre la fe, se trata de una definición descriptiva, en la que se subraya uno de los efectos principales de la fe en el alma del creyente: la seguridad o garantía de aquello que se espera. No dice de modo expreso cuál es el objeto material de la fe (las verdades reveladas por Dios), ni cuál el motivo formal del acto de fe (la autoridad de Dios que revela). Lo completa el concilio Vaticano I al definir la fe como «una virtud sobrenatural por la que, con la inspiración y ayuda de la gracia de Dios, creemos ser verdadero lo que por Él ha sido revelado; no por la intrínseca verdad de las cosas, percibida por la luz natural de la razón, sino por la autoridad del mismo Dios que revela, el cual no puede engañarse ni engañarnos» [11].

10. «Para dar esta respuesta de fe es necesaria la gracia de Dios, que se adelanta y nos ayuda, junto con el auxilio interior del Espíritu Santo, que mueve el corazón, lo dirige a Dios, abre los ojos del espíritu y concede "a todos gusto en aceptar y creer la verdad"» (DV 5; CEC 153).

11. Conc. Vaticano I, *Const. dogm. sobre la fe católica* (DS 3008).

La salvación final a la que conduce la fe tiene lugar después de la muerte, cuando el hombre goce en plenitud de la visión de Dios, según el grado de caridad que haya alcanzado, o lo que es lo mismo, en la medida que ponga razonablemente por obra su fe [12]. Así lo muestra la carta en su capítulo 11, en ese desfile imponente de santos de la antigua Alianza, hombres de fe heroica que vivieron en la esperanza de ver un día realizadas las promesas divinas. A través de sus luchas, sufrimientos y dificultades, afrontados con una fe inquebrantable, hallaron la recompensa que les había sido prometida.

3
LAS CARTAS CATÓLICAS

Tras la carta a los Hebreos, aparecen en el canon bíblico otras siete cartas: una de Santiago, dos de San Pedro, tres de san Juan y una de san Judas. Desde Orígenes, Eusebio y san Jerónimo son conocidas con el nombre de «católicas», seguramente por su universalidad, al no estar dirigidas en concreto a una comunidad o persona particular.

Cada carta tiene contenido y finalidad diversa, aunque con un denominador común: refutar los errores doctrinales que comenzaban a surgir y que amenazaban a aquellos fieles. Y lo hace cada una con tono pastoral, mediante instrucciones y enseñanzas encaminadas a orientar y fortalecer la vida cristiana.

12. Pues –como dirá el mismo Concilio– «a pesar de que la fe esté por encima de la razón, jamás puede haber desacuerdo entre ellas. Puesto que el mismo Dios que revela los misterios y comunica la fe ha hecho descender en el espíritu humano la luz de la razón, Dios no podría negarse a sí mismo ni lo verdadero contradecir jamás a lo verdadero» (DS 3017; CEC 159).

Santiago

Encabeza el grupo de las «cartas católicas». Admitida como canónica desde el siglo II, tiene como autor a Santiago *–Iaaqôb* en hebreo– (1,1), aunque algunos comentaristas no católicos pensaron que la escribió un judío no cristiano, introduciendo en ella algunos retoques posteriores para cristianizarla. Tal hipótesis parece insostenible, puesto que la carta de comienzo a fin rezuma doctrina y espíritu cristianos difícil de compaginar con un autor judío. Está escrita en un griego culto, con ciertos modismos arameos, y recursos frecuentes al Antiguo Testamento. Por esto pensaron algunos que el autor recurrió a la pseudonimia, utilizando por razón de autoridad y prestigio el nombre de Santiago.

Dando por supuesto que su autor es Santiago, la cuestión que se plantea es saber de qué Santiago se trata. En el Nuevo Testamento se habla al menos de tres: Santiago hijo de Zebedeo, al que se le llama el Mayor (Mt 10,2; Lc 8,51); Santiago el de Alfeo, apóstol también, llamado el Menor (Mt 10,3; Mc 3,18; Lc 6,15) y Santiago hijo de Cleofás y de María, hermana de la Virgen, llamado el «hermano del Señor» (Mt 13,55; Gal 1,19). Los comentaristas piensan que este último fue el obispo de Jerusalén, al que se le apareció el Señor después de su Resurrección (1 Cor 15,17). Aunque no es concluyente, es muy probable que fuera éste último el autor de la carta que lleva su nombre, ya que Santiago el Mayor había sido martirizado por Herodes el año 44 (Hch 12,12) y, en otra parte, se identifica a Santiago el Menor con el obispo de Jerusalén, de quien por los Hechos sabemos que gozaba de gran autoridad en la Iglesia de Jerusalén (Hch 15,13-19) y san Pablo lo presenta como una de las columnas de la Iglesia (Gal 2,9).

Así que poco antes de su muerte, alrededor del año 60, debió escribir la carta que lleva su nombre. Muestra en ella una gran familiaridad con el Antiguo Testamento y con las enseñanzas derivadas del Sermón de la Montaña, que transmite en un elegante estilo literario. Se proponía llegar, como él mismo dice, «a las doce tribus de la dispersión» (1,1), esto es, a los cristianos de origen judío dispersos por el mundo greco-romano. Les exhorta a soportar con fortaleza las persecuciones, recomendándoles que vivan las virtudes cristianas, sobre todo la paciencia en las tribulaciones (1,1-12) y un especial dominio de la lengua (1,26; 3,1-18). Quiere hacerles ver que la prudencia en el hablar libra al hombre de muchos pecados, mientras que la incontinencia de la lengua puede llevarle a perder el dominio de sí y a caer en la murmuración, de la que se siguen los pecados contra la caridad y no rara vez contra la justicia.

Especial énfasis pone en la atención que se debe prestar a los más pobres, a los humildes, que son los predilectos del Señor (1,9; 2,9). Advierte que se evite todo lo que suponga acepción de personas, tanto por su situación social como económica. La razón es obvia: quien vive la fe e imita a Jesucristo no puede hacer distinciones en el trato con el prójimo. El Señor ama lo mismo a los pobres que a los ricos, a los sabios que a los ignorantes, ya que por todos se entregó en la Cruz. No se debe catalogar, por tanto, a las personas por su posición, y menos aún por su apariencia externa (2,1 ss), cuando la calidad real de cada hombre deriva de su unión con Dios, tanto mayor cuanto más alta es su humildad y su capacidad de comprensión.

El Apóstol recrimina con fuerza a los ricos (5,1-6). Para él, éstos son los que viven con lujo y placeres, los avaros y codiciosos, aquellos que por egoísmo emplean mal sus riquezas, sin importarles defraudar al obrero sustrayéndole injustamente su salario. El Señor de los ejércitos clama contra ellos por convertir las riquezas en el fin principal de su vida, mientras cierran sin piedad las puertas al prójimo necesitado. Tales hombres quizá pasen ante los demás por afortunados, pero ante Dios y ante ellos mismos son unos auténticos desgraciados. El castigo que el Apóstol les anuncia es ciertamente para hacerles estremecer.

Todos estos avisos y consejos vienen a ser en realidad como un prólogo a lo que es punto central de la carta: la necesidad de una fe con obras. Pues como dice con énfasis, «la fe, si no tiene obras, está verdaderamente muerta» (2,17), ya que «por las obras se justifica el hombre y no sólo por la fe» (2,24). Desde Lutero, que desacreditó esta carta por oponerse a su doctrina de la fe sin necesidad de las obras, muchos han querido ver en la enseñanza de Santiago una contradicción con la de san Pablo, según el cual «el hombre no se justifica por las obras de la Ley, sino por la fe en Jesucristo» (Gal 2,16; Rom 3,28). ¿Existe verdadera contradicción entre ellos? La contradicción es sólo aparente. Por el contexto se observa que Santiago

–que conocía la carta a los Gálatas– puntualiza y habla no de las *obras de la Ley mosaica* sino de las obras recomendadas por Jesús en el Sermón de la Montaña. Desde este punto de vista, el peligro de una fe sin obras es evidente. El mismo Jesús lo dice: «No todo el que me dice: "Señor, Señor", entrará en el reino de los cielos, sino el que hace la voluntad de mi Padre» (Mt 7,21). San Pablo, por el contrario, se refiere a las obras de la antigua Alianza, para él superadas; los judaizantes, a quienes quería desenmascarar por su falsa doctrina, exigían de los cristianos la observancia de las *obras de la ley mosaica* como condición para salvarse.

Por tanto, en este punto hay pleno acuerdo entre Pablo y Santiago. Es el mismo Apóstol de las gentes quien afirma que «en Cristo Jesús ni vale la circuncisión ni la incircuncisión, sino la fe, que actúa por la caridad» (Gal 5,6). Y en la carta a los Romanos aún lo concreta más al decir que «Dios dará a cada cual según sus obras: vida eterna a los que, por la perseverancia en las buenas obras, buscan gloria, honor e incorruptibilidad» (Rom 2,6-7). En definitiva, la fe –y de esto se trata– no puede quedar en un plano teórico, por lo general estéril; ha de ser práctica, efectiva, proyectada en obras de amor a Dios y al prójimo.

De gran interés doctrinal es también el pasaje referente al sacramento de la Unción de los enfermos (5,14-15), definido como tal por el concilio de Trento[13]. El apóstol Santiago promulga aquí lo que ya había sido instituido por Jesucristo como sacramento, con todos sus efectos. El concilio Vaticano II dirá de él: «Por la unción sagrada de los enfermos y por la oración de los presbíteros, toda la Iglesia encomienda los enfermos al Señor paciente y glorificado, para que los alivie y los salve; y aun los anima para que se unan libremente a los sufrimientos y a la muerte de Cristo, contribuyendo así al bien del pueblo de Dios» (LG 11).

Como resultado de esta unción y de la oración que la acompaña, se siguen tres efectos en el enfermo: el perdón de sus pecados, la salvación de su alma y el sentirse reconfortado en su enfermedad (CEC 1511-1513).

13. Vid. Conc. de Trento (DS 1716-1719).

San Pedro (1 y 2)

Dos son las cartas atribuidas al príncipe de los Apóstoles, incluidas por la Iglesia en el canon de los libros sagrados. La primera la escribió en Babilonia (= Roma) (5,13), probablemente hacia el 63-64, ya que no hace referencia en ella a la gran persecución desencadenada por Nerón después de julio del 64. La dirige a los fieles de Asia Menor (Ponto, Galacia, Capadocia, Bitinia) (1,1), gentiles evangelizados casi todos ellos por san Pablo. La carta está escrita en un griego correcto, incluso elegante, como podía ser el de Silvano, a quien Pedro tenía como secretario (5,12), identificado en los Hechos con Silas, uno de los compañeros del Apóstol (Hch 15,22).

Vivían estos cristianos en un ambiente muy adverso a la fe. Por esta razón trata san Pedro en esta primera carta de consolarles, a la vez que les exhorta a mantenerse firmes en la fe. Su enseñanza es, sobre todo, práctica, reflejo de la catequesis de la era apostólica. A su riqueza temática se une la sencillez en la exposición, en un tono vibrante, lleno de calor. Su doctrina podría sintetizarse en los siguientes puntos:

- A las dificultades se les ha de hacer frente con una *vida cristiana más santa,* como corresponde a los «hijos de la obediencia» (1,14), «rescatados con la preciosa sangre de Cristo» (1,19). Entre otras cosas porque lo exige el mismo Dios, que «es santo» (1,16) y juzgará a cada uno por el grado de santidad que haya alcanzado.
- Santidad que se alcanza por el ejercicio del *amor fraterno,* propio de quienes han sido engendrados a la vida de la gracia y se esfuerzan por actuar como «piedras vivas» (2,5) edificadas sobre Cristo; él es la piedra angular destinada a formar un templo espiritual y un sacerdocio santo (2,6. 9), en alusión al sacerdocio común de los fieles. «Por esta razón, los laicos, en cuanto están dedicados a Cristo y ungidos por el Espíritu Santo, son admirablemente llamados y preparados para que en ellos se produzcan siempre los más abundantes frutos del Espíritu» (LG 34).
- Si por el bautismo han sido «regenerados para una esperanza viva» (1,3), han de saber que las contrariedades por las que

pasan no son inútiles; deben servirles para purificarse (1,22). Con su conducta ejemplar (2,12) lograrán atraer a la fe a sus mismos perseguidores.

- Tomando a Cristo como modelo, estarán en condiciones de *perseverar en las tribulaciones,* pues siendo él justo, murió por los injustos (3,18), en clara alusión a la universalidad de su Redención. Por tanto, «dichosos vosotros si por el nombre de Cristo sois ultrajados» (4,14), si por vuestra conducta intachable sois perseguidos. Incorporados a Cristo –viene a decirles–, participarán de su misterio pascual. Por tanto, en las pruebas deben brillar por la paciencia, sin dejarse llevar por la irritación, respondiendo al mal con el bien, con dulzura y comprensión. Más aún, han de ser los primeros en obedecer a quien ostente la autoridad, de tal manera «que, haciendo el bien, hagáis callar la ignorancia de los insensatos» (2,15).
- A los presbíteros los exhorta a la unidad, mediante el cultivo de la humildad y la docilidad (5,5-6), siempre y en todo firmes en la fe (5,9).

La segunda carta, si nos atenemos a su encabezamiento, es también de Simón Pedro, siervo y apóstol de Jesucristo (1,1), testigo ocular de la transfiguración del Señor en el monte santo (1,16-18). Pero el análisis interno del texto ha planteado a los especialistas no pocas dificultades para atribuir a Pedro la autoría de esta carta. Se apoyan en que tanto por el vocabulario como por el estilo es distinta de la primera. Tal vez por esto no fue aceptada en el canon de los libros sagrados hasta el siglo IV. Aunque las dificultades subsisten, la Iglesia atribuyó su autoría al príncipe de los Apóstoles, reconociendo sin embargo que, como en la primera, pudo servirse de un amanuense para redactarla. Y esto porque, en efecto, ambas participan de una serie de temas comunes, tales como Noé y el diluvio, las postrimerías, la nueva creación, la transfiguración de Cristo, su aparición a Pedro en Galilea; a lo que se une la influencia de las cartas paulinas en temas como la Parusía, el recurso a las virtudes de la paciencia, la prudencia y la sobriedad. Esta segunda carta está dirigida a los cristianos en general, aunque por el tenor de algunas de sus expresiones parece que sus destinatarios son algunas comunidades de fieles cristianos de Grecia o Asia Menor. Las fechas posibles de su redacción van del año 60 hasta finales del siglo primero. Aunque bien pudo escribirla en Roma, un año antes de su martirio.

Su intención al escribirla es prevenirles sobre el peligro de ciertas herejías y errores difundidos por los simonitas y nicolaítas, predecesores del gnosticismo, herejía que tanto daño haría en el siglo siguiente. Eran estos falsos maestros codiciosos y de baja moralidad, un peligro para la fe de estas comunidades (2,1-3). Negaban que Cristo fuese el Redentor (2,1), además de hablar con desdén de lo santo, en especial de los ángeles (2,10); propugnaban una vida relajada (2,2.10.13), negando o poniendo en entredicho la segunda venida de Cristo y el juicio (3,3 ss), convencidos de que el mundo subsistiría indefinidamente[14].

San Pedro les exhorta a tomarse en serio su vocación cristiana y a crecer en el conocimiento de la verdad. Pues los tales embaucadores ignoraban que el cristiano, por haber nacido de Dios, ha sido hecho «partícipe de la naturaleza divina» (1,4). Así que, antes que a ellos, han de oír y creer cuanto el Hijo de Dios ha revelado, fiado de los que oyeron «la voz bajada del cielo» (1,16), que es «como lámpara que luce en lugar tenebroso, hasta que el día amanezca y el lucero de la mañana aparezca en vuestros corazones» (1,19). Después de una serie de exhortaciones morales, destacan en esta carta la enseñanza sobre la inspiración de las Escrituras (1,19-21), el rango de los escritos de san Pablo, en parangón con las otras Escrituras (3,15-16), y el carácter escatológico de la Parusía, tal como la anunció el Señor. Saliendo al paso de los que pensaban que ésta se dilataba, dice que el tiempo es relativo si se compara con la eternidad de Dios, para quien un día es como mil años y mil años como un día (3,8). Por tanto, vista desde nosotros, esa dilatación no es más que una manifestación de su paciencia y misericordia, ya que por encima de todo quiere que todos los hombres se salven. Pero no pueden dormirse y actuar de modo presuntuoso; al contrario, han de esforzarse «para ser hallados en paz, limpios y sin culpa» (3,14).

14. La perspectiva es ahora de nuevo escatología, referida a lo que sucederá en los últimos tiempos (Parusía). El Apóstol sale al paso de la doctrina errónea propagada por los falsos maestros, quienes con su actitud se oponían a los que en la Iglesia habían recibido la misión de enseñar y gobernar en nombre del Señor.

San Juan (1, 2 y 3)

Tres son las cartas atribuidas al apóstol san Juan, escritas todas ellas en Éfeso a finales del siglo primero. En la primera no utiliza ni encabezamiento ni saludo, pero aparece como testigo presencial de lo que narra. El que ha oído, visto, contemplado y palpado con sus propias manos al Verbo de vida (1,1), ése mismo da testimonio para que todos estén en comunión con lo que desde el principio fue revelado. La carta tiene una gran semejanza con el cuarto evangelio, por su estilo y estructura, y hasta por su vocabulario e ideas. Lo más probable es que fuera escrita después de su evangelio, y destinada a las comunidades cristianas de Asia Menor que menciona en el Apocalipsis (Ap 2,1-3,22).

Su finalidad es fortalecer en la fe a aquellos cristianos, a la vez que denuncia los errores y desviaciones doctrinales de los falsos maestros introducidos entre ellos, a quienes llama anticristos (2,18). En especial, pone de relieve la divinidad y humanidad de Cristo. Los puntos doctrinales vienen a ser semejantes a los de su evangelio. Parte en su exposición de que el Verbo es luz, verdad y amor, como conviene al que es desde toda la eternidad, el que da el ser y la vida a todo cuanto existe, para pasar a una conclusión: quienes por la gracia han sido hechos hijos de Dios, aunque estén en camino de salvación, no están exentos de pecado [15].

Esto le lleva a insistir en la doctrina sobre el amor a Dios y el amor a los hermanos. Pues «si alguien dice: amo a Dios, y aborrece a su hermano, es un embustero; pues quien no ama a su hermano, a quien ve, no puede amar a Dios, a quien no ve» (4,20-21). Todo un eco del mandamiento nuevo, pues quien ama a Dios, debe amar también a su hermano. Mandamiento antiguo, prescrito por Dios

15. Por el Bautismo el hombre es justificado, santificado, llamado a la plena comunión con Dios. Mas iría contra la verdad quien se creyese libre de pecado. Todos somos pecadores, a excepción de la Bienaventurada Virgen María, la única criatura que por una gracia especial de Dios fue «concebida sin mancha de pecado original, en atención a los méritos de Cristo Jesús, salvador del género humano» (Pío IX, Bula *Ineffabilis,* 8-XII-1854). Todos los demás, incluidos los justos, han nacido en pecado. Quien se atreva a negarlo llamaría mentiroso a Dios, que explícitamente ha dicho que todos los hombres son pecadores (cf Sal 13,3; Prov 20,9; Qo 7,20).

desde el principio (Lev 19,18). Pero también «nuevo» porque recibe su significado y perfecto cumplimiento con Jesucristo (Jn 15,12-13). En la fidelidad a este mandamiento –había dicho el Maestro– «conocerán todos que sois mis discípulos» (Jn 13,35). La conclusión se impone: «Quien ama a su hermano, permanece en la luz y no hay ocasión de tropiezo en él» (2,10). Un amor que se proyecta y se hace eficaz en el perdón de las ofensas.

Ya en su vejez, según cuenta san Jerónimo, el Apóstol no sabía decir más que «hijitos, amaos unos a otros». Y como los discípulos le preguntasen por qué insistía siempre en lo mismo, respondía: «Hijos, esto es lo que el Señor nos manda; si lo hacemos, no necesitamos otra cosa». Y es que sólo mediante el amor fraterno se puede vencer al mundo en cuanto enemigo de Dios. No es que el mundo, creado por Dios, sea malo; lo es en cuanto se opone al designio divino. San Juan reduce esta oposición a las tres conocidas concupiscencias (2,16): la «concupiscencia de la carne» o amor desordenado de placer, una condescendencia por fragilidad con la parte sensual del hombre; la «concupiscencia de los ojos», o deseo inmoderado de riquezas, que lleva a la codicia y al afán de poseer, de donde se deriva la envidia; y la «soberbia de la vida», raíz última de todos los vicios, con sus secuelas de orgullo, ambición, vanidad y exaltación de la propia excelencia. Todo estos vicios provienen del mundo, en cuanto se oponen a la voluntad del Creador.

En la segunda carta, san Juan se presenta como «el presbítero». La dirige a la «Señora elegida y a sus hijos» (v. 1), nombres simbólicos utilizados para designar probablemente a una Iglesia de Asia Menor que en esos momentos se veía amenazada por la doctrina de unos falsos maestros, aunque no tan virulenta como aparecía en la primera carta. Expresa alegría por su perseverancia en la fe, a la vez que les exhorta a cultivar la caridad y el amor fraterno, por ser las mejores armas para combatir las herejías.

La tercera, muy breve, la dirige el Apóstol a un cristiano de nombre Gayo (v. 1) y a través de él a una comunidad de fieles de Asia Menor. Alaba la fe de Gallo y su caridad, mientras reprende a Diotrefes porque se ha negado a dar hospitalidad a unos peregrinos, en clara contradicción con la doctrina que había recibido. Aunque no contiene ninguna enseñanza nueva, la carta sirve como un valioso testimonio de la vida de aquellas primeras comunidades cristianas.

San Judas

Por sobrenombre Tadeo, Judas –que no el Iscariote– era «hermano de Santiago» (1,1) y, por tanto, uno de los «hermanos del Señor» (Mt 13,55; Mc 6,3). Su breve carta fue admitida desde el principio como inspirada, aunque no faltaron quienes dudaron de ella por citar el libro apócrifo de Enoc y el de la «Asunción de Moisés». Ahora bien, al igual que hiciera san Pablo al citar por dos veces en sus cartas a poetas griegos, Judas cita esas obras –muy conocidas en su tiempo– sin otra pretensión que la de ilustrar mejor sus enseñanzas. Así lo entendieron Clemente de Alejandría, Orígenes, Tertuliano, san Atanasio y san Cirilo de Jerusalén, entre otros. Posteriormente, desde el conclio de Trento, la carta fue incluida en el canon de los libros sagrados.

La fecha de su redacción suele fijarse entre el 62 y el 67, es decir, entre la muerte de Santiago y la del apóstol Pedro. Judas la dirige «a los que han sido llamados, amados en Dios Padre» (1,1), que quizá fueran los judíos convertidos al cristianismo dispersos en ese momento por el imperio romano. Es probable que aprovechara la muerte de Santiago por la autoridad que este apóstol tenía sobre ellos y ponerles en guardia contra los falsos maestros que ponían en peligro su fe. Les habla en términos parecidos a los empleados por las cartas precedentes, sobre todo la segunda de Pedro con la que tiene mucho en común. Tan grande es su semejanza, que algunos llegaron a afirmar su dependencia literaria y conceptual. Sin embargo, la carta de Judas es de fecha anterior, de tal modo que lo que en ella está en parte sintetizado, en la segunda de Pedro aparece con un desarrollo mayor, a la vez que aclara algunos pasajes que estaban algo oscuros.

En resumen, exhorta a aquellos cristianos a la fidelidad, a la vez que les muestra las implicaciones morales del Evangelio. Su doctrina podría sintetizarse en estos puntos:

- De Dios Padre (1b), fuente de gracia y poder, procede la salvación para todos los hombres (1,5).
- Jesucristo, nuestro Dueño y Señor (4b), habla en la actual economía por medio de los Apóstoles (17).

- El Espíritu Santo conserva a los fieles en el amor de Dios (20-21); sólo en Jesucristo se encuentra la esperanza de la vida eterna (21).
- Por vocación divina, el cristiano está destinado a vivir de fe según la doctrina recibida de los Apóstoles; alcanzará la meta si está animado por la caridad (21), de la que procede la vibración y el celo apostólico. Si lo descuida por un afán desordenado de placer (12.16), perderá su fe (4.8) y sufrirá en consecuencia el castigo (14-15).

III

El libro profético del Nuevo Testamento: el Apocalipsis

El canon bíblico del Nuevo Testamento se cierra con el libro del Apocalipsis, que significa revelación. Fue escrito por san Juan a finales del imperio de Domiciano (año 95 d.C.), cuando por él había sido desterrado a la isla de Patmos. La autoría de Juan está confirmada por san Justino, san Ireneo, Clemente de Alejandría, Tertuliano y el Canon de Muratori, es decir, por la tradición que desde el siglo II ha identificado al autor de este libro con el del cuarto evangelio. El paralelismo doctrinal entre ambos es manifiesto, aunque difieran lógicamente en lenguaje y estilo por ser distinto el género literario empleado en uno y otro. Como ejemplo, baste decir que Juan es el único escritor inspirado del Nuevo Testamento que llama *Logos* al Señor, tanto en su evangelio como en el Apocalipsis. Asimismo, en ambos libros muestra una especial preferencia por los contrastes: luz y tinieblas, verdad y mentira, vida y muerte, el Cordero y la Bestia, Jerusalén y Babilonia, el arcángel Miguel y el Dragón, etc.

Género literario y finalidad

Este último libro de la Biblia pertenece al género apocalíptico, variante derivada del género profético. De éste se diferencia porque mientras la profecía toma como punto de partida los acontecimientos humanos y los juzga a la luz de la Alianza, el apocalipsis es una revelación que Dios comunica al hombre mediante una *visión* proyectada en el futuro. Lo cual no quiere decir que en ocasiones no utilice acontecimientos de presente –la historia misma– en cuanto le sirven para declarar lo que sucederá en el porvenir.

La finalidad del Apocalipsis, sin embargo, es eminentemente práctica. En lenguaje simbólico transmite una serie de avisos y advertencias válidos para los hombres de todos los tiempos, a la par que contempla en mirada eterna los peligros que acecharán a la Iglesia, tanto externos como internos.

Por lo que se refiere a los primeros, toma como punto de partida las persecuciones padecidas por los cristianos a partir del incendio provocado por Nerón; luego éstas serían frecuentes, tanto en Roma como en toda Asia Menor, de modo particular en los lugares donde con más fuerza había arraigado el cristianismo. Desde el punto de vista interno, el peligro procederá de las herejías –entonces incipientes– y de las defecciones que desgarraban la unidad de la Iglesia, alimentadas por los que habían perdido el fervor de su primera caridad (2,3-7). Muchos de aquellos fieles pensaban que, tras la destrucción del Templo de Jerusalén en el año 70, y una vez desaparecido el peligro del judaísmo, la Iglesia entraría en una era de paz y expansión. Pero ahora se encontraban de nuevo con las persecuciones, incluso más violentas; los obstáculos se multiplicaban y se hacía difícil superarlos. La pregunta era inevitable: ¿cuándo se manifestará el Señor en favor de sus fieles e implantará definitivamente su Reino?

Juan –inspirado por Dios– intenta dar en el Apocalipsis la respuesta. Lo primero que Dios le hace «ver» es que el triunfo del Redentor es seguro y que los fieles –con él– podrán llamarse vencedores. Pero hace una advertencia: mientras la Iglesia peregrine en la tierra será perseguida, y los fieles, si permanecen unidos al Cordero, sufrirán la misma suerte. Los poderes de las tinieblas lucharán sin descanso contra la Esposa de Cristo, y si pudieran, arrancarían de cuajo la fe de los creyentes. Pero hace una segunda observación: no han de perder la paz; la Iglesia triunfará contra sus perseguidores, y unidos a ella los fieles que perseveren se alzarán con la victoria.

¿Quiénes son los perseguidores de los cristianos? San Juan parte en su revelación del mayor enemigo que en ese momento tenía la Iglesia: el Imperio romano (= la bestia), instrumento eficaz del Dragón (= Satanás). Sin embargo, por haberse prostituido, Babilonia (= Roma) no podrá triunfar. Su derrota será completa (12,18; 13,14) y el triunfo de la Iglesia, seguro (11,20; 14,15).

Esta profecía ha de tomarse como el eje central de todo el Apocalipsis. En torno a ella se va desvelando el plan que Dios se ha propuesto realizar en el desarrollo de su Iglesia. Para hacerlo ver, se sirve de imágenes empleadas por los antiguos profetas (Ezequiel, Daniel, Zacarías) para anunciar estas persecuciones. En definitiva, no son sino el eco de lo que ya había predicho el Maestro: «En el mundo tendréis tribulación, pero confiad, yo he vencido al mundo» (Jn 16,33; Lc 18,7 ss). Como entonces, también ahora lo único que han de hacer los fieles para alzarse con la victoria es perseverar hasta el fin. Así lo prometió el Señor: «Sé fiel hasta la muerte, y te daré la corona de la vida» (2,10 ss). «Mira que vendré pronto y traeré conmigo la recompensa, para retribuir a cada uno según sus obras» (22,12).

SIMBOLISMO Y REALIDAD

En una serie de imágenes de gran belleza y estilo va desarrollando san Juan en ciclos sucesivos el tema que ha introducido al principio. Para su recta comprensión, importa saber que en el género apocalíptico se emplea con profusión el simbolismo. Sirve éste para expresar, sobre todo por medio de realidades tangibles o materiales, otras espirituales que superan por completo el pensamiento humano. Estos son los simbolismos que emplea san Juan:

- *colores:*
  - — el blanco, símbolo de victoria y de pureza
  - — el escarlata, de lujo y desenfreno
  - — el rojo, de violencia
  - — el negro, de muerte
  - — el verde, de descomposición.
- *números:*
  - — el siete, símbolo de totalidad o de plenitud
  - — el seis, de imperfección (7-1)
  - — el doce, el Israel antiguo y nuevo
  - — el cuatro, el mundo creado: los cuatro elementos, las cuatro partes del cosmos: (cielo, tierra, mar, abismo) y los cuatro puntos cardinales
  - — el mil, representa una larga duración, algo grande e inabarcable

- *objetos:*
  - — un candelabro, simboliza una iglesia particular
  - — las siete lámparas de fuego o los siete ojos, representan a los siete espíritus de Dios
  - — las siete cabezas de la Bestia, las siete colinas de Roma o los siete reyes
  - — las estrellas representan a los ángeles
  - — el lino, por su blancura, simboliza las buenas obras de los fieles.

Aunque Jesucristo, por ser Dios, conocía al detalle todo el desarrollo de la Iglesia, nunca quiso hablar con claridad sobre los acontecimientos futuros. Por esta razón, cuando lo hace, se sirve de un lenguaje apocalíptico, por medio del cual anuncia, entre otras cosas, la destrucción del Templo y los peligros que amenazarían a los discípulos que le escuchaban. De ahí que les advierta:

> «Al igual que el relámpago sale del Oriente y brilla hasta el Occidente, así será la venida del Hijo del hombre. Dondequiera que esté el cuerpo, allí se reunirán las águilas. Inmediatamente después de la tribulación de aquellos días, el sol se oscurecerá, la luna no dará su resplandor, las estrellas caerán del cielo y las potestades de los cielos se tambalearán. Entonces aparecerá en el cielo la señal del Hijo del hombre, y en ese momento todas las tribus de la tierra gemirán y verán venir al Hijo del hombre sobre las nubes del cielo con gran poder y gloria» (Mt 24,27-30).

Jesús utiliza textos de los profetas Isaías y Daniel. Y lo hace no sólo para referirse al fin del mundo, ni para afirmar que éste se originará por un cataclismo cósmico, aun cuando pueda admitirse como hipótesis. Simplemente quiere poner en guardia a los cristianos contra las faltas de fidelidad personal. Para ello toma como punto de partida la profecía que había hecho sobre la caída de Jerusalén y el fin del Templo, tal como sucedió, en efecto, en el año 70.

Mensaje de dolor y esperanza

Como revelación de lo que le sucederá a la Iglesia a lo largo de su historia, se aprecian en el Apocalipsis tres partes: una introducción (1,1-8), un cuerpo doctrinal (1, 9-22,5) y un epílogo o conclusión (22,6-21). La más importante de las tres es la doctrinal, que a su vez destacamos en tres puntos:

1. Juan recibe en visión del Redentor (1,9-3,22) el mandato de escribir a las siete iglesias de Asia Menor. El contenido de las siete cartas (2-3) pone de manifiesto el peligro de las incipientes herejías, el odio de los judíos (sinagoga de Satanás) y la falta de celo o de caridad de algunos fieles. Bajo el nombre de siete iglesias (el número siete, como vimos, significa totalidad), san Juan se dirige en realidad a la Iglesia universal, representada aquí por las siete comunidades cristianas de Asia Menor. A ellas se dirige «de parte del que es, era y ha de venir», es decir, de aquél que domina el tiempo por ser eterno. Recuerda la revelación de Dios a Moisés al comunicarle su nombre: «Yo soy el que soy» (Ex 3,14).

2. La parte central del libro contiene una serie de visiones cuyo orden es el siguiente:

- Trasladado al cielo, Juan ve el trono de Dios y su corte (cap. 4), donde tiene lugar la entronización de Jesús como Redentor, bajo la figura de un Cordero «degollado» (5).
- Ve asimismo cómo el Cordero realiza la apertura de los siete sellos, junto con el despliegue de las plagas y males que abatirán a los hombres en la tierra (6-8,1).
- Le sigue otra visión: la de los siete ángeles con las siete trompetas, a cuyo sonido van cayendo sobre la tierra las sucesivas plagas o castigos divinos (8,2-11,18).
- Ve aparecer en el cielo un gran señal: la Mujer revestida de sol y un dragón rojo (12)[1], a la vez que ve emerger del mar a dos bestias (13), tras las cuales aparecen el Cordero y las vírgenes (14), todo lo cual concluye con el juicio de Dios (14,20).

1. Se presenta al diablo, enemigo de Dios y de la Iglesia, en lucha contra la Mujer y el resto de sus hijos. Esta figura puede aplicarse tanto al pueblo de Israel como a la Iglesia, y también a María, como Madre del Mesías. Por el contexto de la Revelación, se ve que la Virgen María personificaba tanto al pueblo de Israel como a la Iglesia. Pues, como decía el pasado Concilio, «la Madre de Jesús, glorificada ya en los cielos en cuerpo y alma, es la imagen y comienzo de la Iglesia que llegará a su plenitud en el siglo futuro. También en este mundo, hasta que llegue el día del Señor, brilla ante el Pueblo de Dios en marcha, como señal de esperanza cierta y de consuelo» (LG 68).

- Ve otra señal grande: el cántico de Moisés y del Cordero (15), junto con las siete copas de la ira de Dios sobre Roma (16), el anuncio de su castigo y el de la bestia (17)[2], su caída y consecuencias (18).
- Tras las bodas del Cordero y la victoria del Mesías (19), contempla la profecía del milenio y la batalla contra Gog (20,10).

Muchas han sido las interpretaciones que se han dado a lo largo de la historia sobre el significado del «milenio», no siempre acertadas, al identificarlo con un tiempo físico al final del cual tendría lugar el fin del mundo. San Juan parece referirse a otra cuestión: el poder del Dragón (Satanás) está limitado por una fuerza superior (Jesucristo, que triunfó sobre él con su muerte de Cruz) durante un milenio (cifra simbólica que representa el tiempo que transcurrirá entre el comienzo del cristianismo y el fin del mundo). Antes será soltado Satanás durante algún tiempo –aparición del Anticristo– para ser recluido finalmente por toda la eternidad[3].

3. El libro se cierra con la visión del juicio final (20,11), la nueva Jerusalén (21) y la gloria de la que disfrutarán los santos en el cielo (22). Junto a los que mueren en el Señor, que resucitarán para la vida, existe otro tipo de muerte, la denominada aquí «muerte segunda» (20,14). «En esta muerte, la fuerza del pecado por el que la muerte entró en el mundo (cf Rom 5,12), manifiesta, en grado sumo, su capacidad de separar de Dios» (cf TAE pp. 76-77). La aspiración para los fieles es llegar a la gloria, a aquélla de la que participarán los cuerpos el día de la resurrección; esto lleva anejo una renovación total –«un cielo nuevo y una tierra nueva»– (21,1), porque gracias a la Redención todas las criaturas podrán participar de la incorruptibilidad de los cuerpos gloriosos (cf Rom 8,23; 1 Cor 15,42-44) en la nueva Jerusalén, de la que es figura la Iglesia en su fase terrena[4].

2. La bestia, con sus cabezas y diez cuernos, representa al anticristo, encarnado en los emperadores romanos perseguidores de la Iglesia. Los primeros son: Calígula (37-41), Claudio (41-54), Nerón (54-68), Vespasiano (69-79), Tito (79-81) y Domiciano (81-96), aún vivo cuando escribe san Juan.

3. «Esta impostura del Anticristo aparece ya esbozada en el mundo cada vez que se pretende llevar a cabo la esperanza mesiánica en la historia, lo cual no puede alcanzarse sino más allá del tiempo histórico o a través del juicio escatológico» (CEC 676).

4. Tras el triunfo del Cordero, san Juan contempla lo que es punto culminante de este libro: la instauración plena del Reino de Dios. Y la ve realizada en un mun-

El mensaje del Apocalipsis es, por tanto, de plena esperanza, aun en medio de las pruebas que nunca le faltarán a la Iglesia. Esto tiene aplicación a los hombres de todos los tiempos, pues siempre les acecharán una serie de peligros derivados de la triple concupiscencia: ambición, orgullo, avaricia, sensualidad, pereza... No obstante, la confianza es plena, ya que Jesucristo prometió que permanecería siempre con su Iglesia y con él la victoria es segura. Esta es la razón por la que el Apocalipsis, como «evangelio eterno», debe ser anunciado «a los habitantes de la tierra, a toda nación y tribu y lengua y pueblo» (14,6), como el mejor anuncio de esperanza.

La teología de este último libro sagrado se resuelve, en definitiva, en un poema inspirado de contenido soteriológico: «El Cordero inmolado y glorioso es el blanco de la contienda en esta lucha entre la ciudad de Dios y la ciudad de Satanás: a él irán el cielo y la tierra. El Apocalipsis es la síntesis final de las ideas y de las esperanzas del Nuevo Testamento, y la profecía de los tiempos nuevos y últimos, o sea, de la era mesiánica, era definitiva iniciada con la encarnación del Verbo» (A. Romeo).

En los últimos versículos, el apóstol se remonta a la fuente originaria de la que procede la «revelación» que ha recibido, a aquél que da testimonio de cuanto ha sido escrito, el cual termina diciendo: «Sí, pronto vendré» (22,20). Para el Apóstol esto es lo definitivo. De ahí su oración final: «¡Ven, Señor Jesús!». Esta súplica es el broche de oro del Apocalipsis, síntesis de toda la expectación mesiánica. Una oración que lleva implícito el acto de fe, aun en medio de los sufrimientos que nunca faltarán, aguardando en esperanza el día en que nos sea permitido ver al Señor cara a cara.

do nuevo –la nueva Jerusalén– y en una humanidad renovada –el Pueblo de Dios– representado por la Esposa del Cordero, en la que Dios Padre reinará por siempre con su Hijo.

Apéndice

Vocabulario bíblico

Alianza.– Es el pacto (del hebreo *berit*) realizado por Dios con el pueblo de Israel para dar cumplimiento a la promesa de salvación que había hecho a nuestros primeros padres (Gen 3,15). Tiene carácter de contrato bilateral, perpetuo e inviolable, sancionado por el mismo Dios. Cuatro son sus momentos históricos: *a*) con Abraham (período patriarcal), al que promete hacerle padre de una numerosa descendencia y colmarle de bendiciones (Gen 15); *b*) en el Sinaí, por medio de Moisés (Ex 19-23), por el que Israel se convierte en pueblo de su especial propiedad; *c*) con David (2 Sam 7), de cuya tribu surgiría el reino de Judá y de la que procedería el Mesías; *d*) y por último, con Jesucristo, quien por medio de su Sangre selló la nueva y definitiva Alianza, poniendo así fin al carácter transitorio de la antigua.

Altos.– Los lugares «altos» que menciona la Biblia (1 Sam 9,12) eran santuarios en las cercanías de las ciudades; estaban situados de ordinario en lo alto de un monte, donde se veneraba con preferencia a la divinidad y se ofrecían sacrificios al dios Baal (Jue 6,25). Más tarde, este culto fue sustituido por el de Yahvéh, por lo que los «altos» fueron tolerados durante algún tiempo (1 Re 3,4). Pero finalmente fueron prohibidos, ya que la Ley exigía la unidad de Santuario (Dt 12,2) decretada por Zacarías (2 Re 23,8).

Ángeles.– Son criaturas enteramente espirituales, miembros de la corte celestial, mensajeros e intermediarios entre Dios y los hombres. Su nombre lo reciben de la misión que se les encomienda. Dios los envía unas veces para ejecutar un castigo (Ex 12,23; 2 Re 19,35); otras, como ángeles custodios para proteger a las naciones y a los individuos (Ex 23,20; Dan 10,13). Así, Rafael (= Dios sana) es enviado para que acompañe a Tobías, al que se le manifiesta en forma de hombre. Con él, Tobías puede realizar la misión que le había encomendado su padre (Tob 12). Miguel (= quién como Dios) recibe la misión de defender a los hombres de las insidias de Satanás ayudándoles en su fidelidad a Dios (Dan 12,1). Gabriel (= fuerza de Dios) explica a Daniel cómo se llevará a cabo la restauración de Israel, desde el destierro a la venida del Mesías (Dan 9,21; 8,15). Anuncia asimismo a Zacarías el nacimiento del Bautista (Lc 1,19) y a María, en Nazaret, que por obra del Espíritu Santo será madre sin perder su virginidad (Lc 1,26-35). El número de ángeles es muy elevado (cf Gen 32,1 ss; Heb 2,3; Dan 7,10). En la Biblia aparecen distribuidos en distintas jerarquías: serafines, querubines, tronos, principados y potestades.

Baal.– Nombre común de los dioses fenicios; significa señor. Tomado en plural, se utilizaba para designar a los ídolos. Baal y Astarté eran las dos principales divinidades cananeas (Jue 2,13). Baal representaba el principio divino masculino, mientras que Astarté (la Istar asiria denominada Asera en la Biblia) era conocida como la diosa del amor y de la fecundidad. Otras formas de este nombre son Baal-Peor, Baal-Berit y Baal-Zebub.

Canon bíblico.– Es el catálogo oficial de los libros inspirados, admitidos por la Iglesia como tales, por cuanto constituyen la regla de fe y costumbres para los fieles (CEC 120). Aunque todo libro canónico es inspirado y, por tanto, está libre de error, no todo libro inspirado es canónico, por cuanto pudo extraviarse o ignorarse que existió. Pues así como la inspiración bíblica depende exclusivamente de Dios, la canonicidad de los libros sagrados es obra de la Iglesia, a la que ha sido confiado por Dios el depósito de la revelación.

Circuncisión.– Practicada por otros pueblos de la antigüedad, representa el signo de la alianza entre Dios y Abraham (Gen 17,10 ss). Por medio de ella se establece un vínculo sagrado entre Dios y el pueblo elegido. Éste recordará a las futuras generaciones la pertenencia al pueblo de Israel, así como las obligaciones que de ella se derivan. Con el tiempo esta práctica quedó reducida a un mero rito externo, denunciado por los Profetas, los cuales pedían al pueblo sobre todo la circuncisión del corazón (Jer 4,4; Ez 44,7), o lo que es lo mismo, su rectitud en el obrar de acuerdo con los preceptos divinos. Con Jesucristo, la circuncisión quedó abolida, sustituida por el sacramento del bautismo en el que perviven, sobrenaturalizadas, todas sus exigencias espirituales (cf Hch 15,9-29; Col 2,11; 1 Pe 3,21).

Cristo.– Este nombre griego procede de la voz hebrea *mâsîah* (= ungido). Como apelativo se aplicaba tanto a los sacerdotes como a los reyes, es decir, a cuantos recibían la unción sagrada con la misión de guiar o gobernar a Israel de parte de Dios (Ex 28,41; 1 Sam 2,35). A partir del siglo II a.C. se comenzó a designar con este título sólo al Mesías, el ungido por excelencia.

Decálogo.– Son los diez mandamientos dados directamente por Dios a Moisés (Ex 20,2-17), de contenido religioso y moral, válidos para los hombres de todos los tiempos. Representa la ley principal de la Alianza, síntesis de los principios fundamentales de la ley natural. El Evangelio hace suyo el Decálogo, el cual es perfeccionado por Cristo y forma parte del tesoro de la Iglesia (Mt 5,17-47). El llamado Código de la Alianza (Ex 21,1 ss) condensa la legislación civil de tipo judicial promulgada por Moisés en nombre de Dios. Comparada con el Decálogo –ley moral– es de rango inferior. Algunas de sus leyes fueron también perfeccionadas por el Evangelio (Mt 5,21-47), mientras que otras fueron definitivamente derogadas.

«**Día de la Expiación**».– Este día (Lev 16) se borraban los pecados e irregularidades del pueblo contraídos por las impurezas legales. Nadie podía entrar en el Santo de los Santos, el lugar más profundo del Templo. Sólo lo hacía el sumo sacerdote, una vez al año, el Día de la Expiación, oficiando en él un sacrificio solemne, figura del que realizaría Jesucristo en la cruz por todos los hombres, de una vez para siempre (Heb 9,1-12).

Día de Yahvéh.– Con este nombre se designa en la Biblia un momento esperado, aunque indeterminado, en el que Dios intervendrá de modo ostensible en favor de su pueblo. Los profetas describieron este día como «día de juicio», al que seguiría la retribución de los justos y el castigo de los pecadores (Am 5,18;8,9). En el Nuevo Testamento se habla de este día como de una «parusía» o venida del Señor, en la que se hará presente a sus fieles (Lc 17,22-37). A la espera de ese día, todos han de mantenerse vigilantes para presentar el fruto de sus buenas obras (Mt 24,37 ss).

Diablo.– (Ver Satanás).

Diáspora.– Palabra de origen griego que equivale a dispersión. Se aplica a los judíos que quedaron en tierras extranjeras tras el cautiverio de Babilonia; o a los que más tarde fueron conducidos a otros lugares del imperio romano. De aquí nació el «gueto», para sobrevivir y conservar la fe en medio de gentes ajenas al judaísmo. En Roma, por lo general, fueron tratados con consideración; su religión fue respetada y reconocida. Tenían sinagogas en las ciudades más importantes. En Alejandría, por ejemplo, los judíos de la diáspora formaron una colonia importante. Fue allí donde tradujeron la Biblia al griego (versión de los Setenta). En el siglo IV a.C. se calcula que vivían en aquella ciudad unos 120.000 hebreos. La misma Iglesia se propagó al principio gracias a la predicación de los apóstoles en muchas de estas sinagogas.

El-Shadday.– Nombre de Dios revelado a Abraham (Gen 17,1). Es un plural enfático de *shad* (= poderoso), derivado de *shâdad* (= obrar con fuerza). Es el Todopoderoso, el *Pantocrator* griego, expresión de la omnipresencia divina.

Escriba.– Con este nombre se denominó a partir del cautiverio de Babilonia, y sobre todo desde Esdras, al judío versado en la Ley de Yahvéh, el que luego recibiría el título honorífico de doctor de la Ley (Lc 10,25). Al faltar los sabios de Israel, los escribas se encargaron profesionalmente de la interpretación de la Sagrada Escritura, formándose entre ellos un cuerpo de peritos o doctores. Recibían el título de *Rab* (= maestro), que podía transformarse en *Rabbí* o *Rabban* (= mi maestro o nuestro maestro), como signo de reverencia. Desde el principio gozaron de gran estima y respeto por parte del pueblo (2 Mac 6,18 ss; Sir 39,1 ss). Pero siglos más tarde, muchos cayeron en un espíritu meticuloso y en una casuística exagerada que, en la práctica, les llevó a la inobservancia de la Ley; de ahí los duros reproches de Jesucristo (Mt 23,2 ss).

Fariseos.– Este nombre procede del hebreo *perûsîm* (= los separados), impuesto por el pueblo a los componentes de esta secta judaica por su estricta observancia de la Ley, que les llevó en la práctica a vivir separados de los demás. Se dedicaban en tiempos de Jesucristo al estudio de la Torá (Ley) y de las tradiciones (*Misná*).

Eran laicos, opuestos a la aristocracia sacerdotal formada por los saduceos. Aunque tenían buena doctrina (Mt 23,3), cayeron en una interpretación rígida de la Ley, especialmente en lo referente al sábado, a la pureza ritual y a los diezmos, objeto de continua disputa con Jesucristo. El juicio tan riguroso que hace de ellos no es por su doctrina, sino por su soberbia e hipocresía (Lc 11,37-44), como antes lo había hecho el Bautista (Mt 3,7). No obstante, hubo fariseos de conducta recta; es el caso de Gamaliel, Saulo de Tarso, Nicodemo o José de Arimatea, entre otros.

Gehenna.– Recibe su nombre del valle de Gehinnom, al sur de Jerusalén, fuera de las murallas de la ciudad. Este lugar había sido profanado en tiempos de Ajaz y Manasés (2 Re 16,3; 21,6) a causa de los sacrificios de niños que se inmolaban al dios Molec (Lev 18,21). Más tarde, al convertirse en el estercolero de Jerusalén, permanecía en continua combustión. Jesús toma pie de este fuego para explicar de modo gráfico el fuego inextinguible del infierno destinado a los réprobos (Mc 9,43).

Hijo del hombre.– Nombre empleado por Dios para dirigirse a Ezequiel; quería subrayar la infinita distancia que media entre Él y el hombre (Ez 2,1). Jesús se aplica a sí mismo esta expresión para subrayar su carácter mesiánico; sus oyentes podían captar su intención por haber sido empleado también este nombre por el profeta Daniel para anunciar la venida del Mesías (Dan 7,13-14).

Infierno.– (Ver Gehenna y Sheol).

Inspiración.– En sentido bíblico es un carisma o don otorgado por Dios al hombre, por medio del cual ilumina su entendimiento y mueve su voluntad para que escriba fielmente y sin error lo que le comunica. De lo cual se sigue que Dios es verdaderamente el autor del libro, de modo que cuanto afirma el hagiógrafo o escritor sagrado, en realidad es el mismo Espíritu Santo quien lo afirma (DV 11).

Judíos.– Al desaparecer el reino del Norte, quedaron en el Sur sólo la tribu de Judá y una parte de las de Simeón y Benjamín. Más tarde, tras el destierro de Babilonia, sólo regresó un resto de la tribu de Judá. Desde entonces se denominó Judea a la parte principal y más grande de Palestina, y judíos –apelativo despectivo de origen samaritano– a sus habitantes, los israelitas descendientes de Jacob.

Levirato.– Según la ley del levirato (Dt 25,5-10), a la mujer que enviudaba sin haber tenido hijos podía darle sucesión el hermano de su marido mediante un segundo matrimonio. La renuncia a este derecho/deber se consideraba una falta de honor, y en ese caso el deber moral pasaba al siguiente hermano, o pariente más próximo. Con esta práctica se trataba de evitar la extinción de una familia, situación considerada en Israel como grave quebranto y un verdadero castigo (2 Sam 14,7).

Mesías.– (Ver Cristo).

Parusía.– Palabra griega que significa venida. Con ella se designaba en la época greco-romana la visita de un personaje importante, acompañada de ordinario de una cierta solemnidad. En el Nuevo Testamento significa también venida, aunque no siempre relacionada con la segunda venida del Señor al final de los tiempos. Así, por ejemplo, en algunos pasajes del Evangelio se habla de la parusía como de una presencia especial de Jesús, a través de la cual manifestaría su poder. Algunos de aquella generación pensaban que lo verían manifestarse como había anunciado (Mt 16,28; Lc 17,24-25). Algo de esto sucedió con motivo de la destrucción del Templo de Jerusalén (Mt 24, 3 ss; Lc 21,7 ss). Se trata, en realidad, de una parusía, de un «día de Yahvéh» anunciado por los profetas (Is 2,12; 13,6). Sin embargo, la Parusía propiamente dicha se refiere a la segunda venida del Mesías al final de los tiempos; momento en el cual quedará clausurada la fase terrestre del reino de Dios (1 Tes 4,14-17), y tras la resurrección de los muertos, vendrá el juicio final y la presentación de los elegidos a Dios Padre (1 Cor 15,20-28; 50-57).

Pascua.– Es la fiesta más solemne del pueblo elegido (Ex 12,1-11). Su nombre deriva del hebreo *pesah (=* pasar de largo), que hace referencia al paso de Yahvéh por medio de su pueblo al ser liberado de Egipto. Mientras las familias egipcias lloraban la muerte de sus primogénitos, Dios no causó daño alguno en las casas de los israelitas, cuyas jambas habían sido rociadas previamente con la sangre del cordero que había sido preparado por cada familia. La Pascua israelita se convertía así en tipo y figura de la Pascua cristiana; en ésta tiene lugar no la mera liberación del yugo egipcio, sino la más importante de todas: la liberación del pecado, de Satanás y de la muerte. El cordero pascual se hace por esta razón figura de Cristo, verdadero Cordero de Dios (Jn 1,29) que con su sangre ha realizado la Redención.

Publicanos.– Las provincias romanas eran tributarias del fisco de Roma. Palestina se encontraba en esta situación. Los tributos eran arrendados para su cobro a particulares del lugar (*publicani*), lo cual hacía que estos hombres fueran aborrecidos por el pueblo. Si además se tiene en cuenta las grandes sumas que manejaban, siempre al servicio de Roma, se comprenderá que a tales funcionarios se les equipare en la práctica a los pecadores (Mt 9,10); tratar con ellos se convertía en motivo de escándalo. Entre estos publicanos había, no obstante, hombres decentes y honrados, como Zaqueo (Lc 19,2) o Leví (Mt 10,3), entre otros.

Saduceos.– Formaban parte de una de las principales sectas del judaísmo al comienzo de nuestra era. Enemigos declarados de los fariseos, recibían apoyo principalmente de la aristocracia y del alto clero. Eran tolerantes respecto al helenismo y a la cultura extranjera en general, por lo que mostraban menos aversión que los fariseos a la dominación romana. Aunque creían en la existencia de Dios, eran poco firmes en sus convicciones religiosas e incurrían en contradicciones y errores doctrinales. Entre otras cosas negaban la existencia de los ángeles (Hch 23,8), la resurrección y, seguramente también, la inmortalidad del alma.

Samaritanos.– Hacia el año 710 a.C., tras la caída del reino del Norte (Israel), se produjo una repoblación de aquellas tierras por agricultores y pastores ajenos al pueblo de Israel. La religión de estas gentes, en un principio idolátrica (2 Re 17,29), se fue acercando posteriormente al culto a Yahvéh. Cuando finalmente renunciaron a la idolatría, adoraron sólo a Yahvéh, como los judíos, dando lugar al culto samaritano. Éste se diferenció en seguida del judío, ya que de los libros sagrados sólo aceptaron el Pentateuco; los demás los rechazaron por considerarlos invención de los judíos a la vuelta del destierro. Otro de los puntos de fricción entre ellos fue el del lugar donde se debía adorar a Yahvéh. Mientras los samaritanos mantenían que en el monte Garizim, siguiendo a los Patriarcas, los judíos sólo aceptaban el templo de Jerusalén, donde debían ofrecerse los sacrificios a Yahvéh (Jn 4,20). Tan intensa se hizo esta enemistad, que la mayor injuria que se le podía hacer a un judío era llamarle samaritano (Jn 8,48).

Sanedrín.– Según la tradición, se atribuía su fundación a Moisés (Num 11,16-17; 24-25). Pero no parece existir relación –salvo su coincidencia en el número– entre la asamblea de los setenta ancianos y el Sanedrín. La existencia de éste no se halla bien documentada hasta la época de Antíoco IV (223-187). Sus miembros pertenecían a la aristocracia sacerdotal. Su actividad fue importante durante la dominación seléucida y romana. Con esta última disfrutó de gran libertad, ya que a los romanos no les gustaba entrometerse en los problemas –un tanto misteriosos y complejos para ellos– del pueblo judío. La competencia de este tribunal era eminentemente religiosa, aunque en ocasiones también administraba justicia, excluida la pena de muerte. Formaban el tribunal, como queda dicho, setenta miembros, además del sumo sacerdote, que era su presidente. Estaban agrupados en tres categorías: los sumos sacerdotes ya retirados, los escribas (fariseos) y los ancianos, representantes de las familias más destacadas (Mt 27,41 y paralelos).

Satanás.– Del hebreo *shâtân* (= adversario o acusador). Es el jefe de los ángeles caídos, de aquéllos que se rebelaron contra Dios. En griego se le conoce con el nombre de *diablo* (= calumniador). Jesucristo dice de él que «era homicida desde el principio y no perseveró en la verdad, porque la verdad no está en él» (Jn 8, 44). Como padre de la mentira es enemigo abierto de Dios y de quienes le permanecen fieles. Sin embargo, a pesar de su malicia, tiene limitado su poder sobre los hombres. Puede tentar, pero le es imposible conocer sin su permiso la conciencia del hombre o ejercer coacción sobre su voluntad. Cuando el hombre, tentado por Satanás, peca, lo hace libre y voluntariamente.

Sheôl.– Aunque su etimología es incierta, la Biblia llama infierno, *sheol* o *hades* (Flp 2,10; Hch 2,24; Ap 1,18; Ef 4,9) a la morada de los muertos. Para los hebreos es el descanso último de los que bajan a las profundidades de la tierra (Gen 37,35; Is 14,9). Se consideraba la casa de las tinieblas (Job 10,21; 17,3). Buenos y malos eran allí mezclados (Sal 89,49; Ez 32,17-32), pero con distintas expectativas: para los justos, la esperanza del premio; para los impíos, el castigo eterno. Tras su muerte y antes de su resurrección, Jesucristo descendió a los infiernos, al seno de Abraham o morada de los justos, donde éstos esperaban su redención (cf CEC 633).

Sicarios.– (Ver Zelotes).

Siervo de Yahvéh.– En la segunda parte del libro de Isaías, dedicada a la «Consolación de Israel» (Is 40-55), aparecen los cuatro poemas del Siervo de Yahvéh. En ellos se habla de la elección divina y de la infusión del espíritu profético en el Siervo de Yahvéh. Algunos pensaron que este Siervo era el mismo Israel; otros, que se trataba del propio profeta. Sin embargo, Dios lo consagra para una misión, del todo mansa y pacífica: la de instruir y juzgar a todos los hombres. A la vez, y como consecuencia –tercero y cuarto cantos–, se habla de su muerte ignominiosa, en expiación por los pecados de todos con los que carga voluntariamente. No parece, por tanto, convenir ni a uno ni a otro. Se pensó, por esto, en una persona del todo singular: el Mesías. Pero también contrastaba la imagen de este Siervo con otras del Antiguo Testamento referidas al Mesías, en las que aparecía como rey triunfante y glorioso. Se explica así que la apariencia humilde de Jesús, su pasión y muerte ignominiosa tan claramente profetizadas en estos poemas del Siervo, fueran escándalo para los judíos, que no lograban conciliar las características del Mesías que esperaban –triunfante y poderoso– con la humildad y el anonadamiento de Jesús mostrados en su pasión.

Signo de los tiempos.– En el lenguaje bíblico se utiliza esta expresión para indicar que los tiempos mesiánicos han llegado (Mt 16,3). De ahí que sea abusivo llamar «signo de los tiempos», en sentido religioso, a lo que sucede en una época determinada sin conexión con la historia de la salvación: tendencias, modas culturales, aspiraciones colectivas, etc. La Iglesia, que sólo acepta como revelación divina la recibida de los Apóstoles, juzga a la luz de esa revelación los problemas que cada época presenta, señalando lo que es conforme con los planes de Dios y lo que se le opone. No rara vez ha tenido y tendrá que enfrentarse frontalmente –por erróneo– con lo que es considerado por una mayoría como bueno, ideal, o incluso como progreso.

Sinagoga.– Este vocablo, del griego *sinagogé,* significa asamblea, reunión. Con él se designó, en un principio, el lugar de oración e instrucción religiosa para el judío de la diáspora. Su institución se remonta probablemente a las reuniones organizadas por los judíos en la cautividad de Babilonia. Su uso se divulgó en fecha más tardía, y con este nombre se designaba tanto a la asamblea congregada como al edificio que les servia de lugar de oración. Este edificio solía ser rectangular, con escasa decoración ornamental. Al fondo de la sala, en un pequeño recinto separado por un velo, se hallaba un arca con rollos de la Escritura. En el centro de la sala se levantaba una especie de púlpito para el lector y comentador. Los asientos situados entre el arca y el púlpito se consideraban puestos de honor y, por ello, objeto de ambición y timbre de gloria por parte de los fariseos (Mt 23,6). La cátedra de Moisés (Mt 23,2) era un asiento especialmente ornamentado reservado al jefe de la comunidad. Las mujeres, que no estaban obligadas a asistir, participaban desde las galerías altas o desde una habitación contigua separada por una especie de celosía. En una sala aneja se daba instrucción religiosa a los niños. Después de la destrucción del Templo, el judaísmo se refugió en las sinagogas, gracias a lo cual ha podido subsistir y, con él, la misma supervivencia del pueblo de Israel.

Sinópticos.– Desde antiguo, por su gran parecido entre ellos, los evangelios de Mateo, Marcos y Lucas fueron puestos en columnas paralelas. Con esto se pretendía captar en una simple «mirada de conjunto» (sinopsis) sus semejanzas y divergencias. La primera sinopsis no católica fue publicada por J.J. Griesbach en 1776; la primera católica es de J. Gehringer, que la publicó en Tubinga en 1842. Con posterioridad surgió la llamada cuestión sinóptica, que planteó y sigue planteando las relaciones de dependencia entre cada uno de estos tres evangelios.

Tienda de la Reunión.– Se designó con este nombre al tabernáculo o lugar santo en el que Dios se manifestaba a Moisés y al pueblo de Israel durante los años del desierto y hasta la construcción del templo de Jerusalén. Era como un gran templo portátil, hecho de tablones de acacia; más tarde se recubrió con una lámina de oro (Ex 25,10-22). Su interior estaba dividido en dos partes, separadas por un velo: en la primera, llamada el *Santo,* estaba la mesa de los panes de la proposición, el candelabro de los siete brazos y el altar de los perfumes; en la segunda, la más profunda, estaba el *Santísimo,* en el que se guardaba el arca con las tablas de la Ley y el maná.

Versión de los Setenta (LXX).– Entre las versiones de la Biblia destaca por su antigüedad y autoridad la llamada versión griega de los LXX. Al difundirse en el siglo IV a.C. la lengua y cultura griegas, los judíos de la diáspora residentes en Alejandria (Egipto) quisieron hacer accesible la lectura de la Biblia a sus compatriotas de lengua griega. La versi6n fue llevada a cabo, según una leyenda apócrifa, por setenta y dos sabios o doctores de la ley, los cuales, por inspiración divina, coincidieron palabra por palabra en la traducción, realizada aisladamente por cada uno de ellos. El trabajo se concluyó entre los siglos III y II a.C. Fue usada por Jesús y los Apóstoles, y también por los Santos Padres, que la tuvieron en una gran consideración.

Yahvéh.– Nombre propio de Dios revelado a Moisés (Ex 3,13-15). Es el que más veces aparece mencionado en la Biblia (6.823 veces). Es llamado *tetragrámmato* por constar de cuatro letras hebreas consonantes (*yhwh*). Los filólogos piensan que esta forma se deriva de la raíz *hwh* (= ser), de donde procedería el «Yo soy el que soy». Dios le dice a Moisés: «Así responderás a los hijos de Israel: "el *Yo soy* me ha enviado a vosotros"» (Ex 3,14). Los LXX traducen el verbo «ser» por «subsistir por sí mismo». Y como el tiempo imperfecto en el que está tiene más bien carácter dinámico, habría que traducirlo por «ser activo, eficaz». Por tanto, el «Yo soy el que soy» viene a expresar tanto la realidad del ser divino como su actividad. Quizá por esto en el Apocalipsis aparece como «el Señor que es, era y vendrá» (Ap 1,4; 11,17), es decir, el eternamente presente por dirigir todos y cada uno de los acontecimientos, y a la vez plenamente activo por ser el que vela de continuo por su pueblo y lo dirige según sus promesas.

Los judíos, después del regreso de la cautividad, dejaron de pronunciar el *tetragrámmato* por reverencia a la divinidad. En su lugar usaron el nombre más genérico de *Adônaî* (= Señor mío), que la versión de los LXX tradujo por el *kyrios* griego, del que procede el título de Señor dado en el Nuevo Testamento a Jesucristo, por el que se le reconoce como Dios y Señor (Jn 20,28).

Zelotes.– Término griego que, en un principio, fue empleado para designar a los observantes celosos de la ley y, por tanto, a los judíos opuestos a cualquier tipo de dominación extranjera (1 Mac 2,50). Más tarde, se denominó con el mismo nombre a una facción política revolucionaria, cuya característica principal era su abierta resistencia a la dominación romana. Tomaron parte importante en la revuelta del 66-70 bajo la dirección de Eleazar. Éste, tras fracasar en su fuerte resistencia por defender el Templo, se refugió en la fortaleza de Masada hasta la primavera del 73. Por Flavio Josefo se sabe que los zelotes eran llamados también sicarios, por la pequeña *sicca* (= puñal) con que iban provistos. Es probable que Barrabás perteneciera a uno de estos grupos (Lc 23,19). Algunos críticos piensan también que Simón, el Apóstol, habría sido inicialmente uno de ellos. Pero aunque se le denomine así (Lc 6,15; Hch 1,13), no está bien documentada su pertenencia a este grupo político rebelde.

Síntesis de la cronología bíblica

Se consignan en esta breve síntesis los hechos de mayor relieve en relación con la historia bíblica. Las fechas, sobre todo las del comienzo, son aproximadas. Para una información más completa y detallada puede consultarse alguno de los diccionarios bíblicos mencionados en la bibliografía.

ANTIGUO TESTAMENTO

		Los Patriarcas
Abraham	1850	Elección y promesa.
		De Ur a Canaán.
Isaac		Dios renueva la promesa.
Jacob		El ángel cambia su nombre por el de Israel (= fuerte con Dios).
José	1700	Vendido, se instala en Egipto. Desarrollo del pueblo hebreo.
		El Éxodo
Moisés	1250	Elección de Moisés.
		Institución de la Pascua,
		Liberación del pueblo hebreo.
		La Alianza del Sinaí.
		Entrada en la Tierra prometida
Josué	1200	Paso del Jordán.
		Reparto y conquista del país.
		Los Jueces
		Guías y libertadores de Israel (1200-1025).
Débora y Baraq	1125	Vencen a los cananeos en Taanak.
Samuel	1040	Juez y profeta. Santuario de Silo.

		Instauración de la Monarquía
Saúl	1030	Autoridad teocrática del rey. Victoria sobre los ammonitas y filisteos.
David	1010	Toma de Jerusalén. Unificación de las doce tribus. Jerusalén, capital religiosa y política. Promesa de Natán: el Mesías, hijo de David.
Salomón	970	Construcción del Templo. Matrimonio con la hija del Faraón. Crisis religiosa y descontento de las tribus del Norte.
		Cisma político y religioso
Asamblea de Siquem	931	División del reino. Samaria se separa de Judá. Jeroboam I reina en el Norte (Samaria) y Roboam en el Sur (Judá).
		Actividad de los Profetas
Elías	874	Ajab se casa con Jezabel, hija del rey de Tiro. El culto a Baal. Reacción de Elías. El desafío del Carmelo.
	870	Josafat lucha contra la idolatría. Alianza con Ajab.
Eliseo	850	Continuador de la actividad de Elías.
Amós y Oseas	750	Profetizan en el reino del Norte: anuncian fuertes castigos.
Isaías y Miqueas	740	Lo hacen en el reino del Sur.
	722	Caída del reino del Norte. Salmanasar V deporta a sus habitantes.
	700	Ezequías realiza obras en Jerusalén; construye el canal de Siloé.
Sofonías	630	El año 622 se descubre el libro de la Ley. Reforma religiosa de Josías.
Nahúm	612	Profetiza la caída de Nínive.
Daniel	605	Deportado y educado en la corte de Babilonia.
Jeremías		Profetiza el castigo de Judá. Profecía de las 70 semanas.
		El Exilio
	598	Nabucodonosor II invade Jerusalén. Joaquin se entrega y es sustituido por su tío Sedecías. Ezequiel
	597	Primera deportación y fin del reino de Judá. Ezequiel predice la caída de Jerusalén.
	589	Rebelión de Sedecías.
	587	Destrucción del Templo y segunda deportación a Babilonia. Ezequiel, profeta de la esperanza.

		El retorno
Dominación persa		
(539-333 a.C)	539	Ciro II, rey de Persia, conquista Babilonia.
	538	Firma el edicto de retorno de los judíos. Regresan los primeros del exilio.
Zorobabel	520	Comienza la construcción del segundo Templo. Fuerte oposici6n de los samaritanos. Actividad de los profetas Ageo y Zacarías.
Esdras	458	Misión de Esdras.
Nehemías	445	Construcción de la muralla de Jerusalén.
Dominación griega		
(333-63 a.C)	333	Alejandro Magno conquista Siria y destruye el imperio persa. A su muerte en el 323 se divide su imperio: los Lágidas (Tolomeos) dominan en Egipto y los Seléucidas en Siria. Judea es sometida a los Lágidas hasta el 197, que pasa a poder de los Seléucidas (197-142).
Antíoco IV Epífares	167	Comienza la época de las persecuciones y el gran peligro de helenización para los judíos. Decreto de abolición de las costumbres judías. Se instaura en el Templo el culto a Júpiter. Surge con fuerza la rebelión judía. Gesta de los hermanos macabeos.
	145	Inicio de la secta de los fariseos. La comunidad de Qumrán.
Juan Hircano	134	Sumo sacerdote y etnarca. Favorece el helenismo. Resurgen las aspiraciones mesiánicas nacionales.
Dominación romana		
(63 a.C.–135 d.C.)	63	Pompeyo conquista Jerusalén. Fuerte nacionalismo religioso.
Herodes el Grande	37	Construye, entre otras, la fortaleza Antonia, el palacio de la parte alta de la ciudad y el Herodión. El año 20 inicia la reconstrucción del Templo.

NUEVO TESTAMENTO

Para una recta comprensión de la cronología del Nuevo Testamento es preciso advertir el error de datación en el que incurrió Dionisio el Exiguo (siglo VI), al fijar la fecha del nacimiento de Jesús tomando como base la fundación de Roma. Situó para esto la muerte de Herodes en el año 754 de la fundación de Roma, y a partir de ahí estableció el comienzo de la era cristiana. Es decir, el año 1 d.C. equivaldría al 754 a. UC.). Sin embargo, se sabe que Herodes murió en Jericó en abril del 750 a. UC. (= 4 a.C.); además, por la matanza de los niños inocentes (Mt 2,16) se sabe también que Jesús debió de nacer casi dos años antes de esa barbarie, lo cual nos sitúa en el 748-747 (= 7-6 a.C.), fecha que coincide con el edicto de empadronamiento de César Augusto realizado por Cirino (Lc 2,2). En definitiva, por una paradoja de datación Jesús nació unos seis o siete años antes del inicio de la era cristiana.

	7-6 a.C.	**Nacimiento de Jesús**
Herodes	4 a.C.	Fecha de su muerte. Lo entierran en el Herodión.
	6	Gobierno de los procuradores en Judea y Samaria.
Tiberio	14	Elegido emperador de Roma (14-37).
	15	Destitución de Anás.
Caifás	18	Nombrado sumo sacerdote (18-36).
Poncio Pilato	26	Designado gobernador de Judea (26-36).
	27	Predicación del Bautista. Bautismo de Jesús.
	28	Comienzo del ministerio público de Jesús Pascua del 28: Jesús en Jerusalén (Jn 2,13).
	29	Muere el Bautista decapitado en Maqueronte. Pascua del 29; antes, multiplicación de los panes (Jn 6,1 ss). Fiesta de las Tiendas y de la Dedicación (Jn 7,10).
	30	Jesús celebra la Pascua con sus discípulos. La víspera, el 14 de Nisán, muere en la Cruz. El primer día de la semana, la resurrección del Señor. 50 días después, Pentecostés. Efusión del Espíritu, inicio de la Iglesia.
	33-34	Muerte de Esteban. Dispersión de los fieles. Conversión de Saulo. Pablo y Bernabé en Antioquía.

Herodes Agripa I	44	Manda decapitar a Santiago el Mayor, hermano de Juan; encarcelamiento de Pedro.
		Liberación de Pedro por el ángel.
	45-49	Primer viaje apostólico de Pablo y Bernabé: Antioquía, Chipre, Listra...
	48-49	Concilio de Jerusalén: ruptura con la ley mosaica.
Claudio	49	Expulsión de los judíos de Roma.
	50-52	Segundo viaje apostólico de Pablo.
	53-58	Tercer viaje de Pablo.
Nerón	54	Elegido emperador de Roma (54-68).
	58	Pablo es arrestado en el Templo.
	60	Viaje de Pablo a Roma.
	62	Martirio de Santiago el Menor en Jerusalén.
	64	Incendio de Roma.
		Persecución de los cristianos.
	64-65	Martirio de Pedro en Roma.
	66	Sublevación judía en Jerusalén.
	67	Martirio de Pablo en Roma.
	68	Destrucción de Qumrán. Sitio de Jerusalén.
Vespasiano	69	Elegido emperador de Roma.
	70	Toma de Jerusalén por Tito.
		Destrucción del Templo.
		Expansión de la Iglesia fuera de Jerusalén.
Domiciano	95	Persigue a los cristianos y destierra a Juan en Patmos.
Trajano	98-100	Muerte del apóstol Juan en Efeso.

Bibliografía

AA.VV., *Biblia de Jerusalén,* Desclée de Brouwer, Bilbao 1978.

—, *Sagrada Biblia,* 5 vol., EUNSA, Pamplona 1998-2002.

ABREGO, J.M., *Los libros proféticos*, Verbo Divino, Estella 1993.

ALBRIGHT, W.F., *The arqueology of Palestine,* London 1949.

ARNALDICH, L., *El origen del mundo y del hombre según la Biblia,* Rialp, 2ª ed., Madrid 1958.

ARNALDICH, L. y otros, *Manual Bíblico,* Casa de la Biblia, Madrid 1964.

AUZOU, G., *La tradición bíblica* (*Historia de los escritos sagrados del pueblo de Dios*), Fax, Madrid 1981.

—, *De la servidumbre al servicio* (*Estudio del libro del Éxodo*), Fax, Madrid 1972.

BARTINA, S. y otros, *Enciclopedia de la Biblia,* Garriga, Barcelona 1963.

BAUER, J.B., *Diccionario de Teología Bíblica,* Herder, Barcelona 1985.

BONSIRVEN, J., *Le judaisme palestien au temps de Jesus-Christ,* 2 vol., Paris 1935.

CASCIARO, J.M., *Estudios sobre cristología del Nuevo Testamento,* EUNSA, Pamplona 1982.

CAVEDO, R., *Profetas. Historia y teología del profetismo en el Antiguo Testamento,* San Pablo, Madrid 1996.

COPPENS, J., *Les Douze Petits Prophètes: breviaire dit prophétisme,* Brujas-Lovaina 1950.

DE LA POTTERIE, I. (ed.), *L'esegesi cristiana oggi*, Piemme, Casale Monferrato 1991.

De Tuya, M. y Salguero, J., *Introducción a la Biblia*, 2 vol., BAC, Madrid 1967.
Díaz, J. y Sánchez-Ferrero, A., *Evangelio y Evangelistas* (*los tres primeros evangelios en sinopsis*), Taurus, Madrid 1966.
Díez Macho, A. y Bartina, S. (dir.), *Enciclopedia de la Biblia*, Garriga, Barcelona 1969.
Durrwell, F.X., *La resurrección de Jesús, misterio de salvación,* Herder, Barcelona 1978.
Fernández, A., *Comentario a los libros de Esdras y Nehemías,* Madrid 1950.
García Moreno, A., *Pueblo, lglesia y Reino de Dios,* EUNSA, Pamplona 1982.
Garofalo, S., *Il libro dei Re,* Torino 1951.
Gelin, A., *Le Iivre d'Esdras et Néhémie,* Paris 1960.
Gilbert, M., *Atlas of Jewish History,* Oxford 1978.
Grelot, P., *La Biblia y la Teología*, Herder, Barcelona 1979.
Jenni, E. y Westermann, C. (eds.), *Diccionario teológico manual del Antiguo Testamento*, 2 vol., Cristiandad, Madrid 1985.
Lagrange, J.M., *Le Judaisme avant Jesús-Christ,* Paris 1931.
Laurentin, R., *Come riconciliare l´esegesi con la fede*, Queriniana, Brescia 1986.
León-Dufour, X., *Vocabulario de teología bíblica,* Herder, Barcelona 1973.
Meinertz, M., *Teología del Nuevo Testamento,* Fax, Madrid 1966.
Millard, A., *Archeologia e Bibbia*, Paoline, Cinisello Balsamo 1988.
Muñoz Iglesias, S., *Introducción a la lectura del Antiguo Testamento,* Taurus, Madrid 1965.
Noth, M., *Historia de Israel,* Ed. Garriga, Barcelona 1966.
Orchard, B. y otros, *Verbum Dei,* 4 vols., Herder, Barcelona 1962.
Penna, R., *Dizionario Enciclopedido della Bibbia*, Borla/Cità Nuova, Roma 1995.
Profesores de Salamanca, *Biblia comentada,* BAC, 7 vols., Madrid 1961-1967.
Ricciottii, G., *Historia de Israel,* Miracle, Barcelona 1966.
Rinaldi, G., *I Profeti Minori,* Torino 1953.
—, *Diccionario Bíblico*, Herder, Barcelona 1970.

ROBERT, A. y FEUILLET, A., *Introducción a la Biblia,* Herder, 3.ª ed., Barcelona 1970.
ROLLA, A., *La Biblia ante los últimos descubrimientos,* Rialp, Madrid 1965.
ROSSANO, P.; RAVASI, G. y GIRLANDA, A. (dir.), *Nuevo Diccionario de Teología bíblica,* Paulinas, Madrid 2001.
SALGUERO, J., *La Biblia, diálogo de Dios con el hombre*, Studium, Madrid 1968.
SCHNACKEMBURG, R., *Teología del Nuevo Testamento,* Desclée de Brouwer, Bilbao 1973.
SCHUSTER, I. y HOLZAMMER, J.B., *Historia bíblica,* Litúrgica española, Barcelona 1964.
SPADAFORA, F. (dir.), *Diccionario bíblico,* Litúrgica española, Barcelona 1968.
SPICQ, C., *Teología moral del Nuevo Testamento,* EUNSA, Pamplona 1973.
STAUDINGER, H., *Credibilità storica dei Vangeli,* EDB, Bologna 1991.
SURGY, P., *Las grandes etapas del misterio de salvación,* Nova Terra, Barcelona 1973.
SUTCLIFFE, E.F., *Génesis,* Verbum Dei, t. I, Herder, Barcelona 1960.
TRESMONTANT, *La doctrina moral de los profetas de Israel,* Madrid 1958.
VAN HOONACKER, *Les douze Petits Prophètes,* París 1908.
VAN IMSCHOOT, P., *Teología del Antiguo Testamento*, Fax, Madrid 1969.
VACCARI, A., *La S. Biblia,* Firenze 1943.
VAUX, R. de, *Historia antigua de Israel,* Cristiandad, Madrid 1975.
VITTONATTO, *Il libro di Geremia,* Torino 1955.
VV. AA., *Jerusalén bíblico*, Grijalbo, Barcelona 1973.
WESTERMANN, K., *El Antiguo Testamento y Jesucristo*, Fax, Madrid 1972.
WRIGHT, G.E., *Biblical Arqueology*, Westminster, Philadelphia 1962.
—, *Arqueología bíblica*, Cristiandad, Madrid 1975.

Índice de mapas

Astrolabio

RELIGIÓN

En memoria de Mons. Josemaría Escrivá de Balaguer (2.ª edición) / Alvaro del Portillo, Francisco Ponz y Gonzalo Herranz
Homenaje a Mons. Josemaría Escrivá de Balaguer / Autores varios
Fe y vida de fe (3.ª edición) / Pedro Rodríguez
A los católicos de Holanda, a todos / Cornelia J. de Vogel
La aventura de la teología progresista / Cornelio Fabro
¿Por qué creer? (3.ª edición) / San Agustín
¿Qué es ser católico? (2.ª edición) / José Orlandis
Razón de la esperanza (2.ª edición) / Gonzalo Redondo
La fe de la Iglesia (3.ª edición) / Karol Wojtyla
Juan Pablo I. Los textos de su Pontificado
La fe y la formación intelectual / Tomás Alvira y Tomás Melendo
Juan Pablo II a los universitarios (5.ª edición)
Juan Pablo II a las familias (5.ª edición)
Juan Pablo II a los enfermos (3.ª edición)
Juan Pablo II y el orden social. Con la Carta Encíclica **Laborem Exercens** (2.ª edición)
Juan Pablo II habla de la Virgen (3.ª edición)
Juan Pablo II y los derechos humanos (1978-1981) (2.ª edición)
Juan Pablo II a los jóvenes
Juan Pablo II, la cultura y la educación
Juan Pablo II y la catequesis. Con la Exhortación Apostólica **Catechesi Tradendae**
Me felicitarán todas las generaciones / Pedro María Zabalza Urniza
Juan Pablo II y los medios de comunicación social
Creación y pecado / Joseph Cardenal Ratzinger
Sindicalismo, Iglesia y Modernidad / José Gay Bochaca
Ética sexual / R. Lawler, J. Boyle y W. May
Ciencia y fe: nuevas perspectivas / Mariano Artigas
Juan Pablo II y los derechos humanos (1981-1992)
Ocho bienaventuranzas (2.ª edición) / José Orlandis
Los nombres de Cristo en la Biblia / Ferran Blasi Birbe
Vivir como hijos de Dios. Estudios sobre el Beato Josemaría Escrivá (5.ª edición) / Fernando Ocáriz e Ignacio de Celaya
Los nuevos movimientos religiosos. (Las sectas). Rasgos comunes y diferenciales (2.ª edición) / Manuel Guerra Gómez
Introducción a la lectura del "Catecismo de la Iglesia Católica" / Autores varios
La personalidad del Beato Josemaría Escrivá de Balaguer (2.ª edición) / Autores varios
Señor y Cristo / José Antonio Sayés
Homenaje a Mons. Álvaro del Portillo / Autores varios
Confirmando la Fe con Juan Pablo II / José Luis García Labrado
Santidad y mundo / Autores varios
Sexo: Razón y Pasión. La racionalidad social de la sexualidad en Juan Pablo II / José Pérez Adán y Vicente Villar Amigó
Los doce Apóstoles (2.ª edición) / Enrique Cases Martín
Ideas éticas para una vida feliz. Guía de lectura de la *Veritatis splendor* / Josemaría Monforte Revuelta
Jesucristo, Evangelizador y Redentor / Pedro Jesús Lasanta
Teología y espiritualidad en la formación de los futuros sacerdotes / Pedro Rodríguez (Dir.)

Esposa del Espíritu Santo / Josemaría Monforte
De la mano de Cristo. Homilías sobre la Virgen y algunos Santos / Card. Joseph Ratzinger
Servir en la Iglesia según Juan Pablo II / Jesús Ortiz López
Iglesia y Estado en el Vaticano II / Carlos Soler
Un misterio de amor. Solteros ¿por qué? / Manuel Guerra Gómez
Pero, ¿Quién creó a Dios? / Alejandro Sanvisens Herreros
Las sectas y su invasión del mundo hispano: una guía / Manuel Guerra Gómez
Cristología breve / Enrique Cases
Qué dice la Biblia. Guía para entender los libros sagrados (2.ª edición) / Antonio Fuentes Mendiola

EDUCACIÓN

La educación como rebeldía (4.ª edición) / Oliveros F. Otero
Los adolescentes y sus problemas (7.ª edición) / Gerardo Castillo
Las posibilidades del amor conyugal (3.ª edición) / Rodrigo Sancho
La educación de las virtudes humanas (14.ª edición) / David Isaacs
El tiempo libre de los hijos (5.ª edición) / José Luis Varea y Javier de Alba
Autonomía y autoridad en la familia (5.ª edición) / Oliveros F. Otero
Preparación para el amor (3.ª edición) / Rodrigo Sancho
Educación y manipulación (4.ª edición) / Oliveros F. Otero
Los niños leen / José Luis Varea y Rosa María Sáez
La libertad en la familia (3.ª edición) / Oliveros F. Otero
El derecho de los padres a la educación de sus hijos / María Elton
Los padres y los estudios de sus hijos (3.ª edición) / Gerardo Castillo
La mujer frente a sí misma (5.ª edición) / Carmen Balmaseda
Qué es la orientación familiar (4.ª edición) / Oliveros F. Otero
Los padres y la orientación profesional de sus hijos (3.ª edición) / Gerardo Castillo
La educación para el trabajo (2.ª edición) / Oliveros F. Otero
Feliz Tercera Edad (2.ª edición) / David Isaacs, Luis María Gonzalo y cols.
Diálogos sobre el amor y el matrimonio (3.ª edición) / Javier Hervada
La educación de la amistad en la familia (3.ª edición) / Gerardo Castillo
Cuestión(es) de método. Cómo estudiar en la Universidad (2.ª edición) / R. de Ketele y cols.
Cartas a un joven estudiante / Alvaro d'Ors
Posibilidades y problemas de la edad juvenil. Un dilema: ¿intimidad o frivolidad? / Gerardo Castillo
Coeducación. Ventajas, problemas e inconvenientes de los colegios mixtos / Ingber von Martial y María Victoria Gordillo
Desarrollo moral y educación / María Victoria Gordillo
Josemaría Escrivá de Balaguer y la Universidad / Autores varios
La rebeldía de estudiar. Una protesta inteligente (2.ª edición) / Gerardo Castillo
Política y educación / Antonio-Carlos Pereira Menaut
Guía de lecturas infantiles y juveniles / Yolanda Castañeda, María del Carmen Lomas y Elena Martínez
Educación de la sexualidad / José Antonio López Ortega
Un veneno que cura. Diálogo sobre el dolor y la felicidad (2.ª edición) / José Benigno Freire
Cómo mejorar la educación de tus hijos / José Manuel Mañú Noáin
La hora de la familia (3.ª edición) / Tomás Melendo
Cómo entender a los adolescentes / Enrique Miralbell
Aprendiendo a ser humanos. Una Antropología de la Educación (2.ª edición) / María García Amilburu
La fiebre de la prisa por vivir. Jóvenes que no saben esperar / Gerardo Castillo
Humor y serenidad. En la vida corriente (5.ª edición) / José Benigno Freire
La creatividad en la orientación familiar / Oliveros F. Otero
Discursos sobre el fin y la naturaleza de la educación universitaria / John H. Newman
Ser profesor hoy (5.ª edición) / José Manuel Mañú Noáin
La pasión por la verdad. Hacia una educación liberadora / Tomás Melendo y Lourdes Millán-Puelles
Educar con biografías / Oliveros F. Otero
¡Vivir a tope! En reconocimiento a Viktor Frankl (3.ª edición) / José Benigno Freire
Profesores del siglo XXI / José Manuel Mañú Noáin
Escuela del siglo XXI / José Manuel Mañú Noáin
Trilogía de la «Residencia de Estudiantes» / Eugenio d'Ors

Vivir y convivir en una sociedad multicultural / Jutta Burggraf
Flos Sophorum. Ejemplario de la vida de los grandes sabios / Versión de Pedro Llenera
La educación familiar en los humanistas españoles / Francisco Galvache Valero
El arte de invitar. El diálogo como estilo educativo / Patricia Bonagura
Anatomía de una historia de amor. Amor soñado y amor vivido / Gerardo Castillo
La vida escolar de tus hijos / José Manuel Mañú Noáin
Crecer, sentir, amar. Afectividad y corporalidad / Juan Ramón García-Morato
Retos educativos de la globalización. Hacia una sociedad solidaria / Francisco Altarejos, Alfredo Rodríguez Sedano, Joan Fontrodona
¿Quieres enseñar en Secundaria? ¡Atrévete! / José Luis Mota Garay, Antonio Crespillo Enguix
Ocho cuestiones esenciales en la dirección de centros educativos / David Isaacs

ESPIRITUALIDAD

Mujeres valientes. Meditaciones sobre las mujeres en el Evangelio (4.ª edición) / Enrique Cases
Una cita con Dios. Pablo Cardona
- **I. Adviento y Navidad** (2.ª edición)
- **II. Pascua**
- **III. Tiempo Ordinario. Semanas 1.ª a 12.ª**
- **IV. Cuaresma**
- **V. Tiempo Ordinario. Semanas 13.ª a 23.ª**
- **VI. Tiempo Ordinario. Semanas 24.ª a 34.ª**

Hombres ante Dios. Meditaciones sobre los hombres en el Evangelio / Enrique Cases
Meditaciones para el Camino de Santiago / Tomás Trigo
A la luz de su mirada / Juan Ramón García-Morato
Dios sin idea del mal / Juan Miguel Garrigues
Vivir el domingo / José Antonio Íñiguez Herrero
Tres misterios de misericordia. Inmaculada Concepción - Presentación - Anunciación / Marie-Dominique Philippe, o.p.
Contemplación de los Misterios del Rosario / Jesús Martínez
Conversaciones con la Virgen / Pedro Estaún
El hombre frente a su muerte. ¿El absurdo o la salvación? / Marie-Dominique Goutierre
Cómo acertar con mi vida. La mirada del hombre ante su destino (2.ª edición) / Juan Manuel Roca
Meditaciones ante el retablo de Torreciudad / Antonio María Ramírez

FAMILIA

La más bella aventura. El amor conyugal y la educación de los hijos / Luis Riesgo Ménguez y Carmen Pablo de Riesgo
CONVERSACIONES SOBRE EDUCACIÓN FAMILIAR
Luis Riesgo Ménguez y Carmen Pablo de Riesgo
- **I. Lo que los padres no deberíamos olvidar**
- **II. Infancia**
- **III. Adolescencia**
- **IV. Juventud**
- **V.Abuelos y nietos**

El lugar al que se vuelve. Reflexiones sobre la familia (3.ª edición) / Rafael Alvira
Mujer y hombre frente a los nuevos desafíos de la vida en común / Jutta Burggraf
Casarse: un compromiso para toda la vida (3.ª edición) / Amadeo Aparicio Rivero
El matrimonio a examen / Amadeo Aparicio Rivero

FILOSOFÍA Y CIENCIAS SOCIALES

Manual sobre el aborto (2.ª edición) / Dr. J. C. Willke y esposa
Libertad en la sociedad democrática / Jean-Claude Lamberti
La última edad (2.ª edición) / Diego Díaz Domínguez
De Aristóteles a Darwin (y vuelta) (3.ª edición) / Etienne Gilson
Los herejes de Marx / Manfred Spieker
Analítica de la sexualidad / Autores varios
El enigma del hombre (2.ª edición) / Manuel Guerra
Introducción a la antropología filosófica (5.ª edición) / José Miguel Ibáñez Langlois
Agonía de la sociedad opulenta / Augusto del Noce

Crítica de las utopías políticas / Robert Spaemann
La supresión del pudor, signo de nuestro tiempo y otros ensayos (2.ª edición) / Jacinto Choza
Sobre el estructuralismo / José Miguel Ibáñez Langlois
Las raíces de la violencia / Sergio Cotta
Ética: cuestiones fundamentales (6.ª edición) / Robert Spaemann
Dimensiones de la realidad / Juan José R. Rosado
La barbarie de la reflexión. Idea de la historia en Vico / Juan Cruz Cruz
Al otro lado de la muerte. Las elegías de Rilke / Jacinto Choza
Alimentación y cultura. Antropología de la conducta alimentaria / Juan Cruz Cruz
Sentido del curso histórico / Juan Cruz Cruz
Elementos de Filosofía y Cristianismo / Jesús García López
Sobre la razón poética / María Antonia Labrada
El mundialismo económico frente a la Europa cultural / Jacqueline Ysquierdo Hombrecher
Libertad como pasión / Daniel Innerarity
La intimidad (2.ª edición) / Miguel-Angel Martí García
Razones del corazón. Jacobi entre el romanticismo y el clasicismo / Juan Cruz Cruz
Las virtudes / Peter T. Geach
El poder de la sinrazón / José Luis del Barco
La ilusión (2.ª edición) / Miguel-Angel Martí García
Libertad en el tiempo. Ideas para una teoría de la historia / Juan Cruz Cruz
Ciencia, ateísmo y fe en Dios (2.ª edición) / José Antonio Sayés
Tomás de Aquino. Vida, obras y doctrina / James A. Weisheipl
Los otros humanismos / Jacinto Choza
La renovación pragmatista de la filosofía analítica. Una introducción a la filosofía contemporánea del lenguaje (2.ª edición) / Jaime Nubiola
La convivencia / Miguel-Angel Martí García
La irrealidad literaria / Daniel Innerarity
Sexo y naturaleza / Autores varios
La tolerancia / Miguel-Angel Martí García
Dignidad: ¿una palabra vacía? / Tomás Melendo y Lourdes Millán-Puelles
Tras las ideas. Compendio de Historia de la Filosofía (2.ª edición) / Carlos Goñi Zubieta
De dominio público. Ensayos de teoría social y del hombre / Higinio Marín
El pensamiento de Edith Stein / Michel Esparza
El taller de la filosofía. Una introducción a la escritura filosófica (3.ª edición) / Jaime Nubiola
Expertos en sobrevivir. Ensayos ético-políticos / Ana Marta González
Orden natural y persona humana. La singularidad y jerarquía del universo según Mariano Artigas / Miroslaw Karol
El viviente humano. Estudios Biofilosóficos y Antropológicos / Alejandro Serani Merlo
El trabajo. Comunión y excomunicación / Nicolas Grimaldi
En busca de la naturaleza perdida. Estudios de bioética fundamental / Ana Marta González
El diablo es conservador / Alejandro Llano
Sueño y vigilia de la razón / Alejandro Llano
La verdadera imagen de Romano Guardini. Ética y desarrollo personal / Alfonso López Quintás
De Foucault a Derrida. Pasando fugazmente por Deleuze y Guattari, Lyotard, Baudrillard / Amalia Quevedo
El misterio de los orígenes / Joaquín Ferrer Arellano
Breve teoría de la España moderna / Fernando Inciarte
La justicia política en Tomás de Aquino. Una interpretación del bien común político / Gabriel Chalmeta
¿Sentido o sinsentido del hombre? / Edmond Barbotin
Nuevas cuestiones de bioética / José Miguel Serrano Ruiz-Calderón
Por un feminismo de la complementariedad. Nuevas perspectivas para la familia y el trabajo / Ángel Aparisi y Jesús Ballesteros (eds.)
Filosofía y vida de Eugenio d'Ors. Etapa catalana: 1881-1921 / Marta Torregrosa
Una visión global de la globalización / Antxón Sarasqueta
La implantación de los derechos del paciente. Comentarios a la Ley 41/2002 /Pilar León Sanz (ed.).
El caos del conocimiento. Del árbol de las ciencias a la maraña del saber / Juan Arana
Deseo, violencia, sacrificio / Alejandro Llano
Siniestra. En torno a la izquierda política en España / Héctor Ghiretti

HISTORIA

Grandes interpretaciones de la historia (5.ª edición) / Luis Suárez
Historia de las religiones / Manuel Guerra
  I. Constantes religiosas (2.ª edición)
  II. Los grandes interrogantes (2.ª edición)
  III. Antología de textos religiosos (2.ª edición)
Civilizaciones del Este asiático / Wm. Theodore de Bary
Sacerdotes en el Opus Dei. Secularidad, vocación y ministerio / Lucas F. Mateo Seco y Rafael Rodríguez-Ocaña
Rusia entre dos revoluciones (1917-1992) / Autores varios
La Gamazada. Ocho estudios para un centenario / Autores varios
Historia del feminismo (siglos XIX y XX) / Gloria Solé Romeo
Corrientes del pensamiento histórico / Luis Suárez Fernández
Cuba y España, 1868-1898. El final de un sueño / Juan B. Amores Carredano
Pablo Sarasate (1844-1908) / Custodia Plantón
Mi encuentro con el Fundador del Opus Dei. Madrid, 1939-1944) (3.ª edición) / Francisco Ponz
El matrimonio civil en España. Desde la República hasta Franco / Francisco Martí Gilabert
La vida de Sir Tomás Moro (2.ª edición) / William Roper (Introducción, traducción y notas de *Alvaro de Silva*)
¿Por qué asesinaron a Prim? La verdad encontrada en los archivos / José Andrés Rueda Vicente
Carlos IV en el exilio / Luis Smerdou Altolaguirre
Carlos V. Emperador de Imperios / Emilia Salvador Esteban
Filipinas. La gran desconocida (1565-1898) / Lourdes Díaz-Trechuelo
El conflicto árabe-israelí en la encrucijada ¿es posible la paz? / Romualdo Bermejo García
Josemaría Escrivá de Balaguer y los inicios de la Universidad de Navarra (1952-1960) / Onésimo Díaz Hernández y Federico M. Requena (Eds.)
La Iglesia y la esclavitud de los negros / José Andrés-Gallego y Jesús María García Añoveros
La moda en la pintura: Velázquez. Usos y costumbres del siglo XVII / Maribel Bandrés Oto
Felipe V: La renovación de España. Sociedad y economía en el reinado del primer Borbón / Agustín González Enciso
Cristianismo y europeidad. Una reflexión histórica ante el tercer milenio (1.ª edición; 1.ª reimpresión) / Luis Suárez Fernández
Profetas del miedo. Aproximación al terrorismo islamista / Javier Jordán
El legado social de Juan Pablo II / José Ramón Garitagoitia Eguía
Joseph Ratzinger. Una biografía / Pablo Blanco Sarto

SOCIOLOGÍA

Introducción a la sociología (5.ª edición) / Antonio Lucas Marín
El laberinto social. Cuestiones básicas de sociología (3.ª edición) / Pablo García Ruiz
Lo femenino (2.ª edición) / Carlos Goñi Zubieta
Positivismo y violencia. El desafío actual de una cultura de la paz / José María Barrio Maestre
Sociología: una invitación al estudio de la realidad social / Antonio Lucas Marín